Première de couverture :
La croisière entre Assouan et Louxor offre de merveilleux points de vue sur les paysages de Haute-Égypte.

Quatrième de couverture :
Gauche : **Fillettes du Caire.** Milieu : **Pêcheurs du lac Qaroun.** Droite : **Temple de Deir-el-Bahari, Louxor.**

Le Nil des Égyptiens

Photographies Hervé CHAMPOLLION *Texte* Mahmoud ISMAÏL

Préface Robert SOLÉ

Editions OUEST-FRANCE

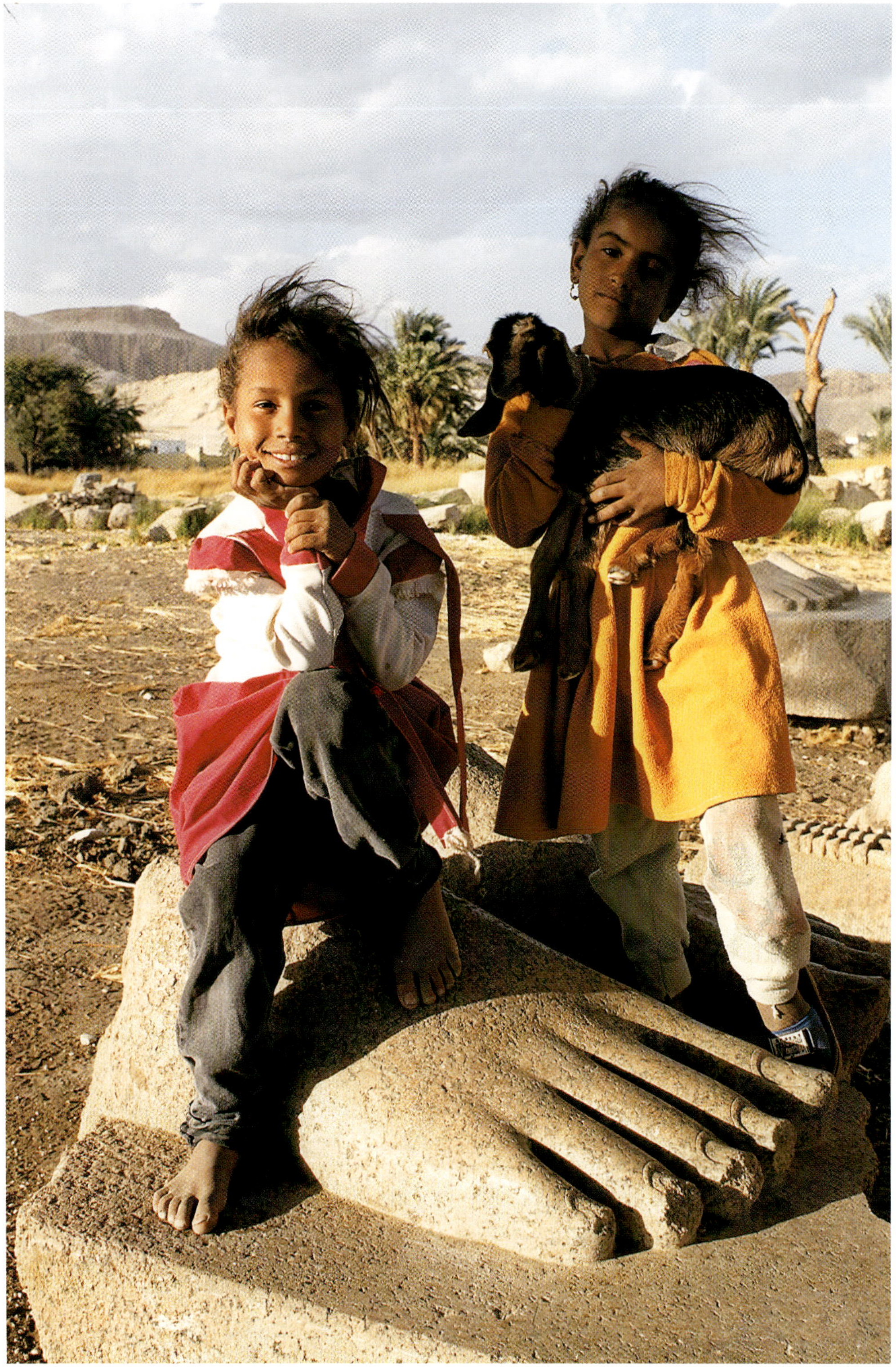

Fillettes sur des vestiges du temple d'Amenhotep III, rive ouest de Louxor.

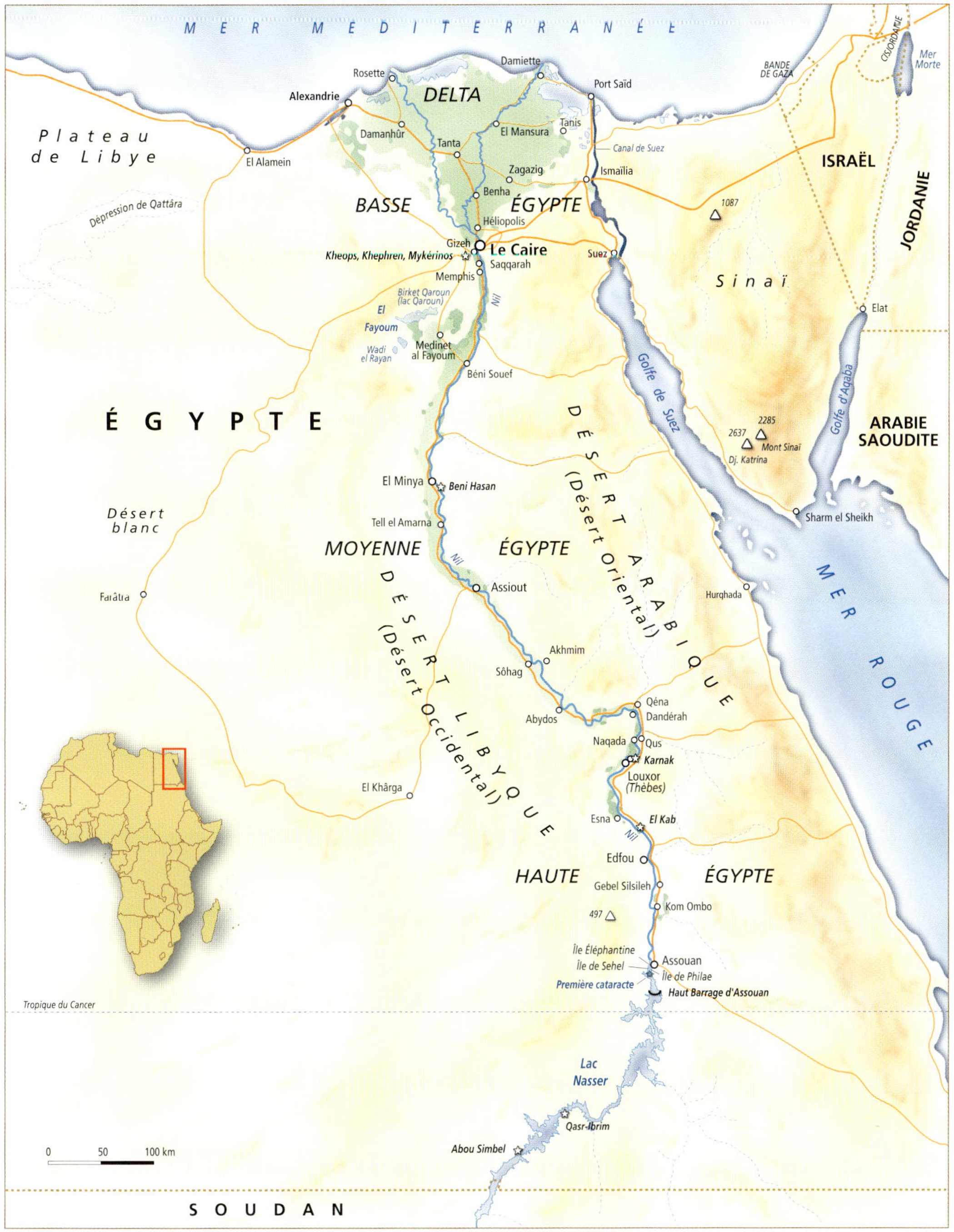

Sommaire

7 Préface

9 Introduction

11 Assouan et la Nubie d'Égypte

39 Louxor,
la ville des palais

65 La Moyenne-Egypte
au fil du fleuve

93 Le Caire,
la capitale éternelle

123 Du delta à Alexandrie

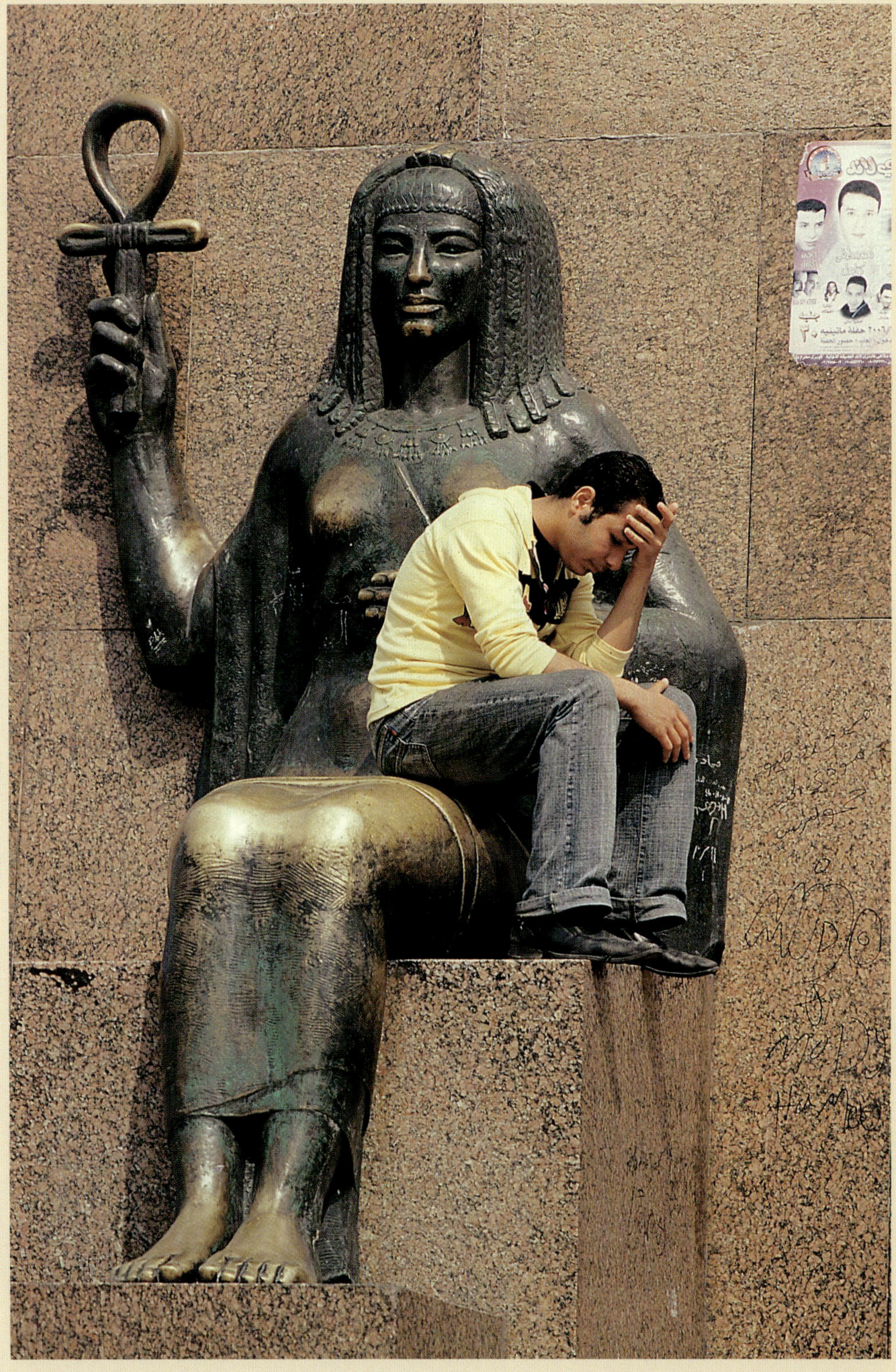

A Alexandrie, rencontre entre la jeunesse d'aujourd'hui et la paysanne égyptienne, au pied du monument à Saad Zaghloul, héros de l'indépendance.

Préface

L'Égypte, c'est un fleuve qui traverse le désert et en fait un jardin. Le Nil ne lui a pas seulement donné naissance : il a façonné aussi le caractère de ses habitants. Des millénaires de lutte pour domestiquer cette eau bienfaisante, mais capricieuse, ont marqué les comportements. Car c'était un fleuve fantasque, qui provoquait des famines quand il était trop bas et des inondations catastrophiques quand il débordait excessivement. Tout a été fait pour le rendre constant et raisonnable : des prières, des sacrifices, des canaux, des barrages… Il fallait s'y mettre tous ensemble, sans tergiverser. Cela a produit un pays très centralisé, avec un pharaon tout-puissant, et un peuple sociable, pieux et fataliste.

Hervé Champollion et Mahmoud Ismaïl ont bien fait de choisir le Nil pour fil conducteur. L'une des originalités de leur livre est de suivre le cours du fleuve, se laissant en quelque sorte emporter par lui. Pendant des siècles, les visiteurs étrangers prenaient le chemin inverse : débarquant en bateau à Alexandrie, puis rejoignant le Nil, ils le remontaient par petites étapes jusqu'à Assouan, découvrant en somme l'Égypte à l'envers. Aujourd'hui, rien de tout cela : on arrive par avion, au Caire ou à Louxor, et la navigation est réduite à une petite portion de ce fleuve majestueux que les riverains appellent *el-bahr* (la mer).

Des touristes exigeants sont frustrés de ne pouvoir entrer réellement en contact avec les Égyptiens : trop peu de temps, trop de monuments à voir, l'obstacle de la langue, les mesures de sécurité… Des pans entiers du pays leur échappent. Ils trouveront ici un double regard. Celui d'un Français, lointain parent du déchiffreur des hiéroglyphes, qui a déjà démontré ses qualités de photographe dans d'autres pays, comme le Yémen ; et celui d'un Égyptien, en poste à Paris depuis quelques années, qui a pu mesurer l'intérêt des Occidentaux pour son pays. À eux deux, ils nous en disent beaucoup sur les gens du Nil. Qui connaît la clinique vétérinaire de Louxor ? Qui a visité le plus grand orphelinat d'Égypte à Assiout ? Saviez-vous que les femmes de Zagazig avaient « des yeux de gazelle » ?

Sous la plume de Mahmoud Ismaïl , on découvre comment un Égyptien voit son propre pays. Hervé Champollion, lui, ne s'attarde guère sur les sites antiques : voici un mouton que l'on baigne ; des adolescentes qui jouent au football au pied des pyramides ; une femme voilée regardant une vitrine de mode audacieuse ; un boulanger en train de retirer de son four des galettes de *aïch*…

Aïch, c'est le pain. Mais *aïch*, en égyptien, c'est aussi « vivre ». Il s'agit bien, dans ce livre, de la vie des Égyptiens d'aujourd'hui : laborieuse, souvent difficile, traversée de tensions sociales, mais éclairée constamment par des sourires.

Les signaux contradictoires que reflètent ces pages – modernisme affiché et repli identitaire – laissent parfois perplexe. Où va l'Égypte ? Le Nil, devenu sage depuis qu'on a régulé son débit, ne semble pas s'en inquiéter. Imperturbable, il coule toujours dans le même sens…

Robert Solé

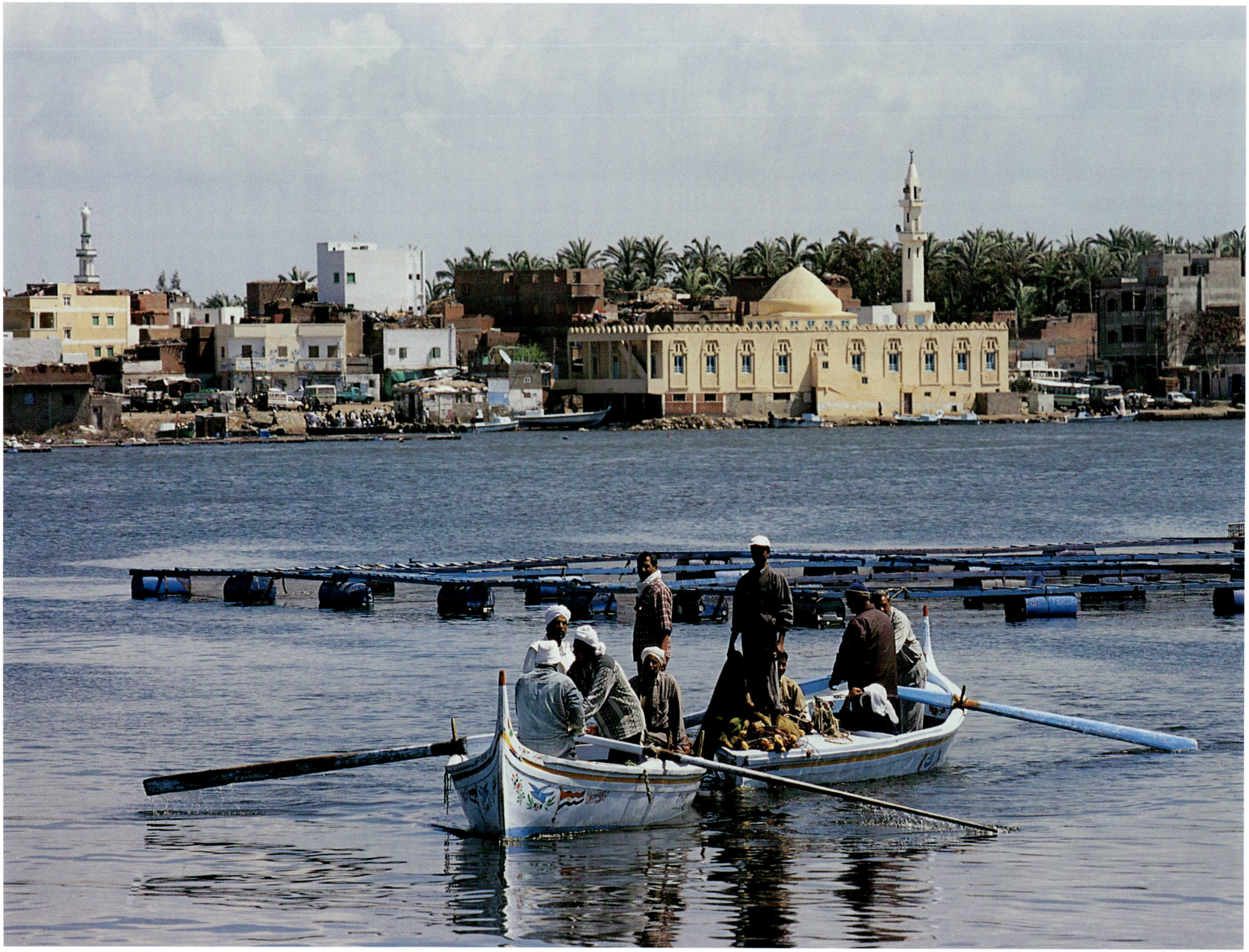

Introduction

Telle une mince oasis rectiligne, le ruban fertile de la vallée du Nil traverse ce gigantesque désert, au nord-est de l'Afrique, sur 1200 km de la frontière soudanaise au sud à la mer Méditerranée au nord. Berceau de la civilisation pharaonique, le « Grand Nil » égyptien naît de la confluence du Nil Blanc, dont la source est un ruisseau descendant les collines du Burundi, et du Nil Bleu, originaire des hauts plateaux éthiopiens. Le plus long fleuve du monde (6700 km) finit sa course dans la Méditerranée en un vaste delta triangulaire de 200 km^2.

Si « l'Égypte est un don du Nil », comme l'écrivait Hérodote, c'est que, depuis des millénaires, le fleuve a déposé sur ses berges arides un limon fertile permettant le développement d'une agriculture riche et variée. Aujourd'hui, plus de 90 % de la population vit sur cette oasis linéaire qui occupe 5 % du territoire et dont la largeur varie de 1 à 20 km. De part et d'autre de la vallée du Nil, s'étendent deux larges plateaux très arides, creusés ici et là de *ouadi*, ces cours d'eau temporaires des déserts. À l'ouest, le désert Libyque (ou Occidental) se compose de vastes plates-formes relativement basses (300-400 m) traversées par de profondes dépressions, à l'est le désert Arabique (ou Oriental) s'élève doucement en une chaîne montagneuse (souvent appelée Arabique) dominant tel un ourlet la mer Rouge et culminant à 2180 m.

Dans ce cadre géographique, une des plus merveilleuses civilisations de l'humanité a vu le jour. Les Égyptiens ont inventé l'agriculture, l'architecture, l'art du gouvernement et probablement le monothéisme. Pendant trois mille ans, le monde se nourrit sur les rives du Nil. Cette vallée fut ainsi considérée comme la mère des arts, des armes et des lois. De toutes parts, sages et curieux, sorciers noirs et journalistes grecs, gouvernants et artistes venaient chercher au creux de cette vallée magique les leçons des prêtres et des bâtisseurs, les méthodes d'irrigation, les techniques monumentales, les principes de la raison. De ces berges noirâtres, patiemment déposées à travers le désert, un peuple singulier, au teint de cuivre, trapu, et qui paraît être né des amours du vieux Nil et des sables, a émergé avant tous les autres. Et avant tous les autres, il a écrit et obéi, prié et bâti.

L'Égypte n'est donc pas seulement le « don du Nil », mais également le don de son peuple. C'est une relation complexe à double sens. Le Nil creuse sa vallée fertile en plein cœur du désert. Il apporte l'eau qui crée la vie. Le peuple quant à lui transforme cette vie en cultures, en civilisation, en âme ! Les textes et les photos de ce livre proposent un voyage tout au long du Nil, pour faire comprendre les liens entre les Égyptiens et leur pays. Dans la vallée, sur les berges, dans les villages, dans les villes, cette relation entre les hommes et leur environnement est explorée, sans oublier le passé grandiose de la civilisation pharaonique à travers ses sites ses plus emblématiques.

Depuis toujours, les voyageurs sont tombés sous le charme de ce Nil magique. La force de ce fleuve a attiré les peuples les plus divers. Tous les jours, depuis des millénaires, à la nuit tombée quand le soleil dégringole derrière l'horizon, les felouquiers décrochent leurs majestueuses voiles obliques. Il ne reste plus en scène qu'un ruban métallique sous les reflets de la lune, et qui s'enfuit sans pénombre. Les pêcheurs, campés dans leurs barques étroites, choisissent ce moment privilégié pour attirer dans leurs filets le poisson au son du tam-tam.

L'Égypte du Nil est vraiment coupée en trois. Depuis toujours le Nil est comparé à un lotus, sa corolle évasée étant le delta et la tige longiligne la vallée qui nous ramène vers la Haute-Égypte, où le temps semble suspendu. Un grain de sable a bloqué les aiguilles. Toutes les traditions sont incrustées, comme ineffaçables. Dans ce décor naturel et humain, chaque instant est un instant d'éternité. Le fellah d'Égypte reste le même depuis les temps pharaoniques, parmi les meilleurs agriculteurs du monde, un véritable jardinier, habitué depuis des millénaires à obéir aux impératifs de l'eau. Pas un pouce de terre qui ne soit nivelé, gratté, arrosé, fécondé.

Même si le jean et le « mobile » font leur apparition dans la vallée, l'Égyptien, le long du Nil, porte encore la djellaba et le chèche blanc. On est frappé par la beauté de ces hommes, drapés, naturellement, négligemment, et pourtant si harmonieusement, dans des épaisseurs de cotonnade et de lainage qui n'ont plus d'âge. Mélange impressionnant entre tradition et modernité, parfois subtil, parfois choquant, mais toujours fascinant.

PAGE DE GAUCHE : **La pisciculture s'est développée sur le bras de Rosette, dans le delta, notamment à Rashid (la ville de Rosette).**

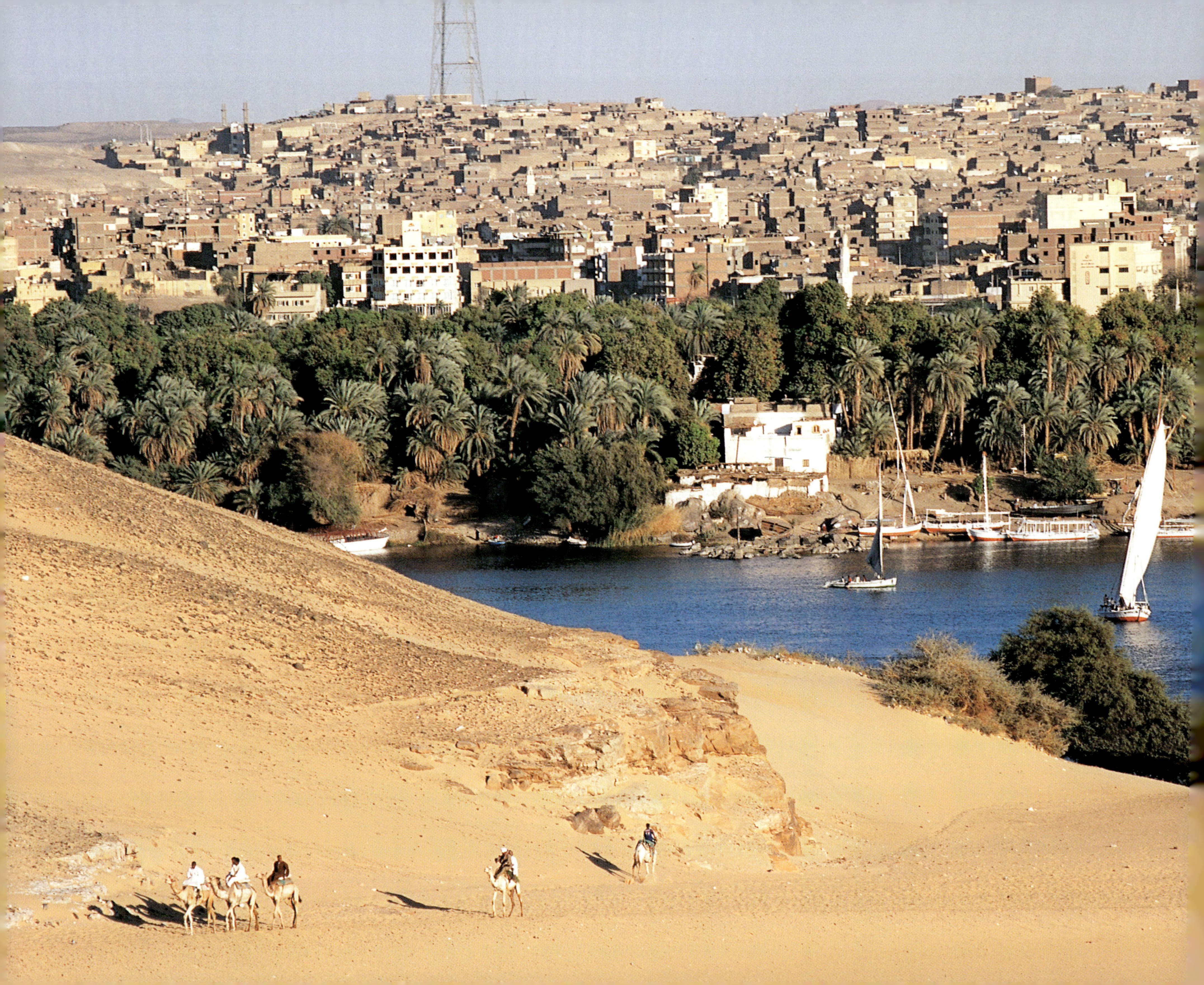

ASSOUAN
et la Nubie d'Égypte

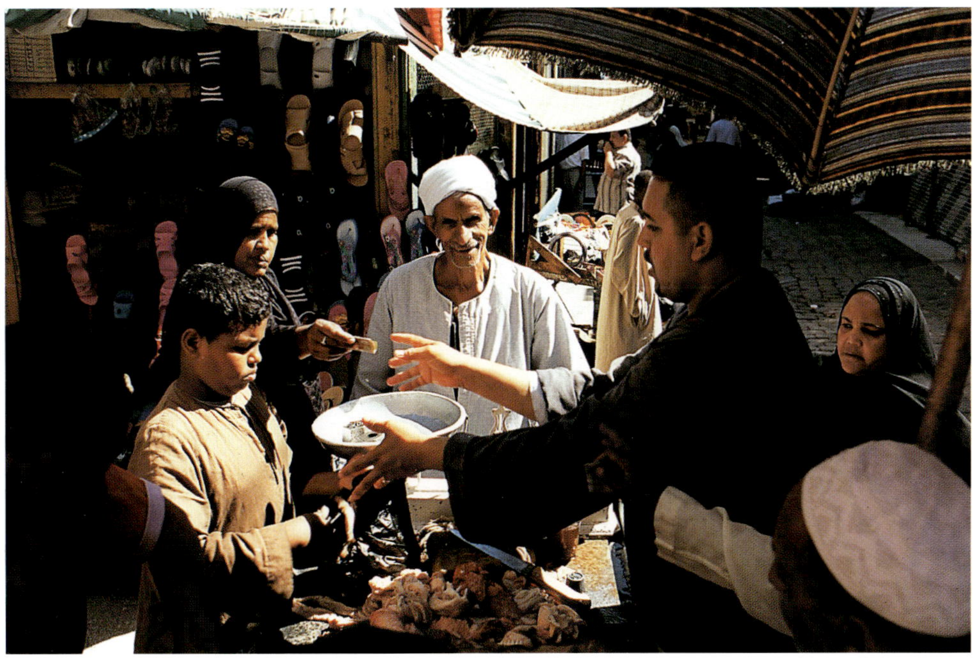

Au cœur d'Assouan, le souk témoigne d'une intense activité commerciale.

PAGE DE GAUCHE : **Assouan et l'île d'Éléphantine vus depuis le désert libyque.**

NOTRE voyage commence au sud de l'Égypte, et suivra le cours du Nil jusqu'au delta. Le point de départ est la ville la plus méridionale d'Égypte, Assouan. De près de 250 000 habitants, située sur la rive droite du Nil, à environ 843 km du Caire, Assouan est une ville chère aux cœurs de tous les Égyptiens parce que c'est la porte de la Nubie et la ville des Nubiens, le peuple qui a consenti le plus grand sacrifice dans l'histoire de l'Égypte moderne pour le bienfait de tous les Égyptiens. Il a sacrifié sa terre, ses villages, ses foyers et sa contrée natale pour la construction du Haut-Barrage, qui a formé le plus grand lac artificiel au monde, le lac Nasser (plus de 5000 km^2, plus de 500 km de long et de 5 km à 35 km de large), sous lequel se trouve la Nubie égyptienne authentique, tellement chère dans la mémoire collective des Nubiens qui la nomment « la terre d'or » (Bilad ad-Dahab) et continuent à la célébrer dans leurs chansons traditionnelles. De même, le nom actuel de la Nubie vient de l'ancien terme égyptien désignant l'or (nbw), abondant dans le sous-sol aux époques pharaoniques et gréco-romaines.

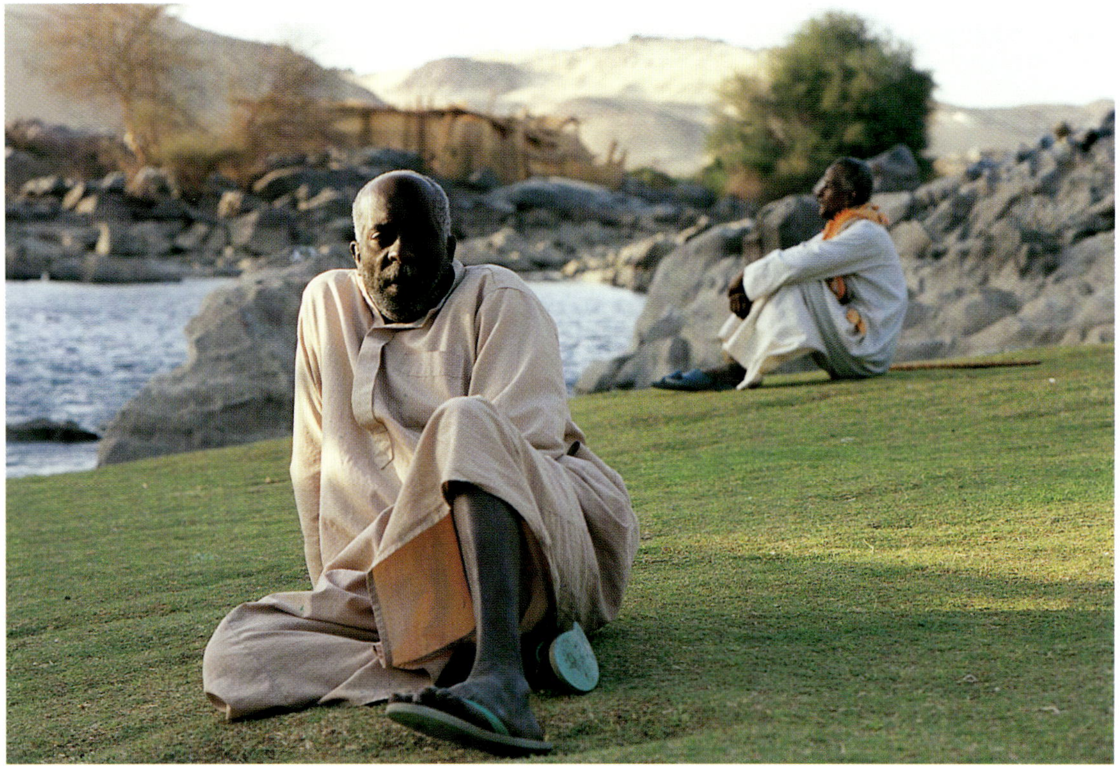

Sur l'île de Séhel, au sud d'Assouan, deux Nubiens goûtent la sérénité du soir tombant.

Assouan, la Syène des auteurs classiques, n'était à l'origine que le marché de l'île Éléphantine. Celle-ci, de son nom égyptien *Abou* ou *Yebu*, qui a le même sens (l'île des éléphants), fut chez les pharaons la capitale d'une principauté. À l'époque des Ptolémées, elle se divisait en quartiers très différenciés. Éléphantine était un quartier aristocratique et abritait le nilomètre, le temple consacré à *Khnoum*, la divinité régionale de l'époque, et la résidence du prince héréditaire, chef de la province. Tandis que la future Syène était plutôt le port et la ville active, où s'affairaient les ouvriers et les artisans. Ses carrières, d'où l'on extrayait ce granit rouge connu sous le nom de syénite, étaient, avec celles de l'Ouadi Hammamat, le gisement de granit le plus exploité pendant l'antiquité. Le terme syénite est réservé aujourd'hui à une autre roche, mais le granite rouge d'Assouan reste une roche de qualité très prisée.

Cette cité a longtemps été l'une des principales portes d'entrée et de sortie de l'Afrique noire, donnant naissance à un commerce prospère sur la route des caravanes. Ville-frontière, les Coptes la nommèrent *Souan* (négoce). À l'époque chrétienne, Syène était le siège d'un évêché. Elle fut rendue célèbre par l'expérience d'Ératosthène visant à déterminer la circonférence de la Terre. Cette ville fut choisie par Ératosthène en raison de sa proximité avec le tropique

La construction du Haut-Barrage

À 17 km au sud d'Assouan, le Haut-Barrage (*Sadd al-Ali* en arabe) est un exemple contemporain de construction monumentale égyptienne. Atteignant 3600 m d'envergure, 980 m de large à sa base et 111 m de haut à son point le plus élevé, on l'a surnommé la « quatrième pyramide d'Égypte » par analogie avec les 35 000 personnes qui participèrent à sa construction. Au début, on se moqua du projet, et la construction se heurta à des difficultés autant politiques que techniques. Après un refus des États-Unis, du Royaume-Uni et de la Banque mondiale de soutien financier, le président Nasser ordonna la nationalisation du canal de Suez en 1956, entraînant ainsi un conflit avec la France, la Grande-Bretagne et Israël, que les Nations unies finirent par régler. L'Union soviétique proposa le financement et les spécialistes nécessaires, si bien que le projet fut mis en œuvre en 1960. Le Haut-Barrage fut l'une des principales réalisations mondiales dans ce domaine. Du type barrage-masse, car l'épaisseur des alluvions (200 m) du Nil rendait impossible l'ancrage d'un barrage-voûte, c'est une véritable montagne artificielle de roc et de sable. En 1971, l'achèvement des travaux a engendré la formation du lac Nasser et donné un coup d'accélérateur au potentiel agricole et énergétique de l'Égypte. Les terres cultivables furent augmentées de 30 %, et l'usine hydroélectrique doubla l'alimentation en énergie du pays. S'il a permis de remédier aux débordements destructeurs du Nil et aux conséquences dramatiques de la sécheresse, il a aussi privé les terres de leur fertilisant naturel, car les crues y déposaient des limons nourriciers. Aujourd'hui encore, les répercussions sur l'environnement sont mal connues, mais on en ressent les effets à travers toute l'Égypte et l'usage effréné des engrais chimiques et fertilisants artificiels a entraîné une salinité accrue de la nappe phréatique. Les écologistes et les scientifiques qui, à coup de chiffres alarmants, se montrent les plus sceptiques à propos du Haut-Barrage, n'ont à ce jour jamais suggéré une véritable solution de remplacement. On ne peut pas imaginer une Égypte, peuplée aujourd'hui de plus de 70 millions d'âmes, vivre encore au rythme des crues !

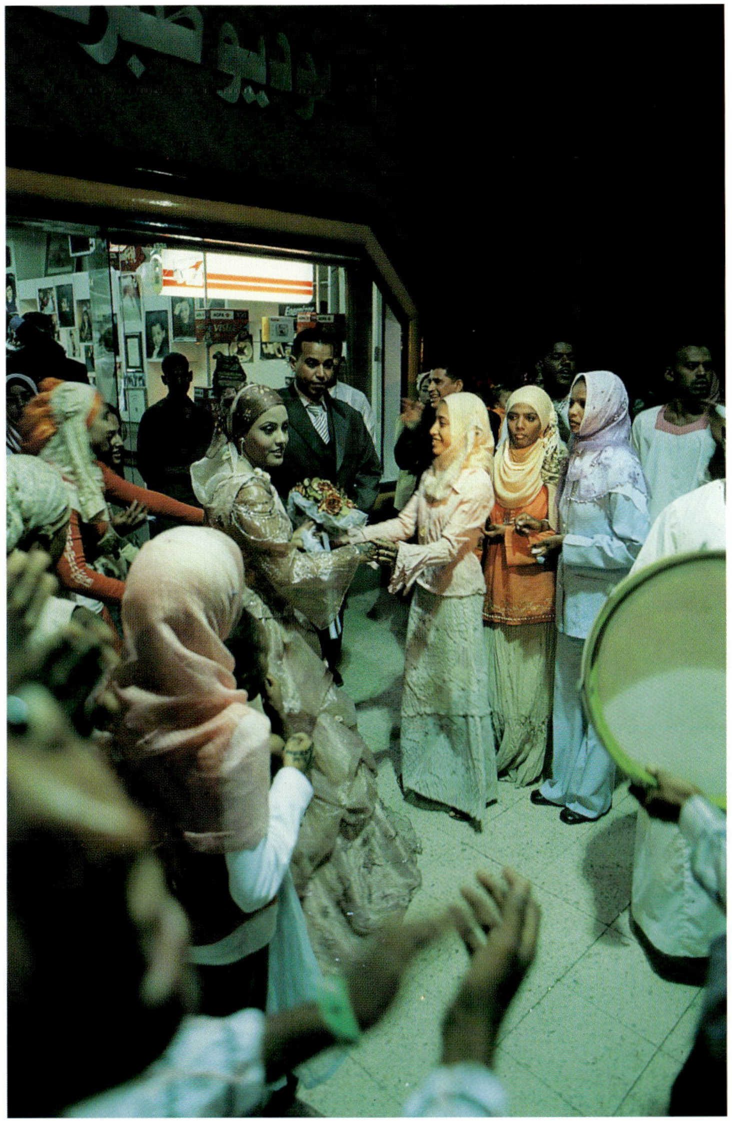

Un mariage à Assouan, comme partout en Égypte, est fêté dans la liesse au son des tambours et des *youyou* des femmes.

du Cancer : le soleil se trouve lors du solstice d'été à la verticale de la ville. On dit également que son nom actuel vient de l'expression nubienne *Assy Wangibu*, qui signifie « trop d'eau ».

À l'achèvement de l'ancien barrage d'Assouan (le plus grand au monde dans sa catégorie à l'époque), nommé localement *al-Khazzan* (le réservoir), construit sous l'occupation britannique entre 1898 et 1902 presque entièrement à partir du granit d'Assouan puis rehaussé à double reprise en 1912 et 1914, le niveau de l'eau a submergé une partie des monuments de la région, finissant même par inonder totalement un grand nombre de villages nubiens dans les années 1930. À l'issue de ces inondations, beaucoup de Nubiens se déplacèrent vers le nord où ils acquirent des terres avec l'aide du gouvernement et construisirent des bourgades, s'inspirant de leur architecture traditionnelle. La plupart des localités nubiennes proches d'Assouan, telles qu'Éléphantine, Assouan ouest et Sehel, sont peuplées d'habitants venus s'installer à cette époque. Malgré tout, la majorité des Nubiens décidèrent de rester sur leur territoire natal et bâtirent de nouvelles demeures sur des terres plus élevées. De nombreux Nubiens à cette époque cherchèrent du travail dans les villes du nord, surtout au Caire et à Alexandrie, et sont à l'origine des communautés nubiennes importantes de ces deux villes. Moins d'une trentaine d'années plus tard, la réalisation du Haut-Barrage obligea ceux qui étaient restés à déménager encore mais cette fois-ci définitivement. Dans les années 1960, ils furent relogés dans des villages construits par le gouvernement, aux alentours de Kom Ombo, à 50 km au nord d'Assouan.

Ainsi, les villages des environs d'Assouan sont géographiquement les plus proches de la Nubie ancienne avec sa culture authentique et ses traditions, et par conséquent, les plus intéressants à visiter. L'architecture nubienne possède des traits distinctifs qui remontent à l'époque pharaonique, comme d'ailleurs la langue nubienne, qui est une langue orale sans écriture. Les spécialistes pensent que sa phonétique vient également de ces époques lointaines. Les maisons traditionnelles sont réalisées en brique crue, comme en Haute-Égypte, mais les similitudes s'arrêtent là. Les demeures de cette Basse-Nubie présentent souvent des plafonds voûtés ou coiffés d'un dôme, tandis que celles situées plus au sud disposent d'un toit plat semi-palmiforme. Ce sont ces fameux « voûte et dôme » nubiens qui ont inspiré le grand architecte égyptien Hassan Fathy pour élaborer son style « d'architecture traditionnelle pour les pauvres » connu dans le monde entier. Les façades sont crépies ou chaulées et couvertes de dessins et d'ornements, dont parfois des fragments d'assiettes en céramique.

Les Nubiens ont aussi leurs propres coutumes matrimoniales. L'authenticité de leur culture et sa préservation durant des milliers d'années viennent en partie du fait que les mariages étaient et demeurent presque toujours strictement internubiens. Selon la tradition, les festivités de mariage duraient jusqu'à deux semaines, mais aujourd'hui la fête se réduit à trois jours. Le premier soir, le fiancé et la fiancée se réunissent, chacun séparément, avec leurs amis et parents respectifs. C'est au deuxième soir que la promise emmène ses convives au domicile de son futur époux et les deux groupes dansent sur la musique traditionnelle jusqu'à l'aube. Elle rentre ensuite chez elle, les mains et les pieds recouverts de superbes motifs au henné. Quant au promis, il a lui aussi les pieds et les mains peints au henné, mais sans motif

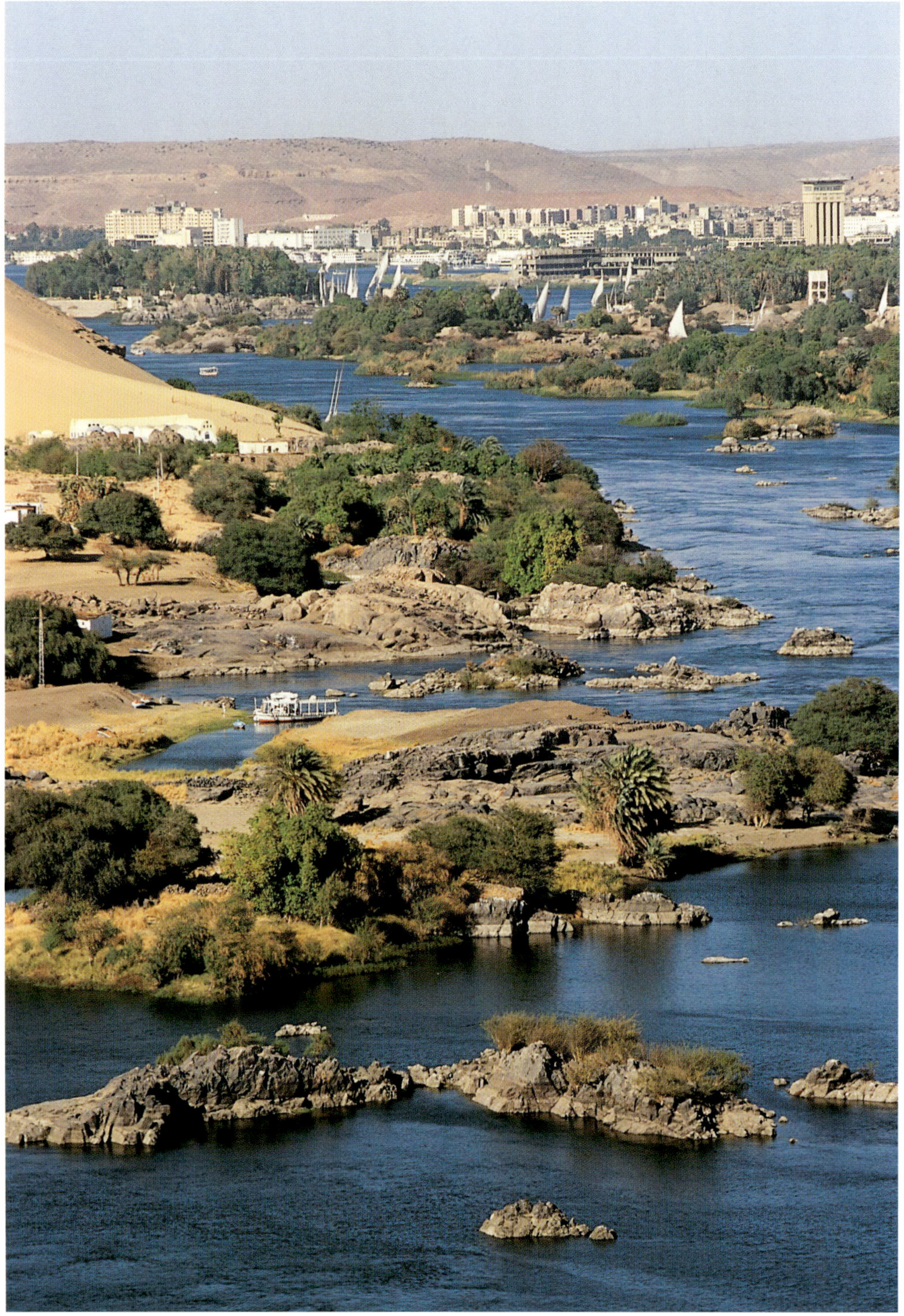

particulier. Le troisième jour, il rejoint à pied la maison de sa fiancée en une procession réunissant parents et amis, appelée *zaffa*, et ils dansent et chantent toute la journée. Il devra demeurer trois jours chez la promise, avant de revoir sa famille, puis le couple s'installe dans sa propre maison.

La musique nubienne, avec sa sonorité singulière, est célèbre aux quatre coins du monde, grâce à des musiciens tels que Ali Hassan Kuban, qui passa sa vie à jouer dans les mariages et les soirées et a connu un succès mondial en Europe, au Japon et en Amérique ; et Hamza ad-Din, compositeur nubien qui a joui d'une vaste notoriété en Occident pour ses partitions semi-classiques écrites pour l'oud (luth). La musique nubienne est une musique incroyablement chaleureuse, extrêmement accessible, d'une qualité rythmique quasi africaine, mélangeant de simples mélodies à des chants expressifs. Comme instruments traditionnels, en plus de l'oud, nous pouvons citer le *douff*, une sorte de grand tambour creux ou de tabla, que les joueurs tiennent entre les mains, et le *kisir*, un instrument à corde. Parmi les autres artistes, nous pouvons citer les chanteurs Sayyed Gayer et Mohamed Hamam, chantant des poèmes et chansons d'amour, et le chanteur-compositeur Ahmed Mounib, un des pères de la chanson dite « de jeunesse » en Égypte ou le pop égyptien. C'est lui qui a parrainé et propulsé sur scène la plus grande star nubienne d'Égypte, le chanteur Mohamed Mounir, également très célèbre en Occident, notamment grâce à ses chansons dans les films de Youssef Chahine.

La première cataracte, un fourmillement d'îlots et de rochers entre l'ancien barrage et Assouan.

L'hôtel Old Cataract

La fameuse saga de cet hôtel débute en 1899. Célèbre depuis qu'Agatha Christie y a écrit une grande partie de son célèbre roman *Mort sur le Nil*, il est devenu une étape incontournable pour les têtes couronnées et autres chefs d'État (le tsar Nicolas II, Winston Churchill, l'Aga Khan, Jimmy Carter, François Mitterrand) et d'autres stars du monde. Majestueux du haut de son promontoire de granit rose, l'Old Cataract surplombe le fleuve, niché dans un jardin de palmiers avec son architecture victorienne et mauresque. Idéalement situé face à l'île Éléphantine, il réunit tout ce qu'il faut pour se retrouver dans une atmosphère d'un autre temps.

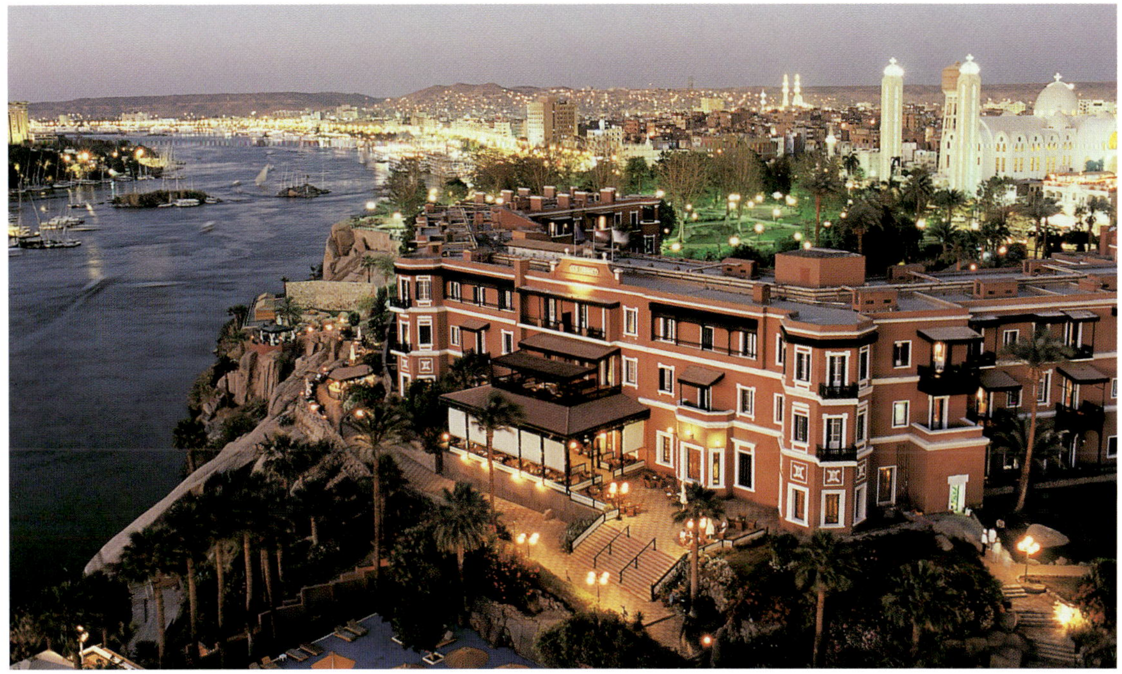

Grâce à son environnement exceptionnel, Assouan n'est pas loin de mériter le titre de plus belle ville d'Égypte. Au centre du paysage, le Nil apparaît ici dans toute sa magie, belle nappe semblable à celle d'un lac, ondoyant de barrage en barrage, ou enveloppant les rochers géants de granit rose et les îles constellées de palmiers surgissant des rapides de la première cataracte. La somptueuse corniche par laquelle la majorité des touristes, débarquant de leur croisière, découvrent Assouan et son atmosphère nubienne, est la plus attachante d'Égypte. La brise fraîche qui l'effleure dans les soirées d'été est toujours une agréable surprise pour les voyageurs qui se sont promenés sous un soleil implacable pendant la journée. La bande de terres fertilisée par le fleuve est tellement étroite dans cette partie du pays que le désert atteint pratiquement les berges. D'un point de vue esthétique, le site est magnifique, avec ses îles plantées d'arbres fruitiers, de palmiers et de fleurs, au milieu du Nil d'un bleu profond cerné par les sables du désert. D'un côté, la ville s'étend avec ses immeubles administratifs, ses agences de voyage et ses hôtels, dont le fameux Old Cataract, de l'autre nous trouvons les reliefs désertiques de la rive gauche. La longue et verdoyante île Éléphantine est ancrée au milieu du fleuve sur lequel glissent les felouques, lentement et paisiblement, dans cette douce lumière propre à Assouan. Quant à la première cataracte, que la population appelle *Challal*, elle est située juste au-delà de l'île de Sehel. C'est la première des six que compte le Nil. Comme le fleuve est déjà domestiqué en amont par le Haut-Barrage, cette cataracte n'est pas spectaculaire et il ne faut pas l'imaginer comme une chute d'eau. On ne peut même pas parler de petite cascade. En réalité, comme les cinq autres, elle consiste principalement en une suite de petits rapides créés par les rochers granitiques qui s'opposent au cours du fleuve sur une courte distance. Longtemps elle constitua une frontière naturelle et une limite psychologique au royaume d'Égypte.

Malgré une forte expansion démographique au cours des dernières décennies, la ville a su préserver son authenticité, restant ainsi un modèle de la tradition ancestrale d'hospitalité moyen-orientale. Carrefour entre le monde arabe et l'Afrique noire, elle se caractérise par un mélange ethnique et culturel. Elle tire une bonne partie de son activité économique du tourisme, notamment des croisières vers ou depuis Louxor, ou sur le lac Nasser. La température moyenne dépasse les 40° en été et descend en hiver jusqu'à un généreux 30°. Elle se transforme en station balnéaire en hiver mais les touristes étrangers y sont bienvenus toute l'année. L'atmosphère exotique de ses souks représente sans doute l'un de ses charmes. Il suffit de flâner au gré des allées étroites pour voir, entendre et sentir la vie qui régnait voilà des siècles dans ses quartiers. Si la rue du marché, *Sharia as-Souq*, est devenue beaucoup trop touristique, dans les rues et les ruelles environnantes l'activité commerciale et les services s'orientent essentiellement vers la population locale.

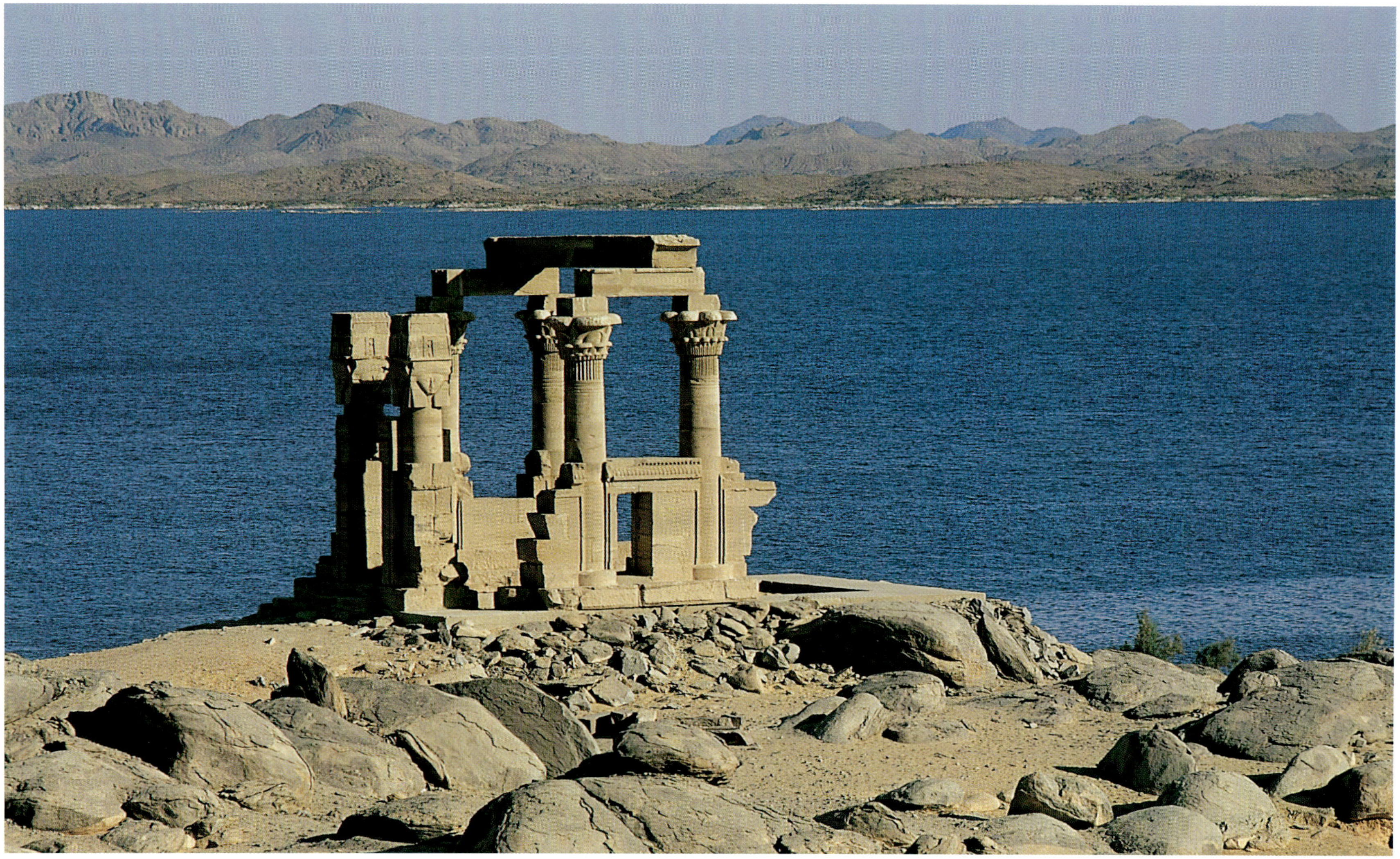

Le temple de Kertassi a été déplacé auprès du Haut-Barrage d'Assouan. Il se trouvait auparavant une trentaine de kilomètres plus au sud.

On y trouve les fameux paniers nubiens, les parfums et les épices innombrables, les vêtements traditionnels suspendus aux cintres des devantures, les tapis de laine, les fleurs et les plantes séchées et surtout le fameux *karkadé* (feuilles d'ibiscus), ainsi que des pyramides de légumes et fruits divers dont les incontournables dattes fraîches ou séchées. Une autre activité économique de la ville est représentée par les chantiers navals qui produisent essentiellement des felouques à voiles en bois pour les besoins de l'industrie touristique. Malheureusement, le métal remplace de plus en plus le bois et les moteurs remplacent les voiles.

À travers la ville, l'indéniable charme des habitants compense la chaleur étouffante. Du vendeur qui aborde le promeneur pour lui vendre sa marchandise à l'aimable vieille dame et ses indications en mauvais anglais, la ville entière semble inviter le visiteur à rallonger son séjour. On est toujours charmé par les Nubiens, par leur douceur, leur élégance et par cette grâce avec laquelle ils accomplissent les gestes les plus ordinaires. À dos de chameau, en felouque ou au volant d'une Peugeot 504, un Nubien garde toujours son allure aérienne, mélange de nonchalance africaine et de noblesse flegmatique, peut-être l'héritage de l'époque pharaonique.

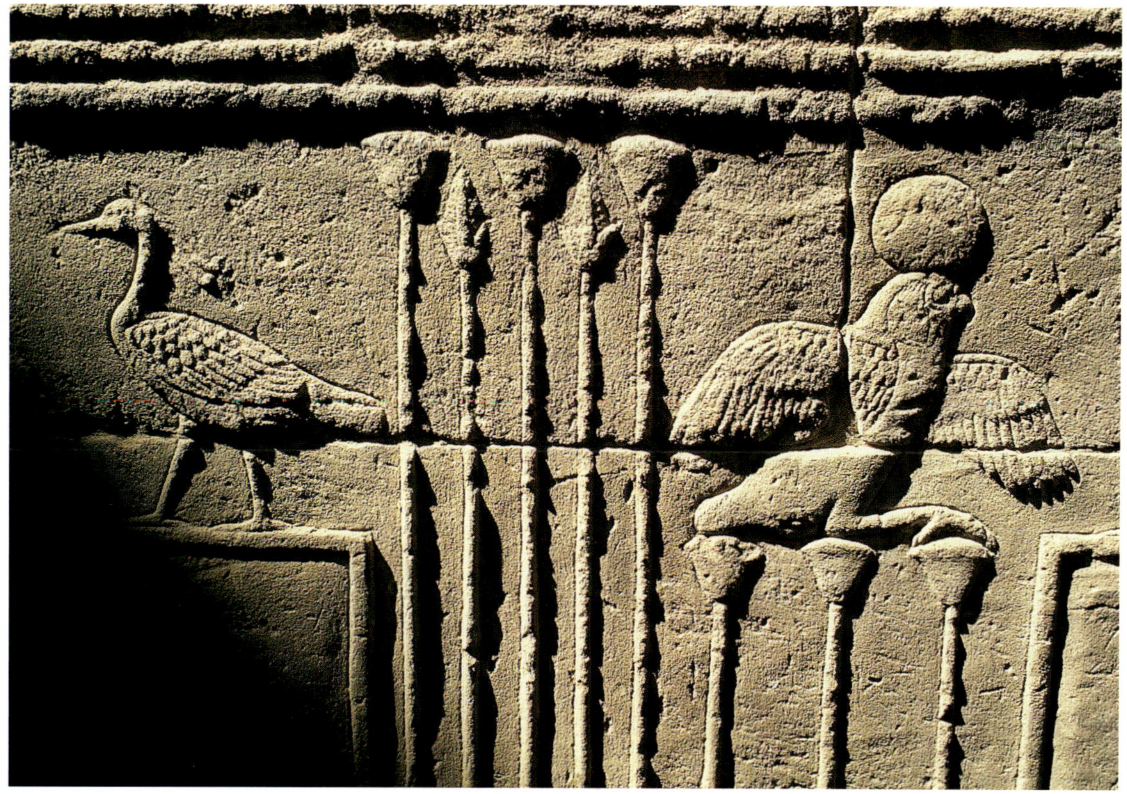

Évocation d'un marécage, sculptée sur le *mammisi* du temple de Philae.

Au début du dernier siècle et dès la construction du premier barrage, l'eau submergeait dix mois par an l'île de Philae sur laquelle se trouvait le temple d'Isis, recouvrant le temple à mi-hauteur. Si les murs, avec leurs sculptures, ressortaient intacts de l'eau chaque été, les peintures perdaient de leurs couleurs. Maspero tentait en vain de sensibiliser au maximum l'Europe au sort de tous ces monuments menacés, et en 1908 Pierre Loti écrivit *La Mort de Philae*, mais n'aboutit à rien et le temps passa. Dans les années 1960, lors de la construction du Haut-Barrage, l'île était vouée à l'engloutissement total, comme d'ailleurs de nombreux temples. C'est alors que l'Unesco, alertée par Christiane Desroches-Noblecourt, a entrepris la fameuse « Campagne de sauvegarde des monuments nubiens » pour sauver ce patrimoine de l'humanité en déplaçant plusieurs temples dans des zones non inondées. C'est ainsi que le temple d'Isis a été démonté et reconstruit 300 m plus au nord sur l'île d'Agilkia, dont les contours ont été auparavant remodelés pour lui donner la topographie originale de Philae. Ces travaux, commencés en 1972, n'ont été terminés que huit ans plus tard.

En 1960, l'Unesco, soutenue par les ministres de la Culture égyptien Tharwat Okasha et français André Malraux, lança un appel international afin d'obtenir les concours financiers et techniques qui permettraient de sauver quelques-uns des temples de la montée des eaux du lac Nasser. Répondant à cet appel mondial, de nombreux pays envoyèrent en Nubie des missions archéologiques afin de mettre en œuvre les projets de l'Unesco visant à sauver le maximum de ces trésors menacés. C'est ainsi que des nécropoles ont été mises au jour et tous les objets et reliques transportables rejoignirent les musées. Si certains temples disparurent dans le lac, quatorze temples furent déplacés et remontés à l'abri sur des terres plus hautes, en respectant au maximum la topographie de leur site d'origine. Les autres furent fouillés et étudiés méthodiquement avant d'être engloutis à jamais comme les sept forteresses du Moyen Empire situées à proximité de la deuxième cataracte. À part le temple d'Isis de Philae, les autres temples rescapés ont été répartis en quatre groupes géographiques : Kalabsha, Beit el-Wali et Kertassi ; Dakka, Meharaqqa et Wadi el-Seboua ; Amada, Derr et la tombe de Pennout ; les deux temples d'Abou Simbel, Abou Oda et la niche du tombeau de Pasar. L'Égypte a su remercier les pays les plus engagés dans le sauvetage des temples. C'est ainsi que trois temples ont été donnés à ces pays : le temple de Dabod se trouve ainsi à Madrid, le temple de Dendour au Metropolitan Museum à New York et le temple de Tiffa à Leyde (Pays-Bas). Turin a eu droit au premier spéos du Nouvel Empire, Berlin à une porte ptolémaïque mise au jour à Kalabsha et la France au colosse d'Aménophis IV, actuellement au Louvre.

Le sauvetage des deux temples d'Abou Simbel fut à lui seul un grand exploit. La coopération internationale fut immédiate et toute une série de plans de conservation furent présentés. En 1964, on construisit une digue provisoire pour retenir les eaux du lac,

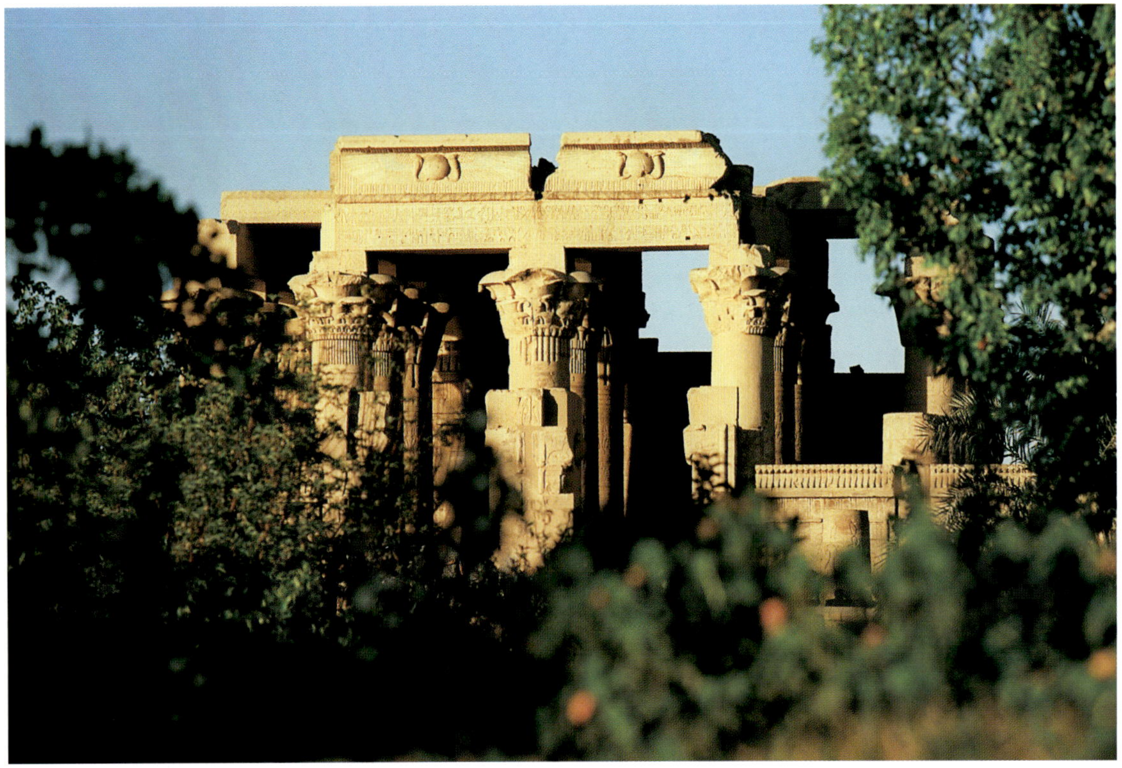

Le temple de Kom Ombo, sanctuaire des dieux Sobek et Haroeris, est magnifiquement situé sur un promontoire dominant le Nil.

tandis que des équipes archéologiques égyptiennes, françaises, allemandes, italiennes et suédoises commençaient à déménager les massives constructions. Les temples furent découpés en plus de deux mille énormes blocs, puis rassemblés à l'intérieur d'une montagne spécialement construite à cet effet, à 210 m de l'eau et 65 m plus haut que le site d'origine. On les orienta soigneusement dans la bonne direction, tout en recréant leur paysage initial, au-dessus et autour de la montagne-coupole en béton. Cette entreprise dura à peine plus de quatre ans et coûta 40 millions de dollars. Alors que le site qu'ils avaient occupé plus de trois mille ans disparaissait sous le lac Nasser, les temples d'Abou Simbel furent officiellement rouverts au public en 1968. Nous pouvons lire sur une plaque à droite de l'entrée : « C'est en restaurant le passé que nous avons pu construire l'avenir de l'humanité. »

Le résultat le plus récent de la Campagne de sauvegarde des monuments nubiens fut l'inauguration en 1997 du musée de la Nubie qui accueille les vestiges d'une civilisation dont les terres ont été englouties par le lac Nasser. Financé par l'Unesco et conçu par l'architecte égyptien Mahmoud el-Hakim, c'est une réussite du point de vue formel, tant il est intégré et en harmonie avec son environnement rocheux, et du point de vue technique car les œuvres exposées sont parfaitement protégées de la chaleur et de la lumière extérieures et bien présentées selon les techniques muséographiques les plus modernes. Les collections s'étalent de la préhistoire à nos jours et présentent la culture, l'histoire et l'art nubiens dans un parcours divisé en petites sections thématiques et chronologiques.

Le paysage qui environne ces temples nubiens déplacés est le lac Nasser. Il est difficile d'imaginer en contemplant ses eaux tranquilles et bleutées qu'il est le fruit de la création humaine. Appelé également « The Nubian Sea » (la mer nubienne), il offre des paysages cernés par les sables du désert. Aucun village, aucune âme qui vive sur ces rivages désertiques puisque le niveau du lac artificiel fluctue. Oiseaux, gazelles, renards, crocodiles et lézards occupent ses rives et un grand nombre d'espèces de poissons ses eaux. Sa capacité maximale, soit 157 milliards de mètres cubes, fut atteinte en 1996, à l'issue de pluies torrentielles en Éthiopie. Depuis lors, le gouvernement égyptien s'est lancé dans un projet titanesque, et très

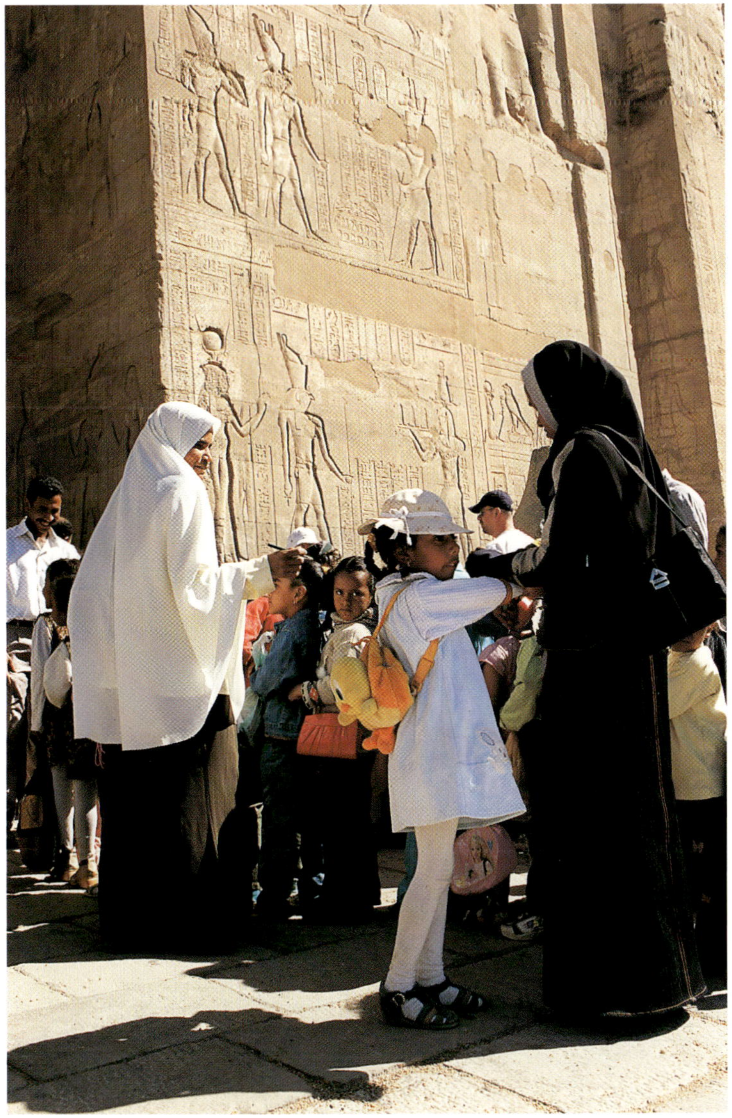

Petits écoliers et leurs institutrices au pied du pylône du temple d'Edfu.

critiqué, consistant à réaliser un nouveau canal, le canal de Toschka, et à irriguer des milliers d'hectares dans ce qui correspond au désert de Nubie, entre Toschka et la Nouvelle Vallée.

Comme la plupart des touristes visitant cette partie de l'Égypte, nous allons poursuivre notre voyage sur le Nil vers le nord, comme dans une croisière guidée par ces talentueux capitaines locaux qui connaissent le fleuve comme la paume de leur main. En quittant Assouan, le paysage du Nil change et les plateaux d'Arabie et de Libye se referment sur la vallée. Puis en s'approchant de Kom Ombo, les rives deviennent plus fertiles et présentent des cultures irriguées de canne à sucre et de maïs. La communauté originelle de fellahin (paysans), augmentée par l'immigration nubienne forcée des années 1960, travaille essentiellement dans l'agriculture de canne à sucre ou dans la grande usine de fabrication de sucre qui est une des plus importantes du pays. Une grande partie de la ville est occupée par cette usine et sa cité ouvrière. Dans l'Antiquité, la cité de Kom Ombo portait le nom de Pa-Sebek (terre de Sobek), en rapport avec le dieu-crocodile de la région. Elle prit son essor à l'époque ptolémaïque en devenant une importante base militaire et la capitale du premier nome de Haute-Égypte. De cette même époque date son unique temple qui est un temple double de Sobek Haroeris (une forme d'Horus) se dressant sur un promontoire surplombant une courbe du Nil. D'un plan général qui ressemble beaucoup, en plus petit, à celui de ses contemporains d'Edfou et de Dendérah, le temple de Kom Ombo se singularise sur le plan architectural par le fait que tout est dédoublé et disposé en une parfaite symétrie, le long de l'axe principal du lieu, avec donc deux entrées, deux cours, deux colonnades, deux salles hypostyles et deux sanctuaires. La partie ouest est consacrée à Haroeris et la partie est à Sobek. La ville a conservé un peu de son rôle d'antan : elle sert toujours d'étape aux caravaniers travaillant maintenant dans le commerce de chameaux, dont le marché de Daraw, qui se tient principalement le mardi, perpétue la tradition. La ville compte également une importante communauté copte orthodoxe, comme l'attestent ses nombreuses églises.

Quittant Kom Ombo, nous traversons le site de Gebel Silsileh. Le Nil rétrécit pour se faufiler entre des falaises de grès et nous remarquons un foisonnement d'anciennes inscriptions sur stèles ou graffitis. Cette gorge connue à l'époque pharaonique sous le nom de Khenu (l'endroit où il faut ramer) marque le passage du calcaire au grès dans le soubassement du sol égyptien. Tout au long du Nouvel Empire et des périodes gréco-romaines, des milliers d'hommes œuvrèrent dans les carrières de Gebel Silsileh afin d'extraire le grès nécessaire à l'édification des temples.

Puis nous arrivons vers Edfou où l'on trouve le temple le mieux préservé d'Égypte. Centre potier et sucrier, Edfou est une localité très plaisante de vocation agricole à l'origine, mais la présence du temple a fait du tourisme sa plus grosse source de revenus. Tous les habitants semblent posséder dans le bazar une échoppe par laquelle passent les visiteurs avant d'atteindre le temple d'Horus. Tôt le matin, la rue principale se transforme en une chenille de calèches, chargées de touristes et reliant les bateaux de croisière au temple. La concentration touristique est pratiquement contenue dans ces espaces. En s'éloignant un tout petit peu, nous pouvons découvrir une cité provinciale authentique et agréable avec ses cafés modestes et ses petits restaurants.

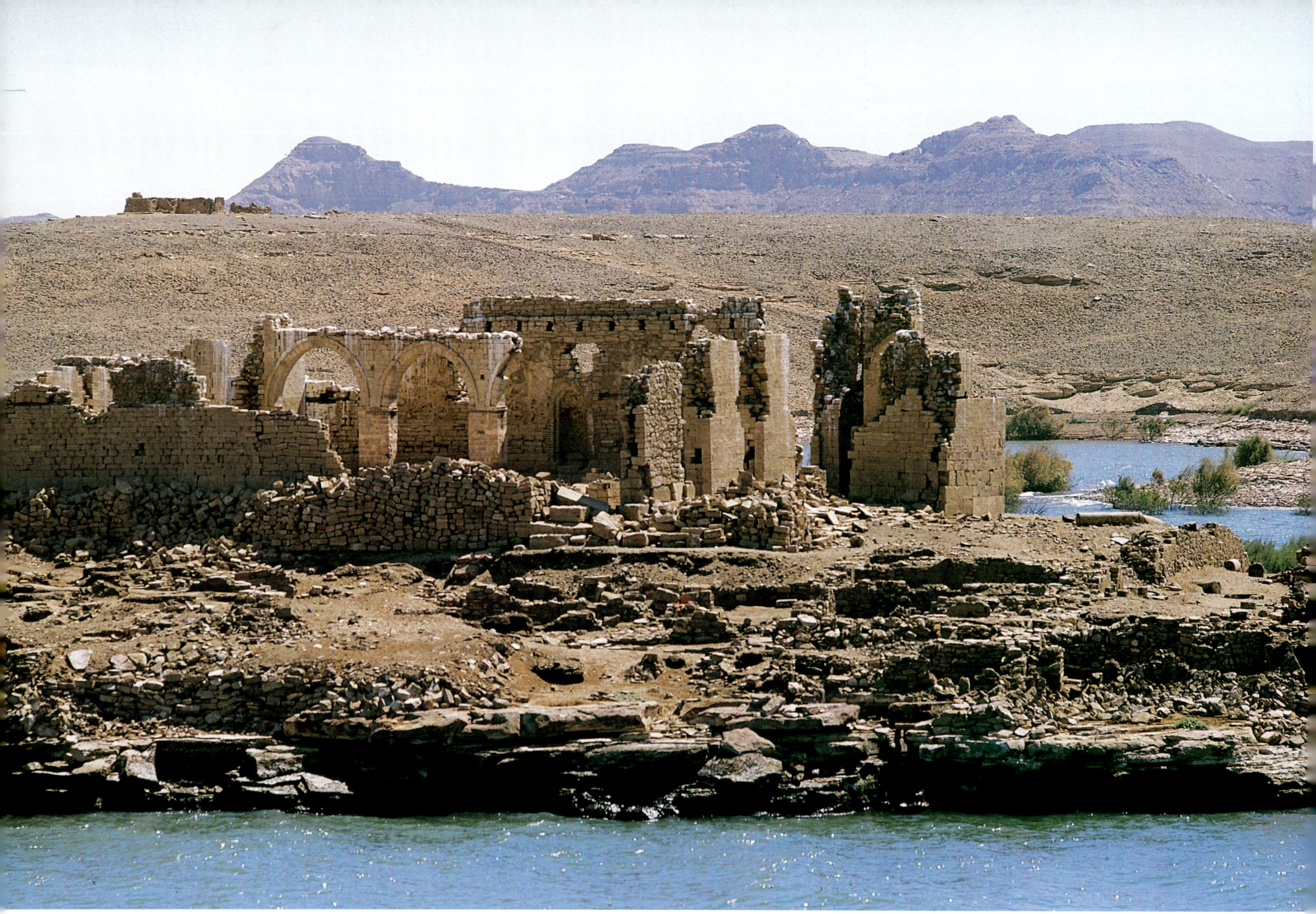

Vestiges de la forteresse de Qasr Ibrim, placée à un endroit stratégique au cœur de la Nubie égyptienne.

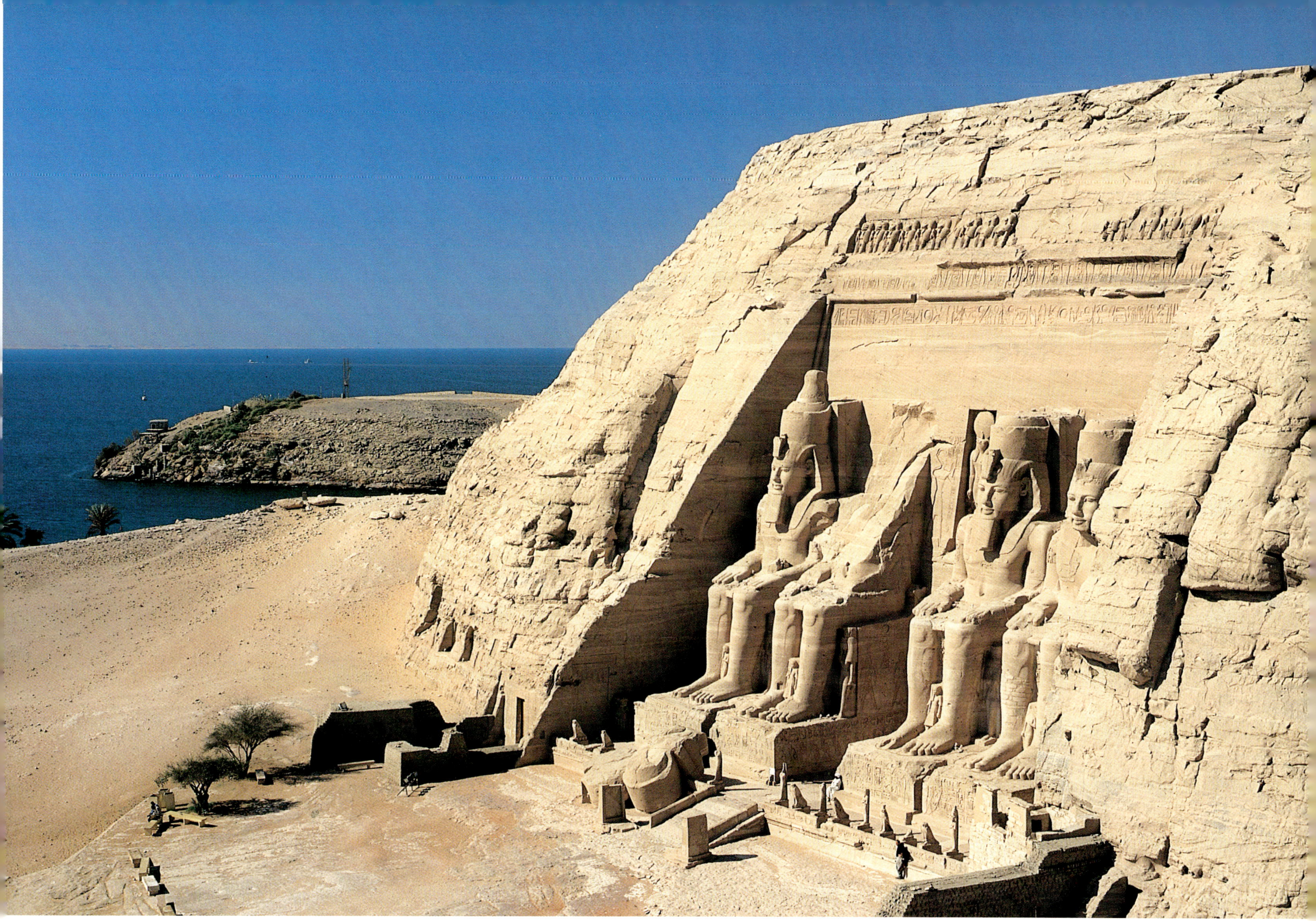

Le temple de Ramsès II, à Abou-Simbel, sauvé de la montée des eaux provoquée par le barrage d'Assouan.

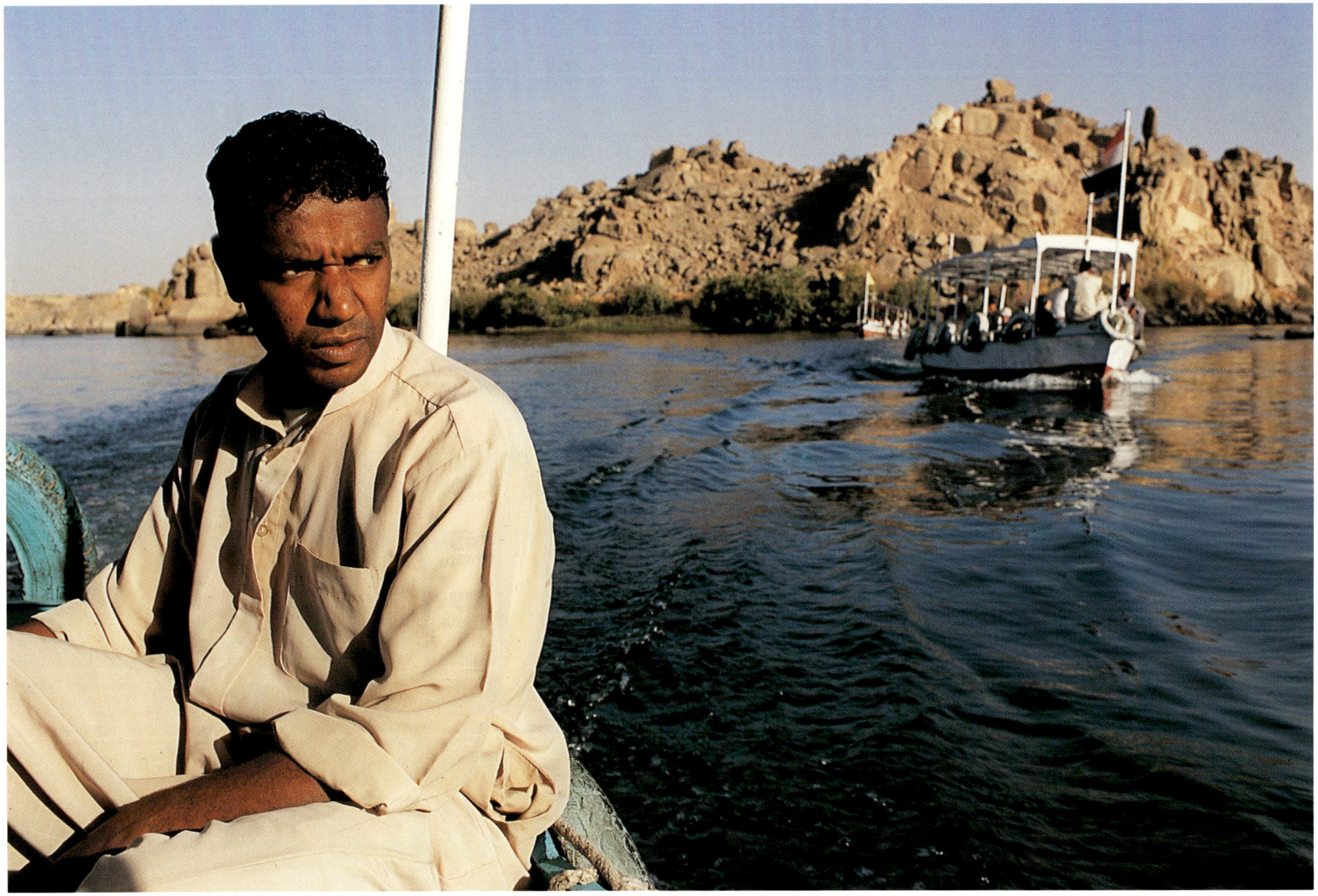

Navigation entre les deux barrages d'Assouan, vers l'île d'Agilika sur laquelle ont été transférés les temples de Philae.

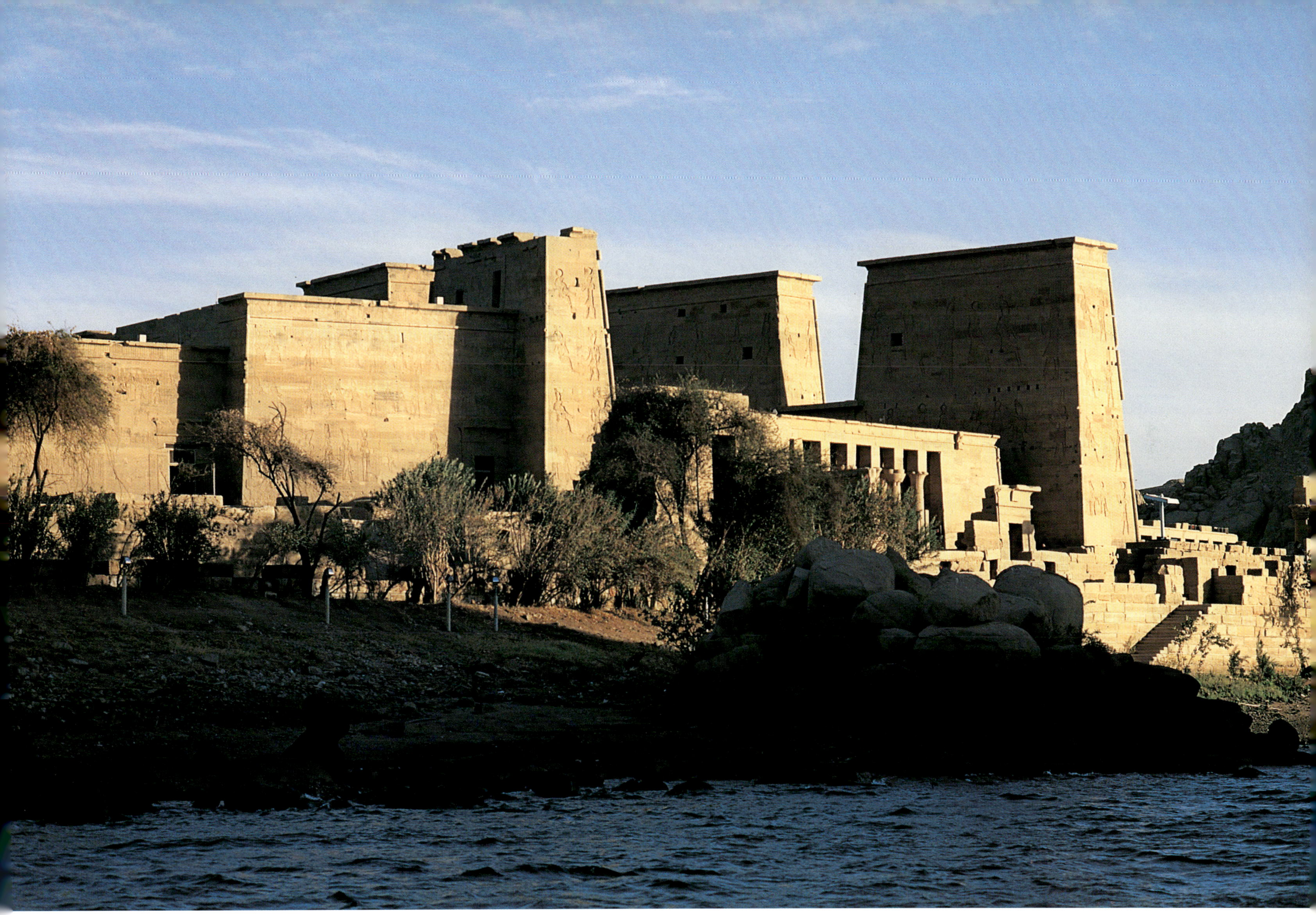

Le temple d'Isis, avec ses deux imposants pylônes, est le plus méridional des grands temples ptolémaïques.

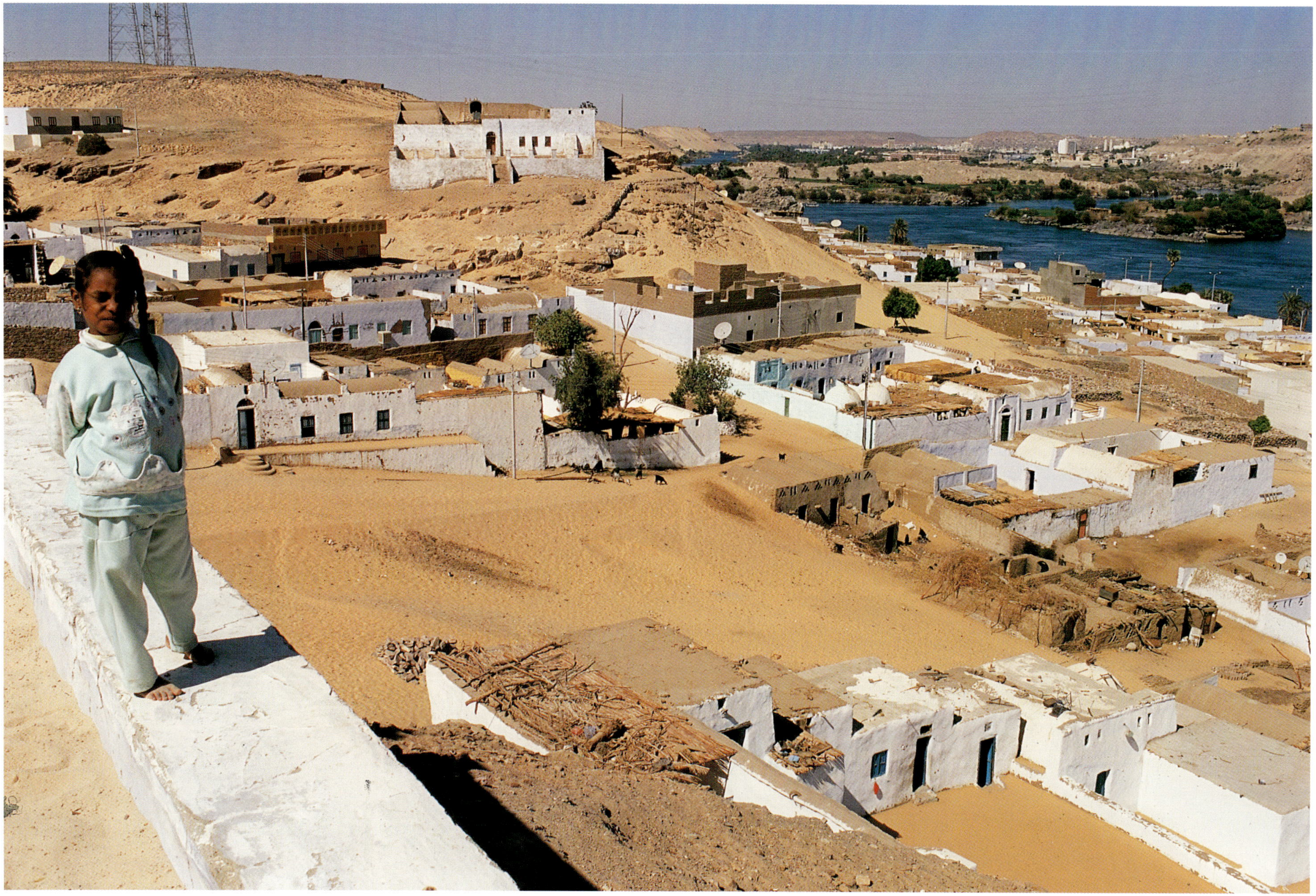

Le village nubien de West Sehel, au sud d'Assouan, a accueilli des villageois déplacés lors de la construction du Haut-Barrage.

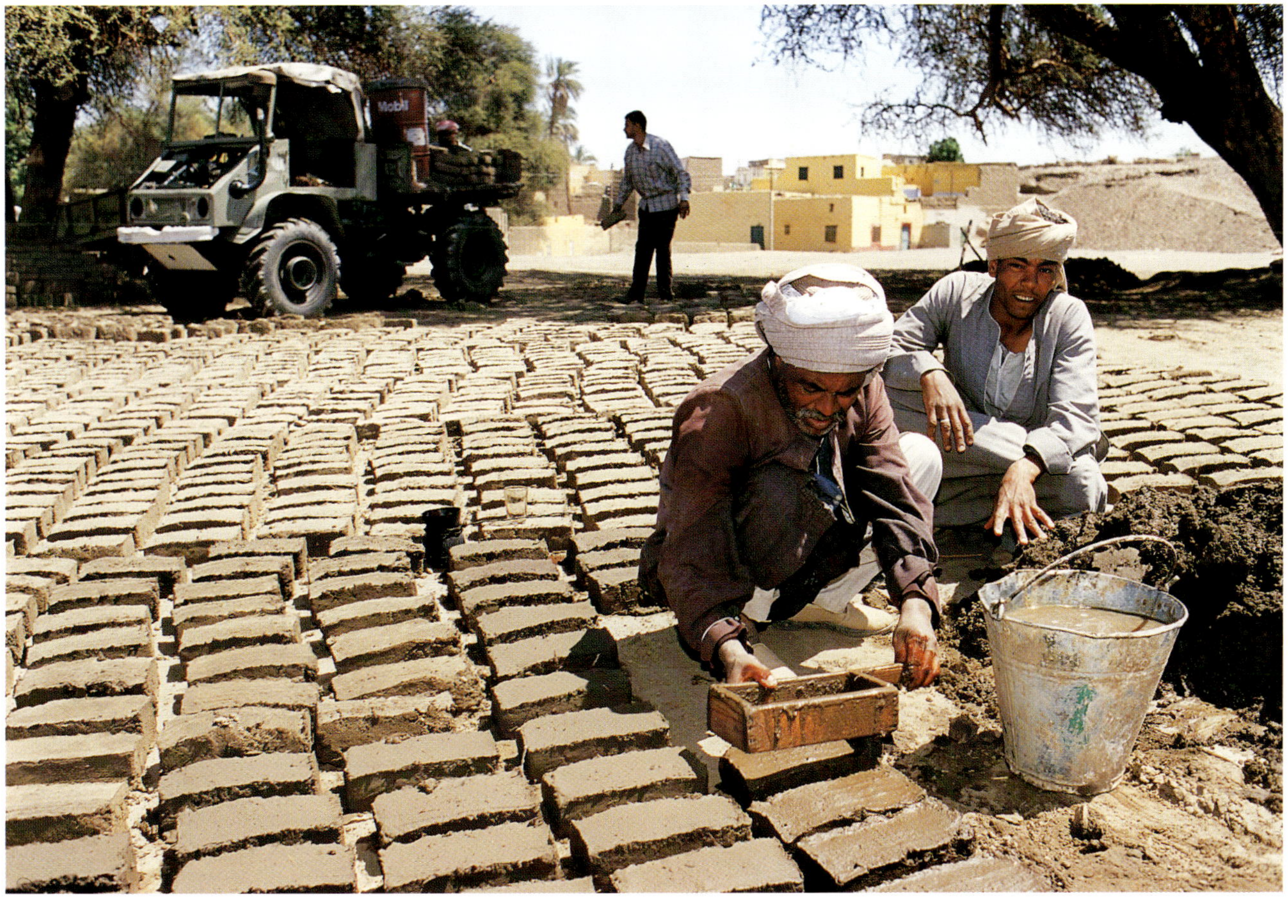

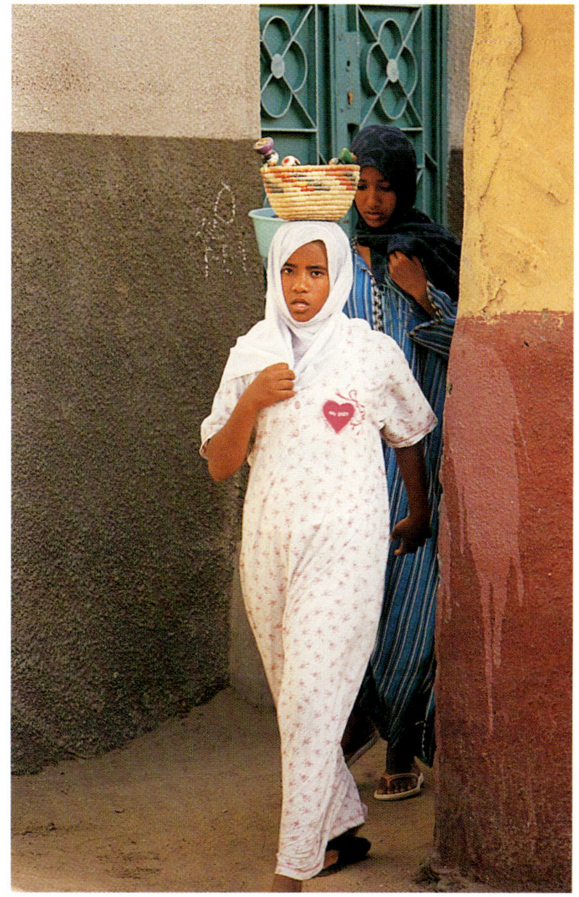

À GAUCHE : **La fabrication des briques, séchées au soleil, sur l'île d'Éléphantine a conservé son caractère artisanal.**
À DROITE : **La silhouette élégante de la jeune fille nubienne, à Séhel.**

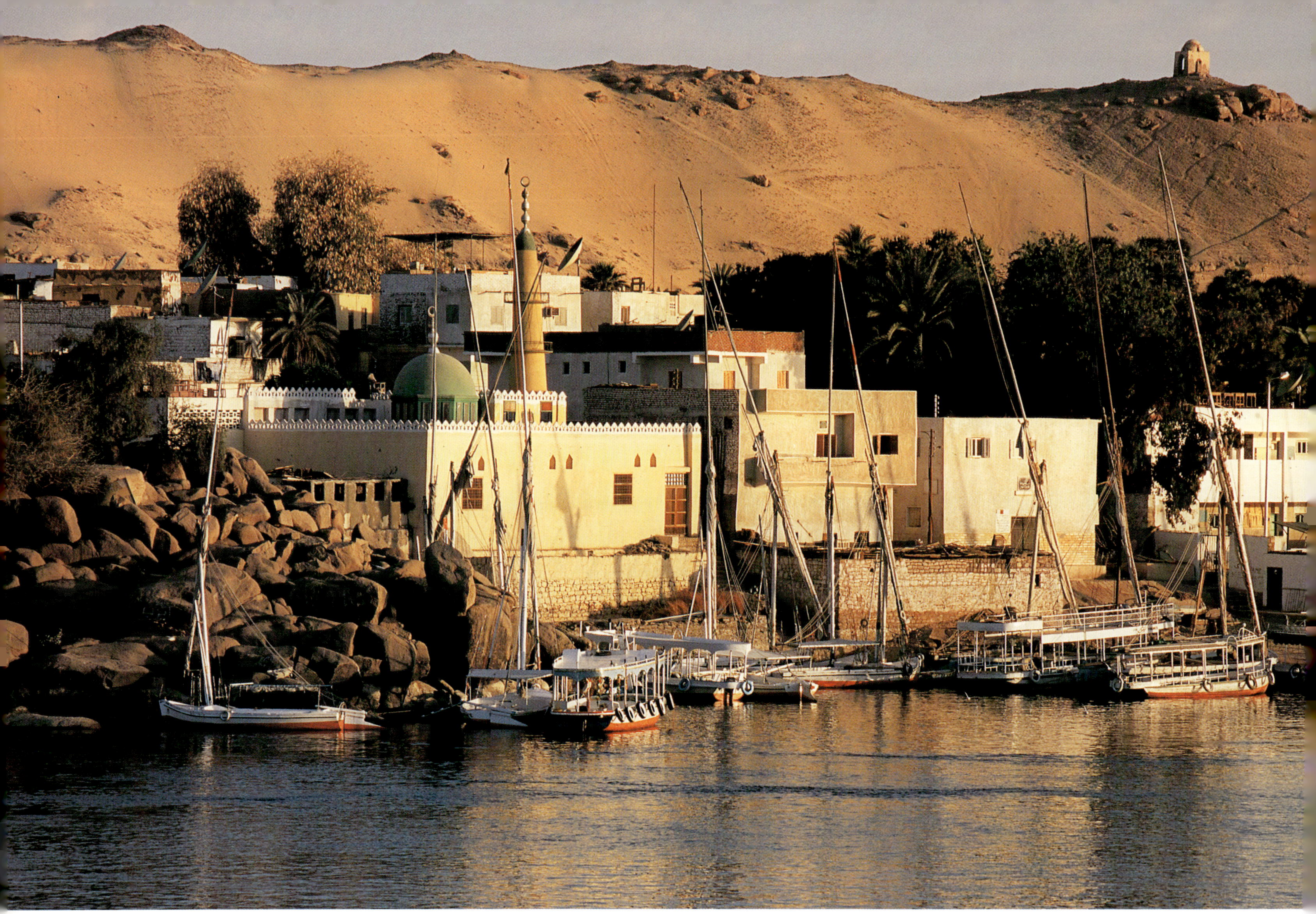

L'île d'Éléphantine et le mausolée d'un *wali* (saint local), situé sur la rive ouest du Nil.

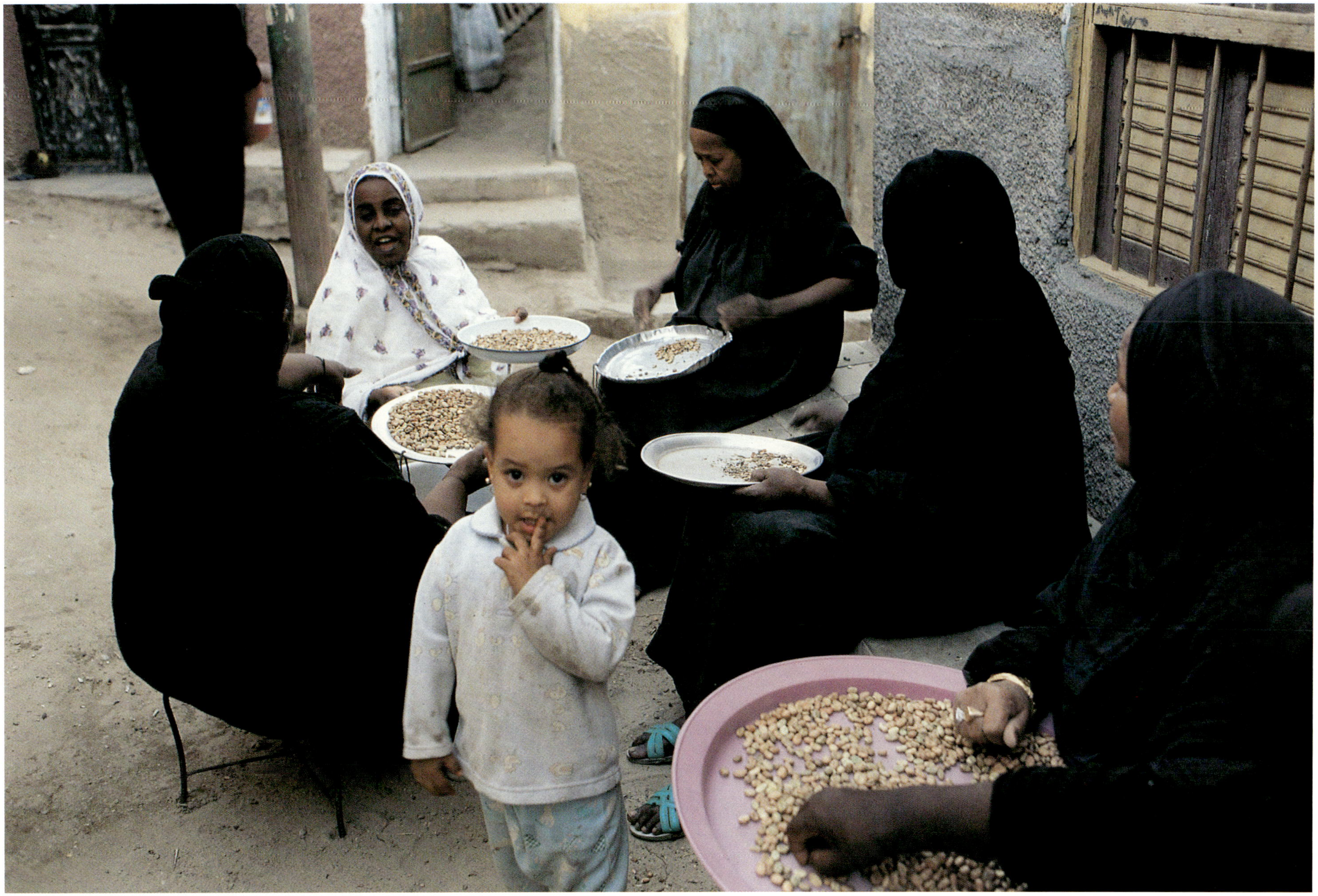

Les villageoises d'Éléphantine préparent les fèves destinées à la confection du *foul*.

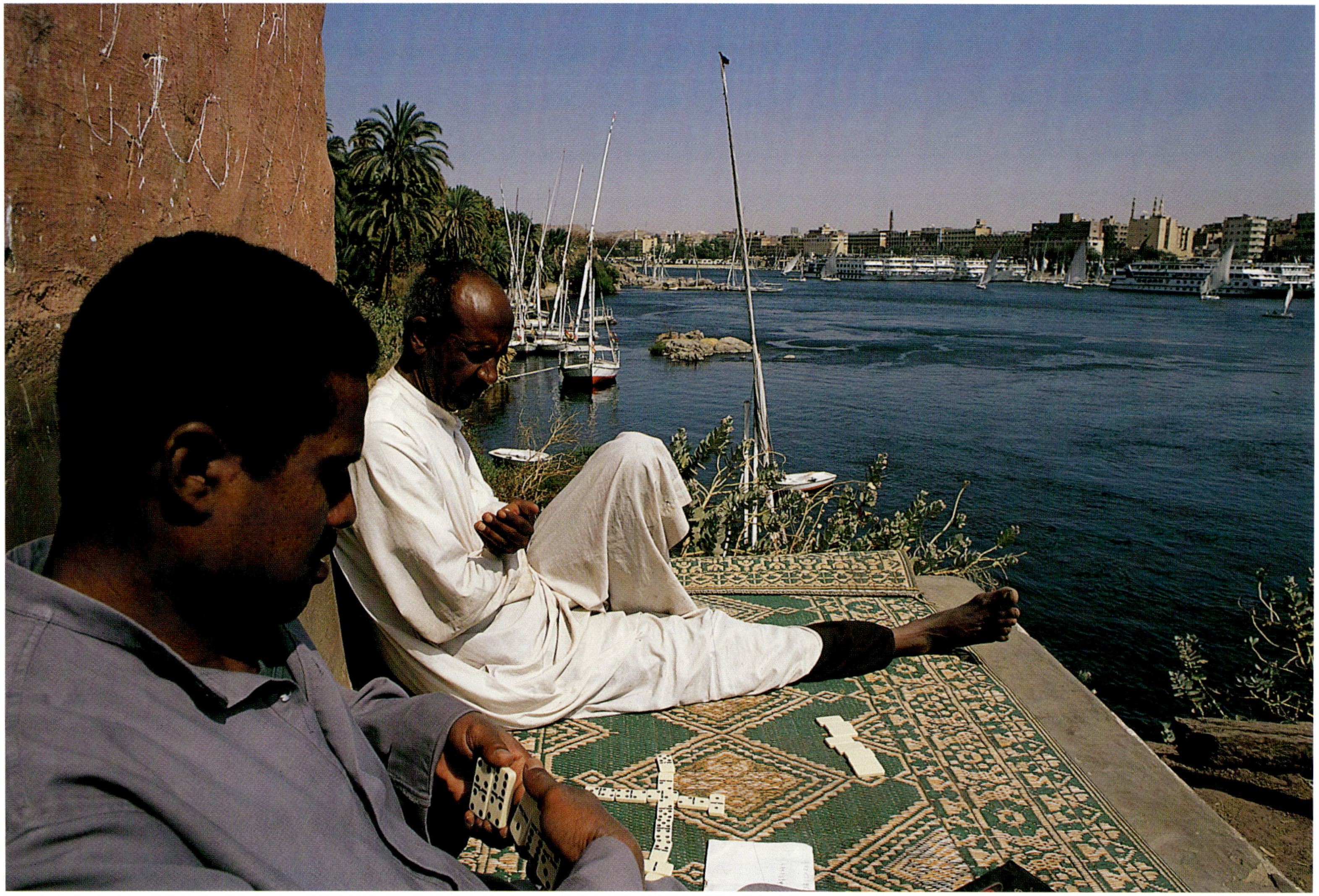

Sur l'île d'Éléphantine, Nubiens concentrés sur une partie de dominos, un jeu très populaire en Égypte.

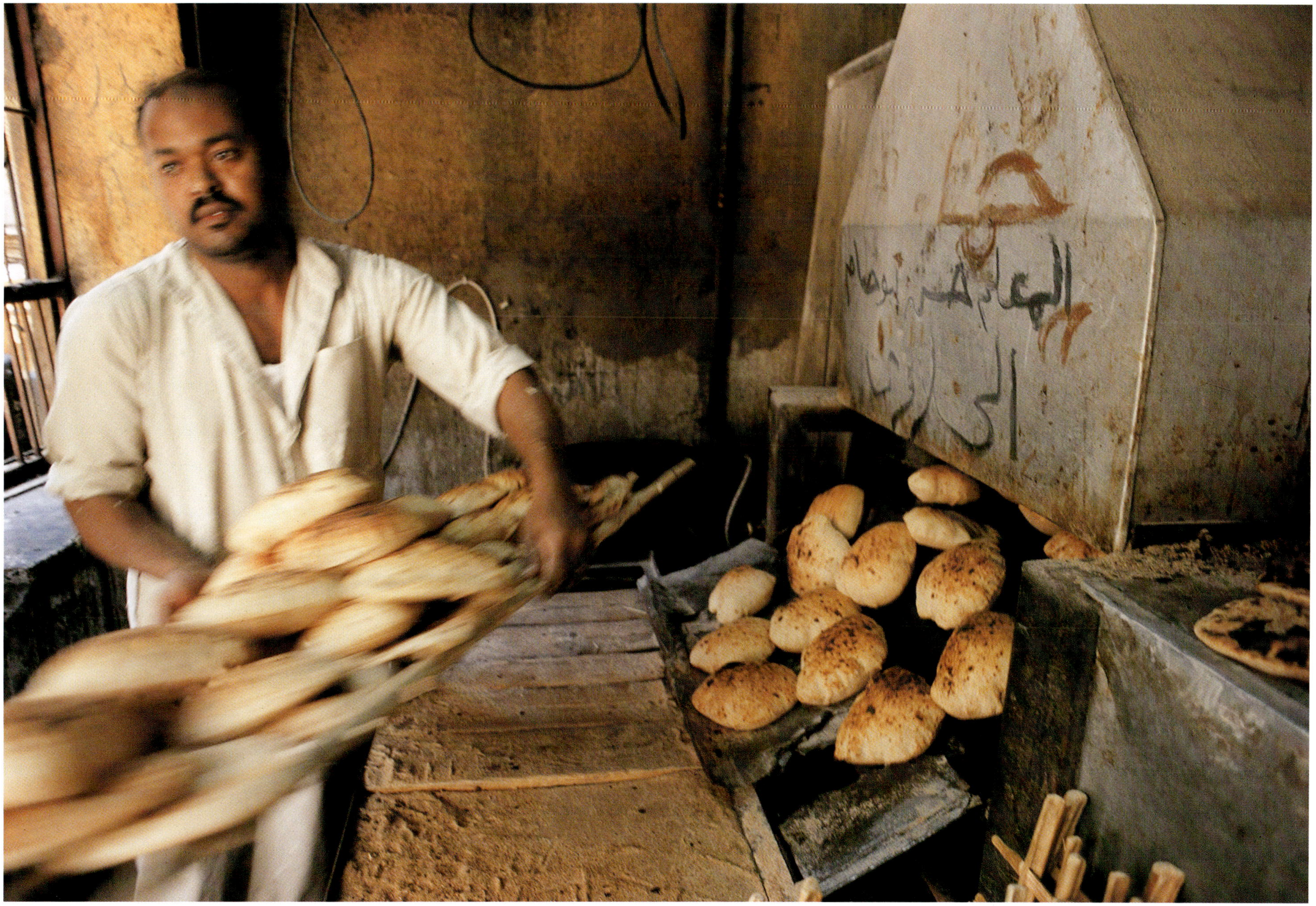

Au cœur du vieil Assouan, le boulanger sort du four les pains *baladi* qui accompagnent les repas égyptiens.

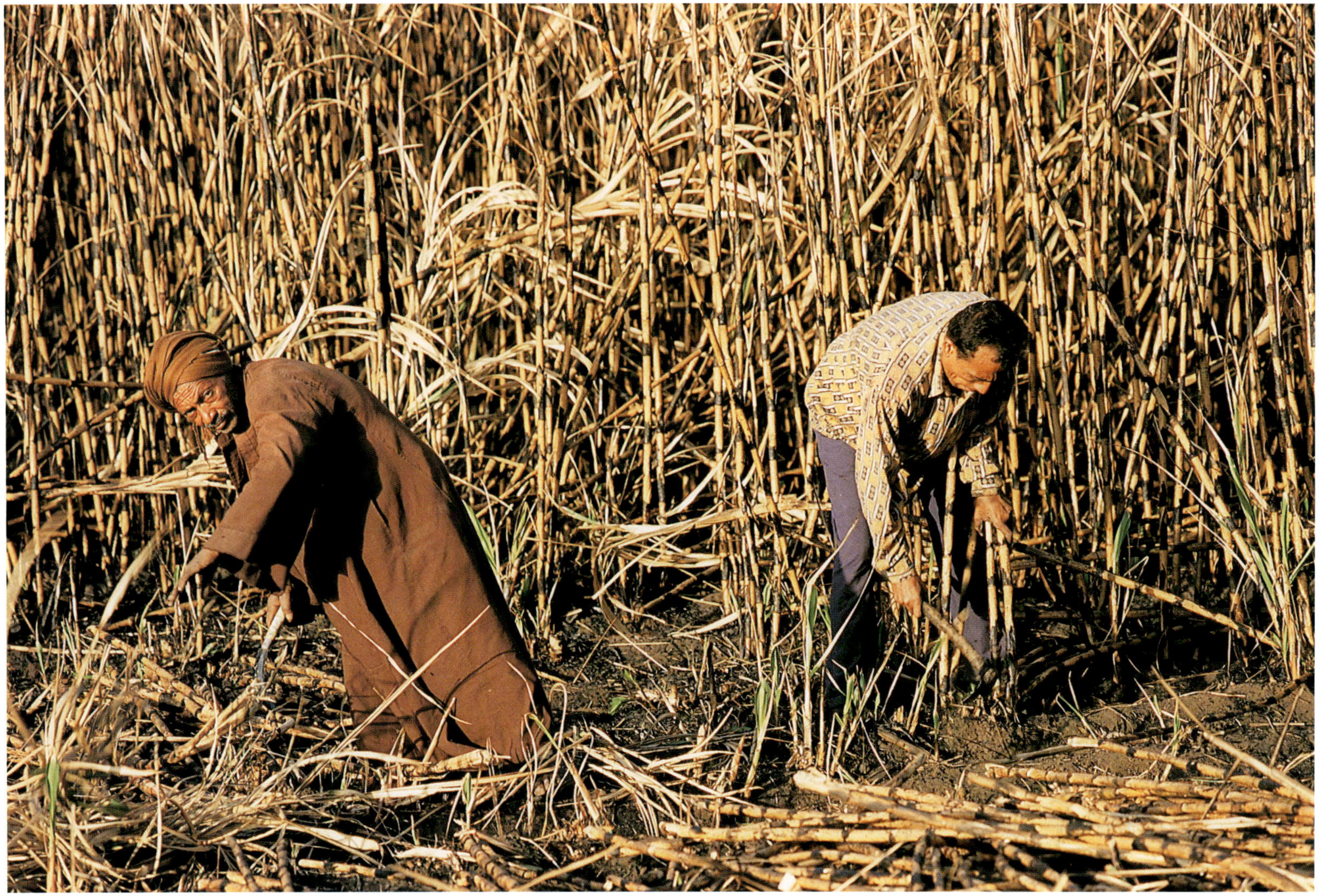

Entre Assouan et Louxor s'étendent à l'infini les champs de canne à sucre.

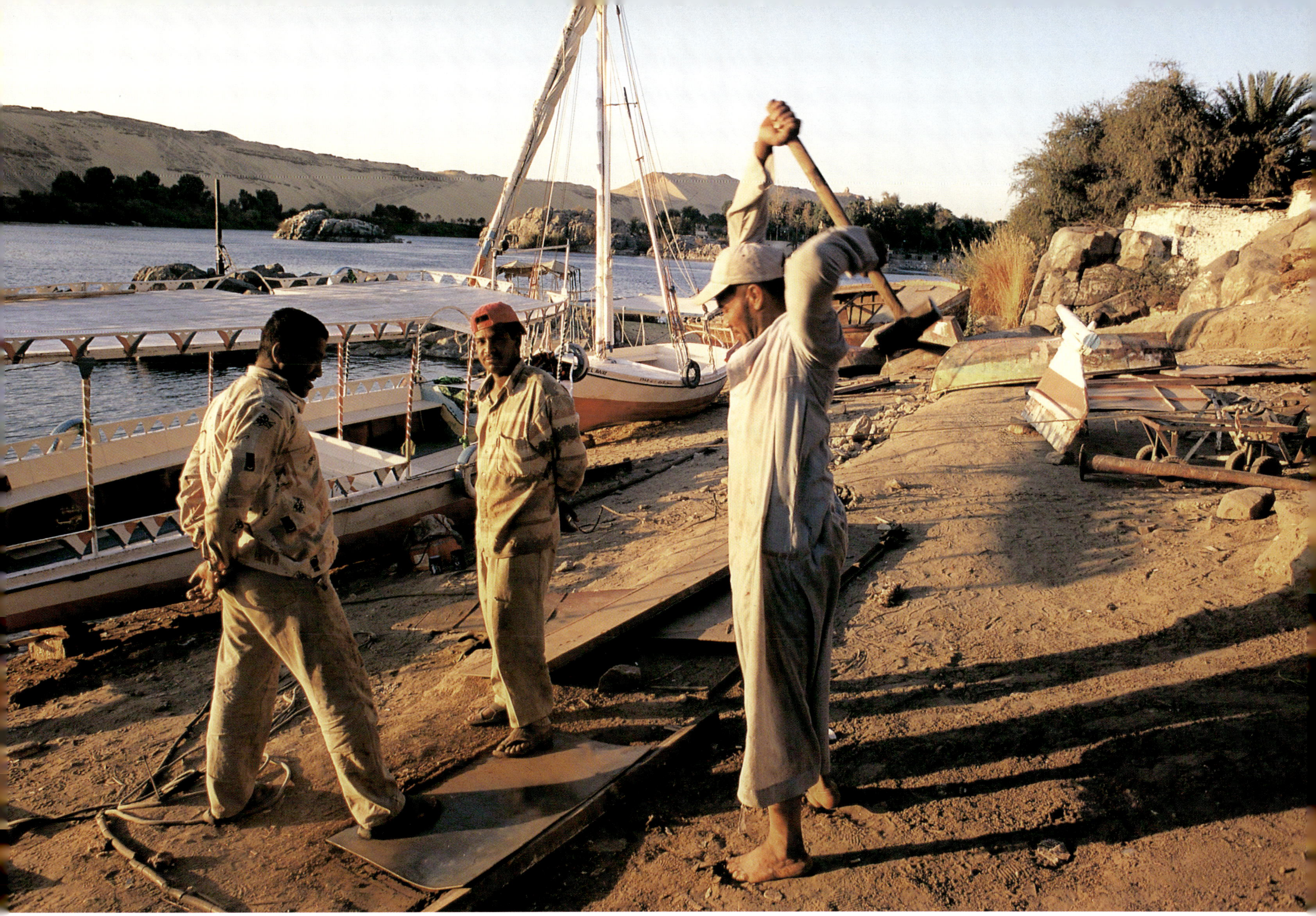

Un chantier naval sur l'île d'Éléphantine, où sont fabriquées les felouques et les embarcations à moteur.

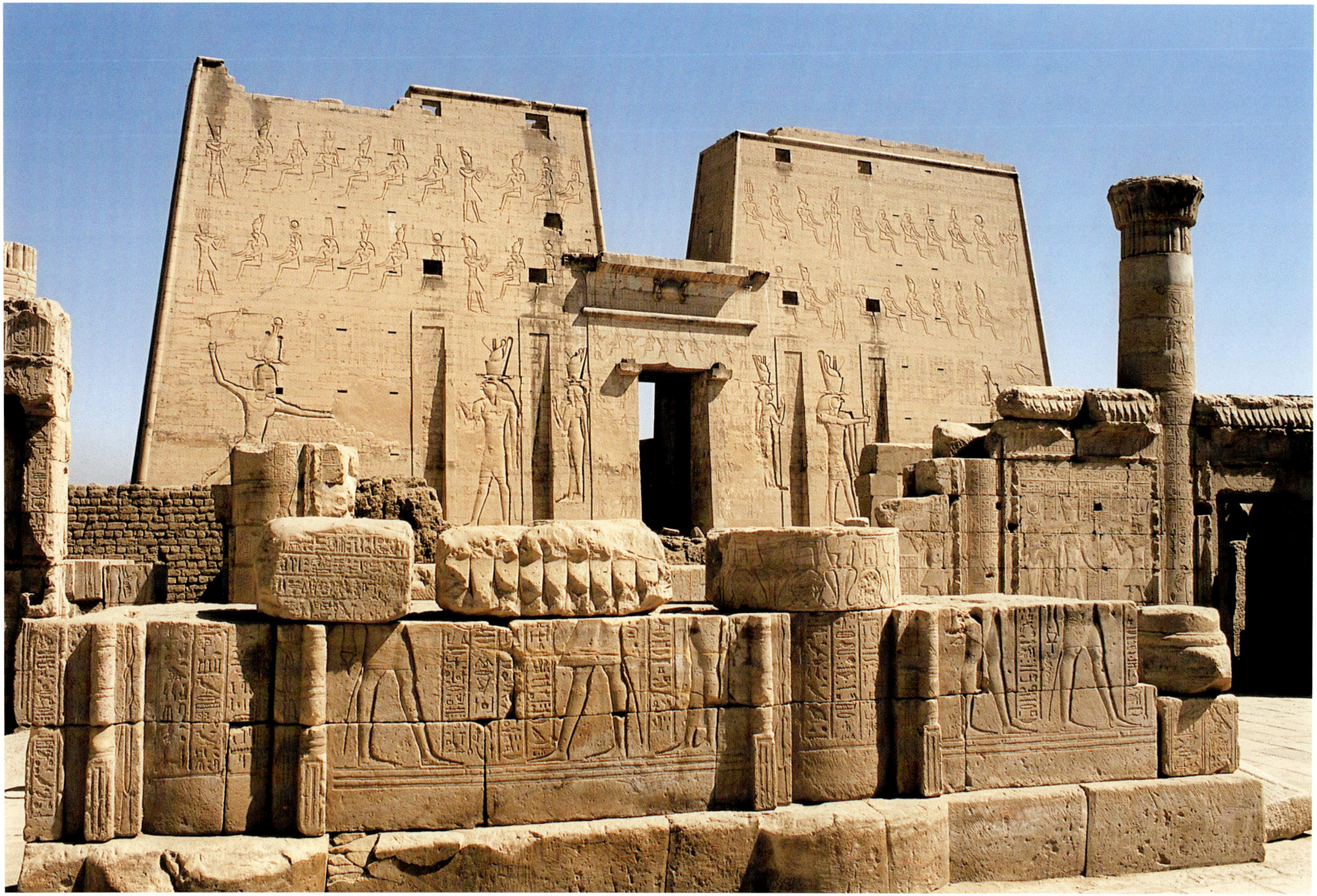

L'imposant pylône du temple d'Edfou, un des mieux conservés des édifices ptolémaïques.

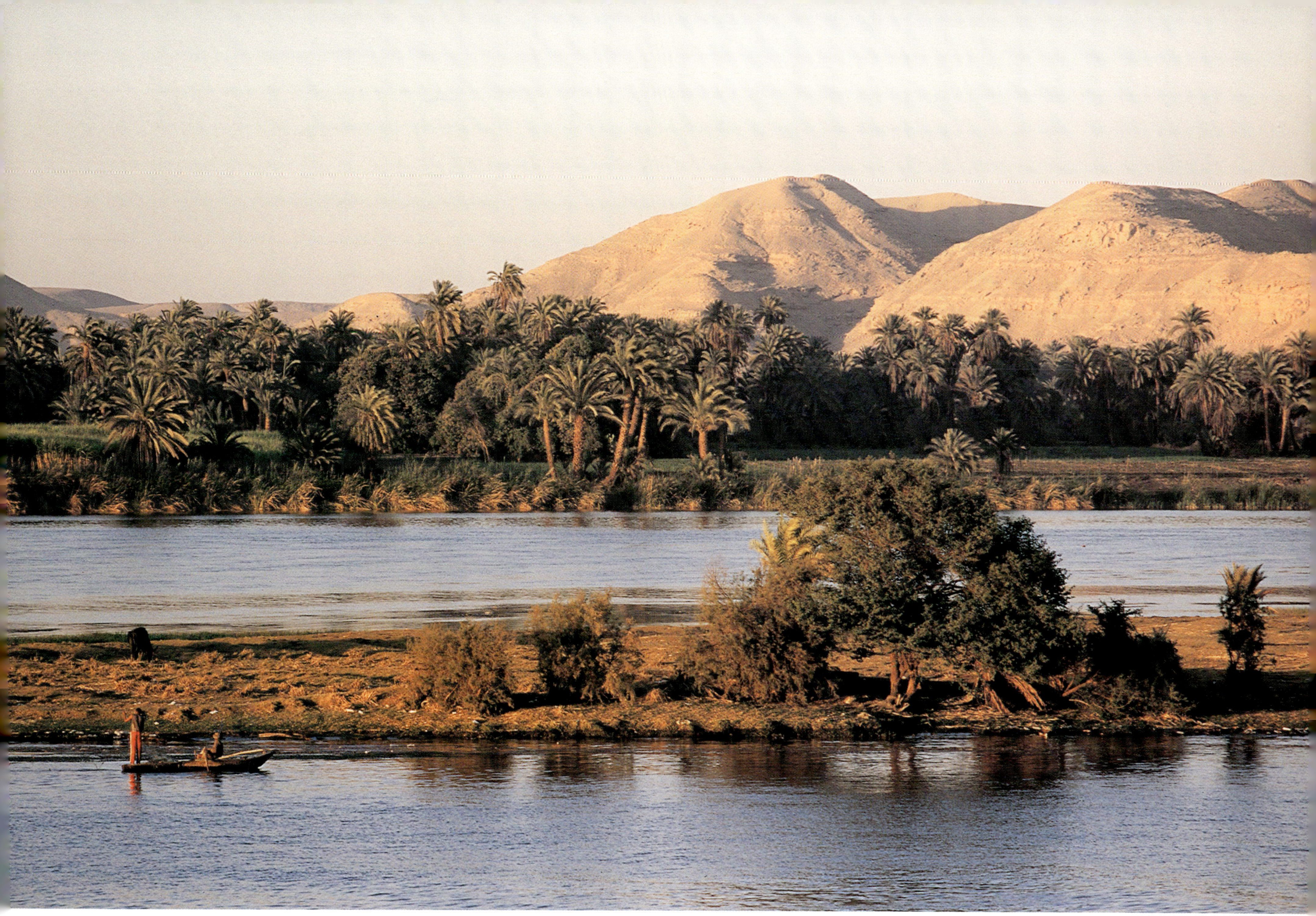

Au nord d'Edfou, le Nil, les terres cultivées et le désert libyque dans la lumière du soir.

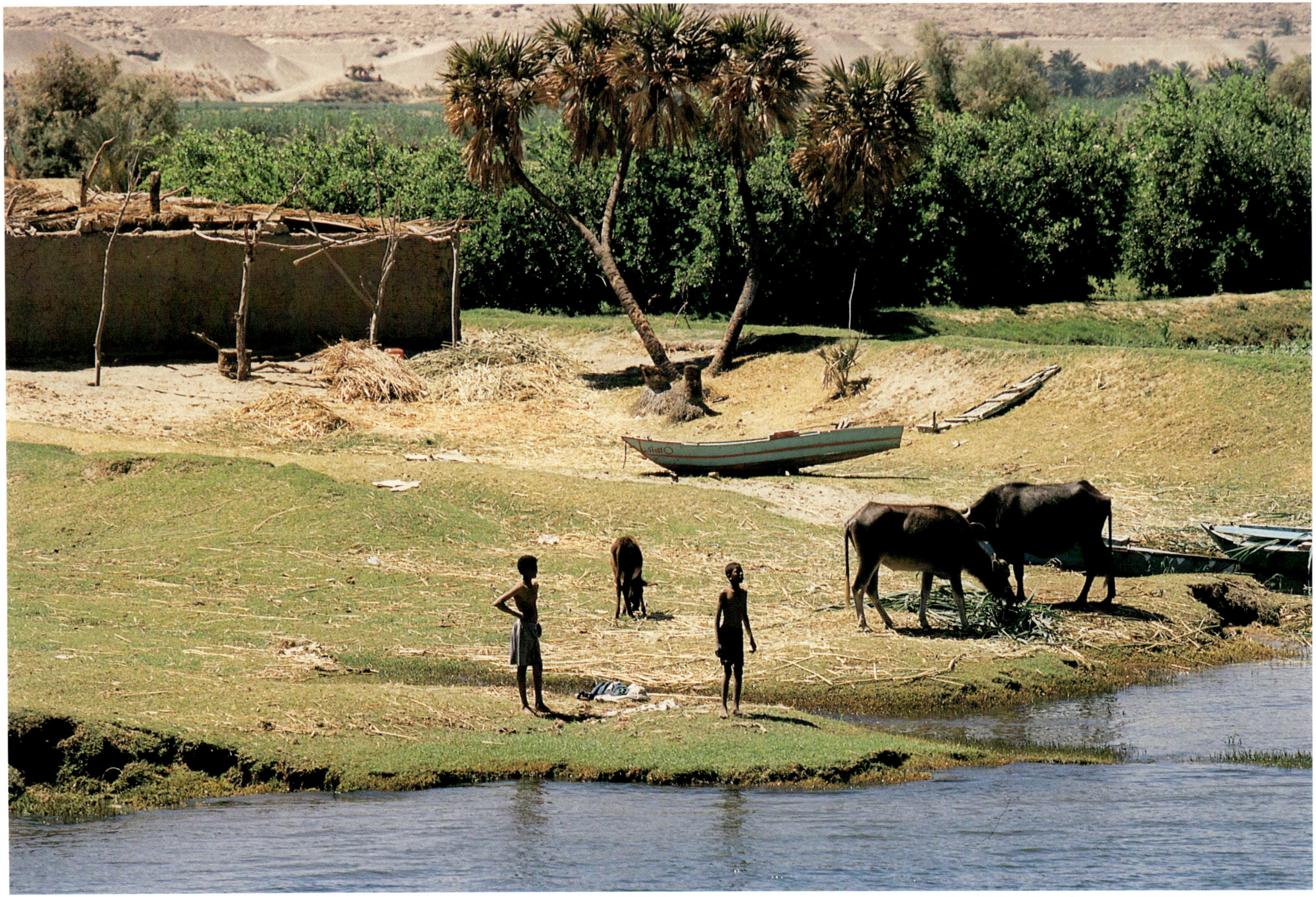

Jeunes garçons et buffles sur la rive du Nil, près de Kom Ombo.

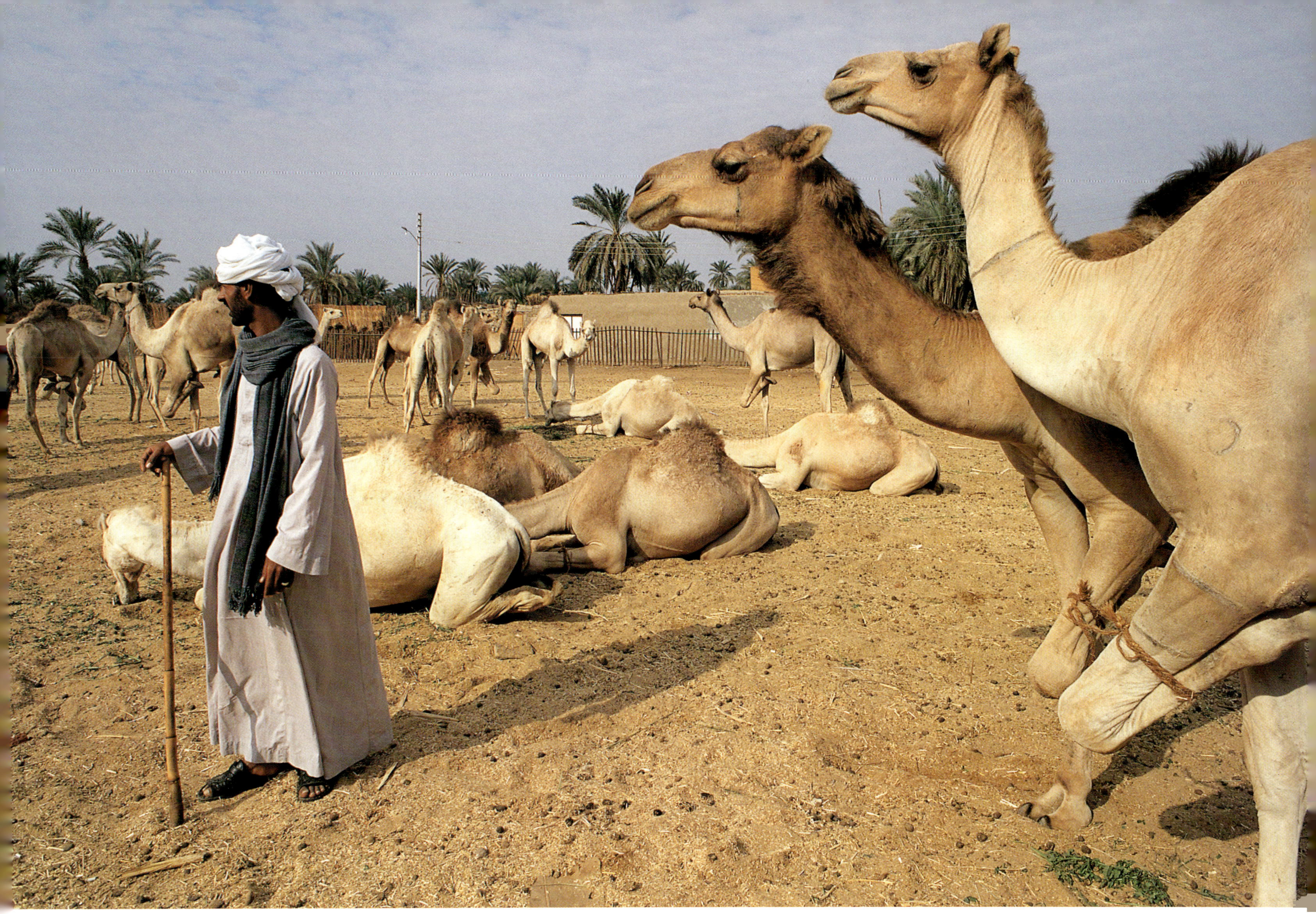

Entre Assouan et Kom Ombo, Daraw est célèbre pour son important marché aux dromadaires, acheminés en caravanes depuis le Soudan.

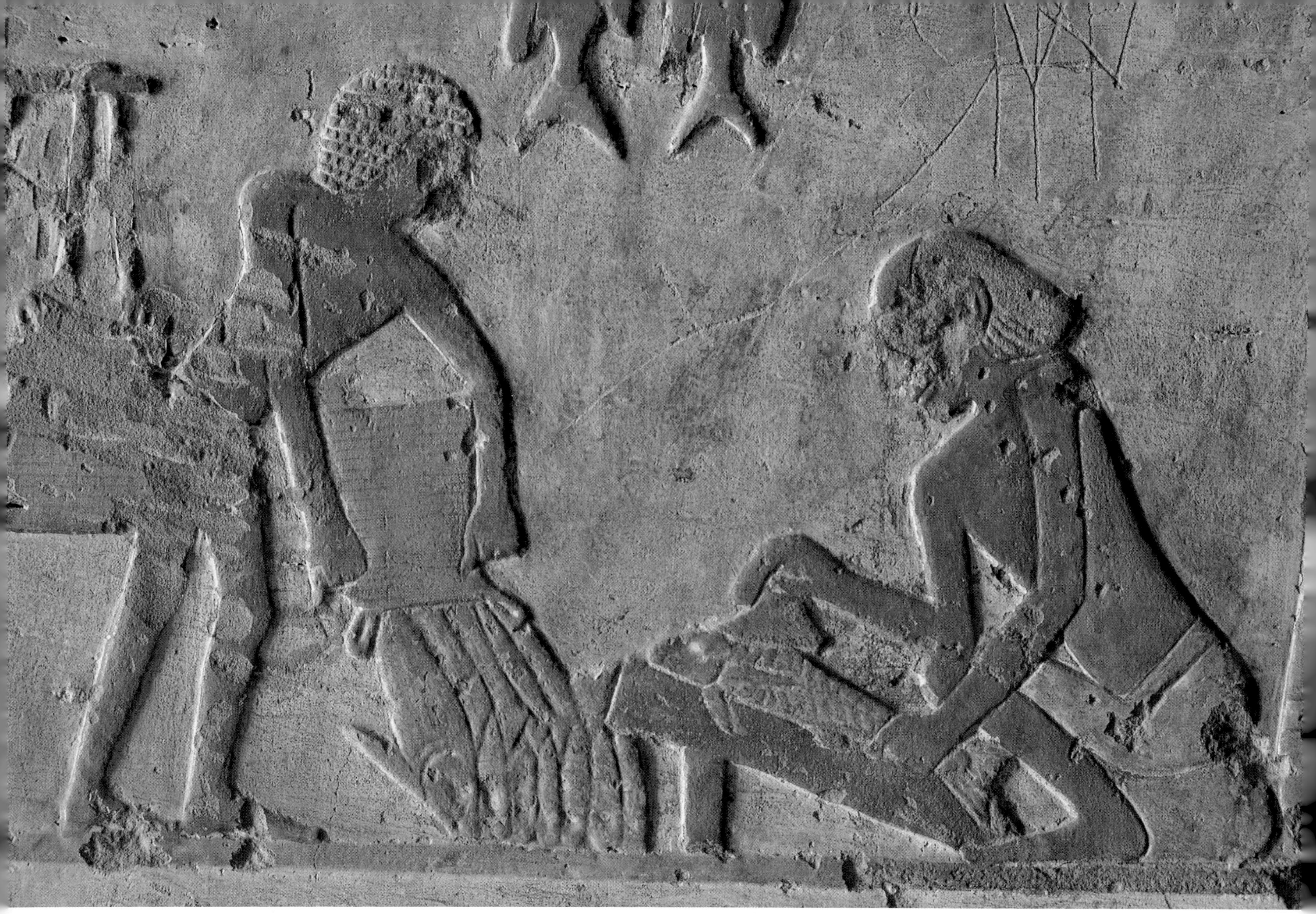

À El-Kab (entre Edfou et Esna) l'écaillage des poissons du Nil, représenté dans la tombe de Pahéry.

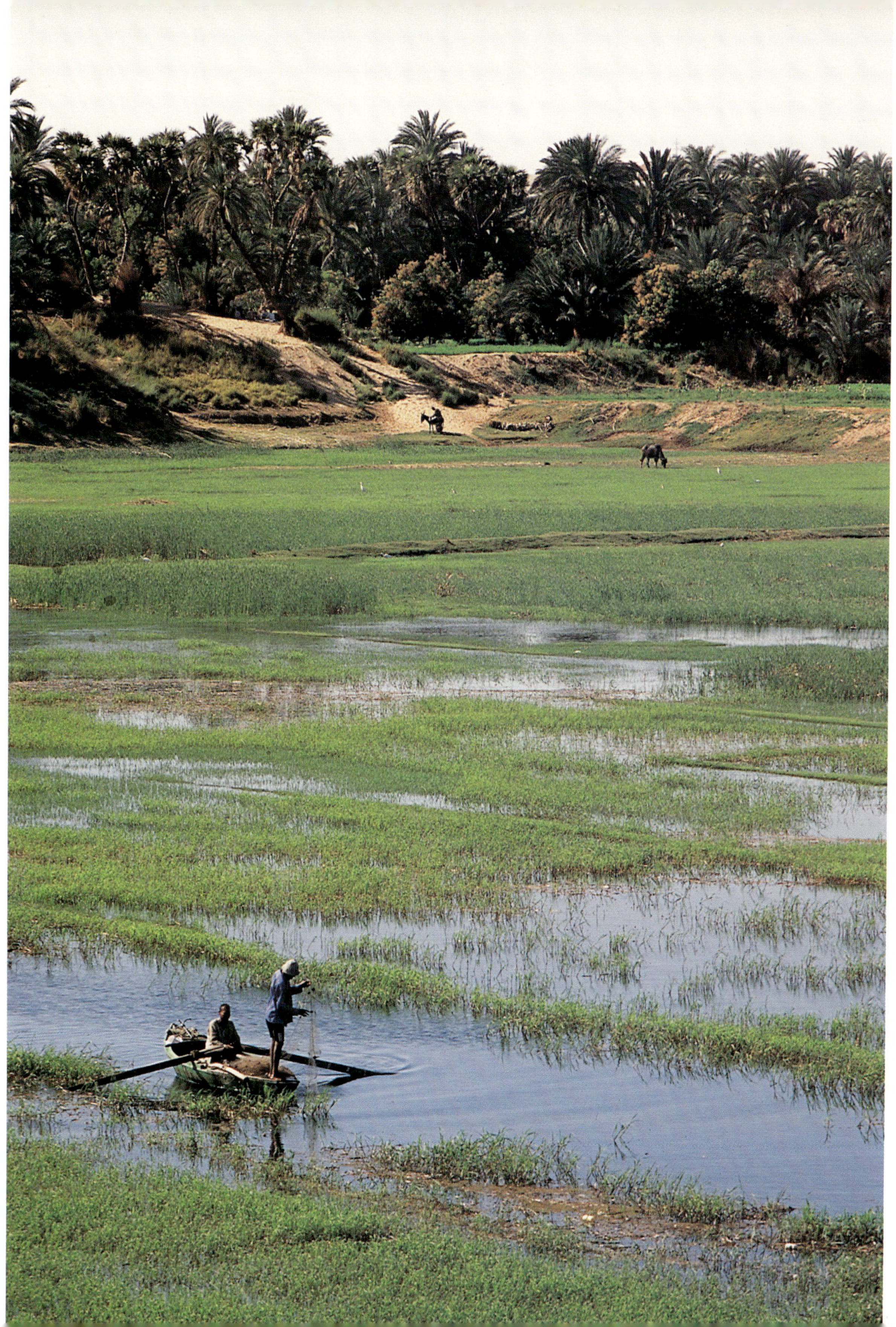

Pêcheurs près de Gebel Silsileh, au nord de Kom Ombo : image immuable de la vie nilotique.

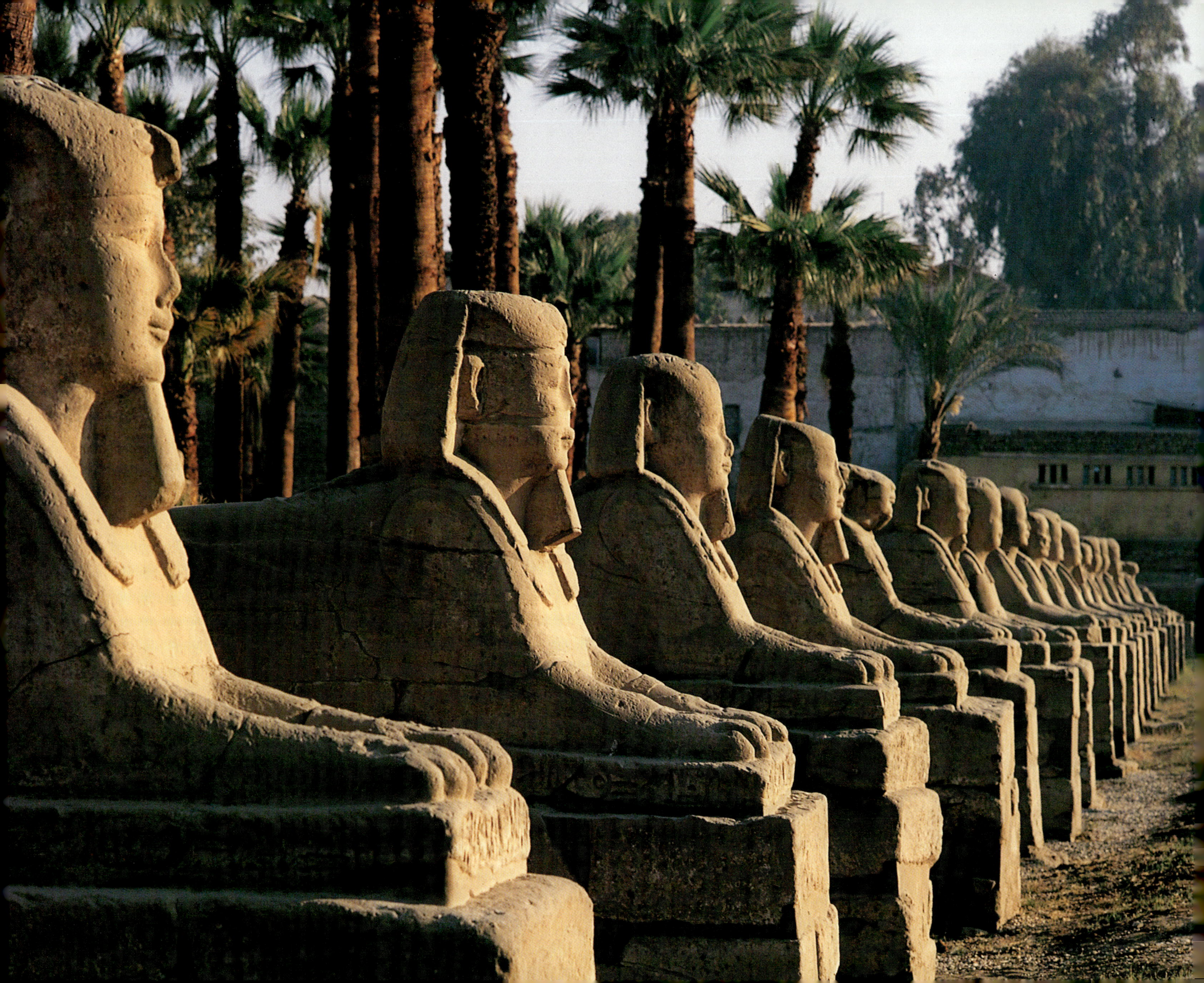

LOUXOR,
la Ville des Palais

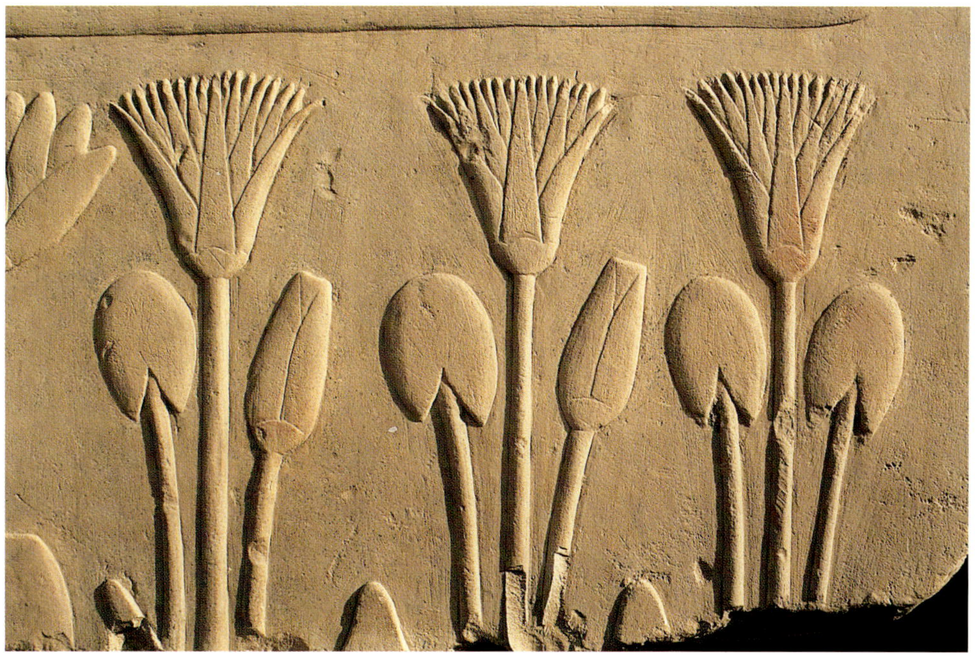

Frise de lotus évoquant l'émergence du soleil à l'aube (temple de plein air de Karnak).

PAGE DE GAUCHE : **Louxor : le *dromos* de sphinx est la voie triomphale qui reliait le temple de Karnak au temple de Louxor.**

Au cours de notre voyage du sud au nord de l'Égypte, le Nil nous conduit vers une étape essentielle pour tout amoureux de ce pays et sa culture, vers Louxor, Thèbes d'Égypte ou la Ville des Palais comme l'ont nommée les Arabes. Bordée par le fleuve nourricier qui a pris sous le soleil des tons nacrés et sur lequel glissent silencieuses les frêles felouques aux voiles inclinées, dominée par les jardins et les palmeraies des reposantes collines thébaines, Louxor est située à environ 700 km au sud du Caire et à environ 300 km au nord d'Assouan. Selon le recensement de 2006, c'est à présent une ville de 429 000 habitants — qui, tous, vivent directement ou indirectement du tourisme —, ce qui la place au neuvième rang des villes égyptiennes avec une autonomie administrative unique.

Trois millénaires après son apogée, l'ancienne capitale de Haute et Basse-Égypte n'en finit pas d'impressionner les visiteurs. Bâtie sur le site *Ta Ipet* (connu sous le nom grec, Thèbes), elle étendit son autorité tout au long du Nouvel Empire qui dura cinq siècles (de la XVIIIe à la XXe dynastie) et deviendra le centre d'un royaume allant de la Nubie jusqu'à l'Euphrate.

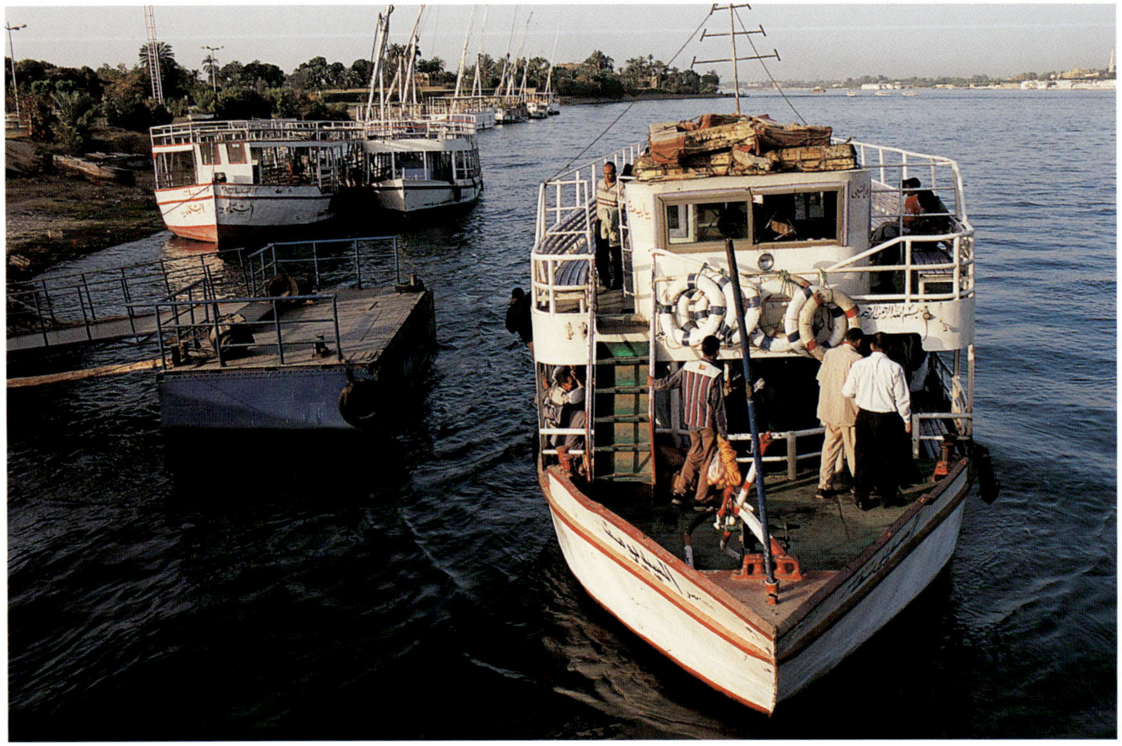

Malgré la construction récente d'un pont au sud de Louxor, le ferry reste un moyen privilégié pour gagner la rive ouest de Louxor.

Vers 1532 av. J.-C., sous le règne d'Ahmosis, une coalition est formée pour chasser les envahisseurs Hyksos du territoire égyptiens. Ainsi Thèbes apparaît comme le symbole de réunification de la Haute et de la Basse-Égypte. Conscients de l'éloignement de la ville par rapport aux territoires proche-orientaux, certains pharaons, comme Ramsès II, se font édifier des capitales plus au nord, mais Thèbes restera toujours une ville essentielle. Son rôle politique a pu varier au cours de l'histoire, mais elle a toujours été un centre religieux et économique de premier ordre, entre autre grâce à sa position géographique au croisement des routes commerciales reliant le golfe Persique, la mer Rouge, la Nubie, l'Afrique équatoriale et le Proche-Orient.

Pour les archéologues et les égyptologues, Louxor est le saint des saints. L'histoire de l'Égypte antique trouve ici sa plus éclatante représentation parmi tous les sites de la vallée du Nil. Selon Champollion, « Thèbes, c'est le plus grand mot qui existe dans aucune langue ». Vivant Denon, qui comptera parmi les scientifiques emmenés par Bonaparte lors de sa campagne d'Égypte, s'écria : « Cette ville, dont une seule expression d'Homère nous a peint l'étendue, cette THEBES aux cent portes, phrase poétique que l'on répète avec confiance depuis tant de siècles, cette ville était encore un fantôme si gigantesque pour notre imagination que l'armée napoléonienne, à la vue de ces ruines, s'arrêta d'elle-même. Par un mouvement spontané, on battit des mains. » Les vestiges, largement enfouis sous les sables, ont été dégagés et réhabilités par Maspero, à partir de 1883.

À l'origine, Thèbes vénérait le dieu Montou, mais aussi un dieu obscur du nom d'Amon. À partir de la XXIe dynastie, ce dieu modeste, dont le nom signifie « le caché », devint la divinité impériale. Dieu le plus important du panthéon égyptien, il fut le plus longuement vénéré, même s'il fut un moment éclipsé par Aton, sous Aménophis IV. Au temps des pharaons, la cité s'appelait *Ouaest*, la « ville du sceptre », plus simplement *Niout*, la « ville », ou encore *Het Amon*, le « château d'Amon », tandis que le village actuel de Louxor s'appelait *Ipet Reset*, le « harem du sud ». Les Grecs l'appelèrent *Diospolis Magna*, mais aussi Thèbes, peut-être pour évoquer la Thèbes de leur Béotie ou par confusion phonétique. Le nom actuel est une altération de l'arabe *El-qusur*, pluriel de *qasr* qui veut dire « palais » en arabe.

Aujourd'hui, Louxor est divisée en trois zones : la cité proprement dite, le village de Karnak, à deux kilomètres au nord-est, puis les nécropoles et monuments funéraires de Thèbes sur la rive occidentale

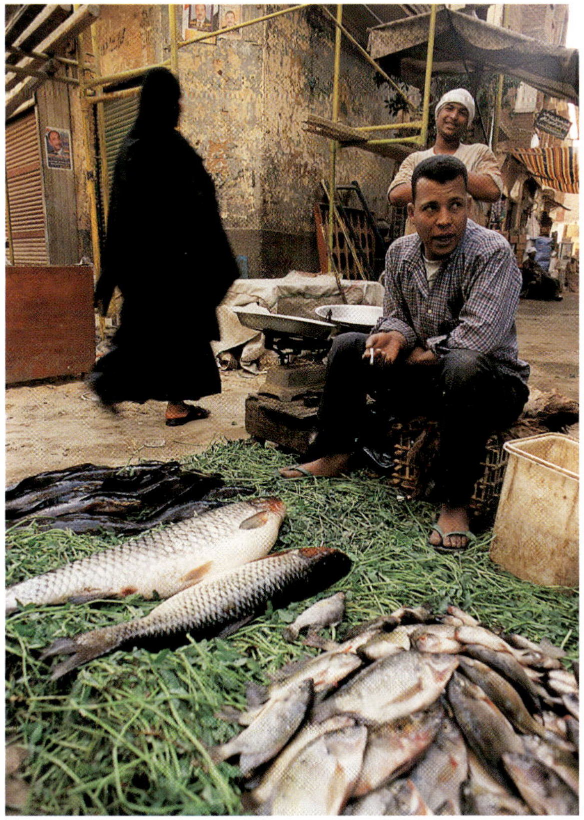

Marchand de poissons sur le souk de Louxor.

Old Winter Palace

Construit en 1886 dans le style colonial, l'Old Winter Palace demeure un hôtel où tout est surdimensionné, comme si on avait voulu créer une correspondance entre son architecture et le péristyle des temples de Karnak et de Louxor. Les couloirs sont longs et vastes, les salons immenses. S'abritant du soleil par de hauts volets et d'épais rideaux, les chambres sont d'une hauteur sous plafond vertigineuse. Les décors sont d'époque, réunissant tableaux orientaux, consoles dorées, tapis immenses, vases et lampes de Chine. Côté Nil ou côté jardin, l'Old Winter présente partout un paysage exceptionnel.

du Nil. L'ensemble forme un véritable musée en plein air et un paysage exceptionnel que l'on peut se représenter en s'attardant dans la campagne verdoyante des alentours : palmier aux branches ployées sous le poids des dates, petits canaux boueux irriguant les champs de cannes à sucre, ânes pelés transportant des sacs de fourrage. Dans l'Égypte ancienne, ce paysage ne devait pas être alors bien différent.

En dépit de ses hôtels cosmopolites, dont le fameux Old Winter Palace, et de son aéroport international — qui constitue souvent le point de débarquement des touristes en Égypte —, Louxor reste une ville spécifiquement orientale que l'on peut comparer à une grosse bourgade très animée avec son atmosphère de fête et de gaieté. Se trouvant au sein d'une région de cultures vivrières où les plaines sont dédiées à l'agriculture intensive, elle présente un cachet particulier et unique avec partout la présence du temps et de l'histoire, et le Nil qui la traverse majestueusement se parant de ses plus belles couleurs. Se promener en fin de journée du côté des plantations est particulièrement agréable. Aux alentours de la ville, on rencontre une vie rurale séduisante avec un monde végétal de bananeraies, de palmeraies et de plantations de canne à sucre. Cela nous montre que, après le tourisme, une activité agricole intense constitue la deuxième source de revenue pour Louxor et sa région.

Tous les mardis, des fermiers vendent leurs produits au souk (le marché). C'est le premier souk que la majorité des touristes découvrent en arrivant avant d'embarquer pour leur croisière sur le Nil en direction d'Assouan. Situé en arrière du temple de Louxor, il n'offre pas la même richesse colorée que celui d'Assouan, mais il reste un souk traditionnel avec ses aspects typiques le matin et une animation plus intense le soir. La corniche à Louxor s'étale de l'hôtel Novotel jusqu'au temple de Karnak, en longeant celui de Louxor. Un impressionnant nombre de calèches, qu'on appelle localement *hantour*, proposent leur service aux touristes. Ainsi nombreux sont les chevaux et les ânes à Louxor qui nécessitent un service vétérinaire. C'est la raison de l'installation de la clinique Brooke (Brooke Hospital) depuis plus que quarante ans. Elle fait partie d'un réseau mondial de cliniques destinées à apporter un minimum de soins aux animaux, notamment à ceux qui travaillent. Elle s'occupe également des chevaux mis à la retraite, après de longues années à tirer les *hantour* dans les rues de la ville.

Du côté sud sont amarrées les felouques, tandis que du côté nord sont basés les énormes bateaux de croisière. Les felouques servent essentiellement pour de courtes promenades, notamment en direction de l'île Banane, un îlot planté de palmiers à 5 km de Louxor, ou pour passer sur l'autre rive. Les axes principaux de la ville sont facilement repérables : la rue qui mène à la gare, *al-Mahatta Street*, est perpendiculaire au Nil et relie l'arrêt de bus à la gare ; la rue de la télévision, *Television Street*, mène vers les hôtels et les pensions bon marché de la ville ; le temple de Karnak est à 3 km au nord, à l'intérieur des terres et le temple de Louxor est en plein centre-ville.

Depuis plusieurs années, la ville est en plein essor et subit plusieurs projets d'aménagement. Le Gouvernorat prévoit actuellement l'extension de Louxor sur *Tiba*, qui se situe à une dizaine de kilomètres du centre-ville. Louxor « bis » sera bientôt achevée et accueillera une partie des habitants du vieux Louxor qui essaie de se faire une beauté pour se consacrer entièrement à sa clientèle touristique. En conséquence, les habitants sont incités à s'installer en plein désert et les embarcadères des deux cent cinquante bateaux qui accostent jour et nuit au cœur de la ville sont décalés en aval et en amont du fleuve.

Sur la rive orientale, la rive des vivants chez les pharaons, le temple de Louxor se dresse à deux pas du Nil, magnifiquement éclairé et ouvert tard le soir. Bien que les monuments de Karnak lui « fassent de l'ombre », le temple de Louxor reste plus compréhensible pour le visiteur et d'un abord plus facile que son célèbre voisin plus au nord. La majeure partie de l'édifice, construit par Aménophis III sur un site du Moyen Empire, date approximativement de 1380 av. J.-C. D'autres pharaons, tels que Toutankhamon et Ramsès II, ont fait d'importants rajouts. Sous le règne de ce dernier, dans le prolongement de ces constructions au nord, une avant-cour, peuplée de colosses, et un majestueux pylône, précédé d'une paire d'obélisques, furent ajoutés. Aujourd'hui, un de ces obélisques se trouve à Paris (depuis 1836), au centre de la place de la Concorde.

Ce temple était dédié à l'origine à la triade thébaine, Amon, Mout et Khonsou. Chaque année, durant la grande fête d'*Opet* célébrée le deuxième mois de l'inondation, les statues d'Amon et de Mout quittaient Karnak et étaient transportées, en grande pompe, sur des barques sacrées. Les prêtres portaient ces barques sur leurs épaules jusqu'au Nil, où elles étaient déposées dans d'autres embarcations qui les conduisaient jusqu'au temple de Louxor. Le cortège, suivi par une joyeuse foule de musiciens, de danseurs et d'acrobates, pénétrait ensuite dans le temple, jusqu'aux chapelles spécialement conçues pour accueillir les barques sacrées. Pendant les 24 jours et 24 nuits (en moyenne) que durait le séjour des dieux à Louxor, la ville était en fête partageant le bonheur du couple divin, qui, à cette occasion, garantissait l'équilibre du monde pour une nouvelle année en enfantant le dieu Khonsou.

Actuellement, le temple de Louxor connaît chaque année la cérémonie du *mouled*, qui est l'anniversaire de naissance d'un saint. Le *mouled* d'Abou al-Haggag qui se déroule chaque année dans ce temple, à cause de la présence de sa mosquée avec son mausolée à gauche de l'entrée, draine des centaines de milliers de personnes et ressemble étrangement à la grande fête d'*Opet*, comme si le temps s'était arrêté depuis des milliers d'années. C'est l'occasion idéale d'entendre de la musique *Saïdi*, c'est-à-dire de la Haute-Égypte, d'assister à la danse des bâtons (*tahtib*) ou à un *Mirmah*, sorte de fantasia égyptienne. Grâce à leur profond attachement aux traditions, les habitants de Haute-Égypte, que la capitale regarde comme des *fellaheen* (paysans) arriérés, ont su préserver une culture traditionnelle régionale spécifique. Cette remarque vaut en particulier pour la musique, très rythmée et produite par des instruments simples que l'on pourrait faire remonter à l'époque pharaonique, et qui se distingue agréablement des autres types de musique dans le pays. Dans la région de Louxor, il existe plusieurs petits *mouled* dont la plupart se déroulent pendant le mois de *Chaaban*, celui qui précède le ramadan. Il y a même le *mouled* copte orthodoxe de Mar Girgis (saint Georges) qui se tient dans le monastère du même nom et atteint son point culminant le 11 novembre, après une semaine de festivité.

Quant au temple de Karnak, c'est le fruit d'un labeur qui s'étend sur plusieurs siècles. Chaque pharaon s'est attaché à imprimer sa touche personnelle. Son organisation actuelle était la même sous l'Ancien Empire. Le temple est composé d'une colonnade suivie d'une vaste cour à portiques, elle-même suivie

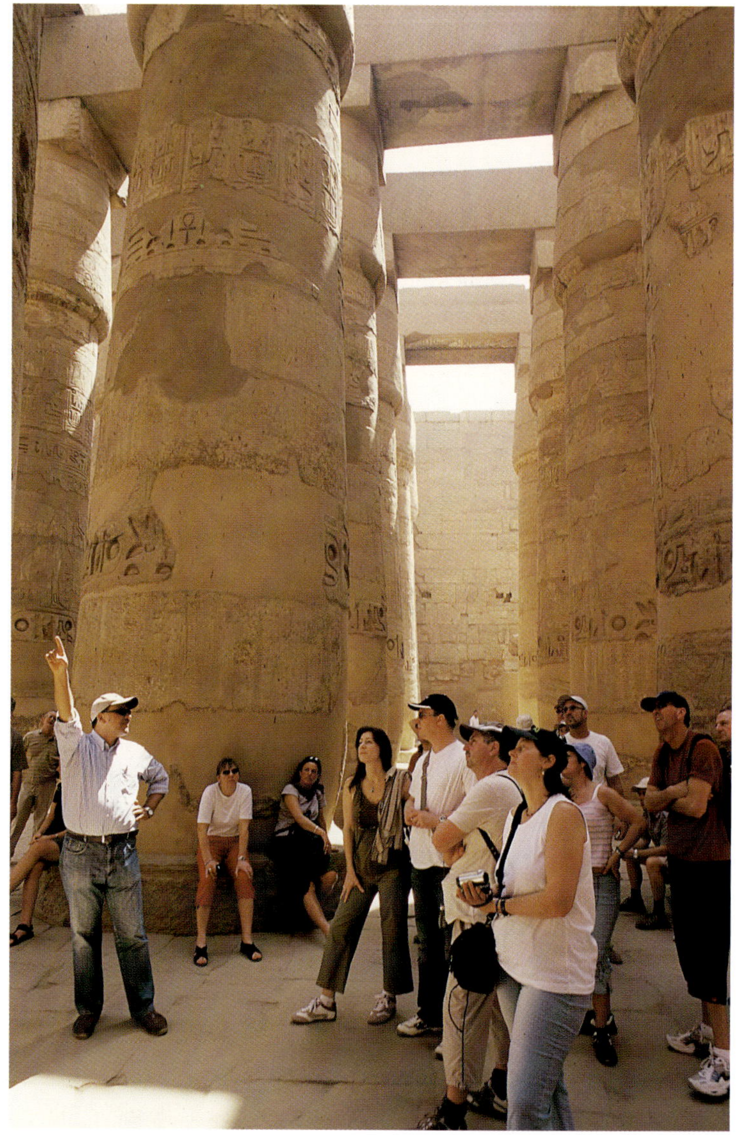

Dans la salle hypostyle de Karnak, des visiteurs sous la conduite d'un guide égyptien.

La musique *saïdi*

Malgré le mélange des genres, traditionnellement il existe quatre sortes de musique *saïdi* : le *Madeh*, très populaire, vient du traditionnel *zikr* soufi (chant de dévotion) et se traduit généralement par une mélopée répétitive ; le *Kaff al-saïdi*, impliquant un ou deux chanteurs et dont le rythme est scandé par des claquements de mains (*kaff* signifie paume) plutôt que par des instruments ; le *Mizmar*, du nom d'un instrument en bois à vent avec anche, qui accompagne la danse équestre et la danse orientale ; enfin, le *Rababa* se joue avec l'instrument éponyme, dont la forme et le son évoquent un violon à une seule corde et qui accompagne souvent le compteur du fameux *Sira al-Hilaliyya* (geste hilalienne). Nombre de musiciens viennent de petites localités des environs de Louxor et se produisent dans les noces villageoises et dans les *zikr* soufis.

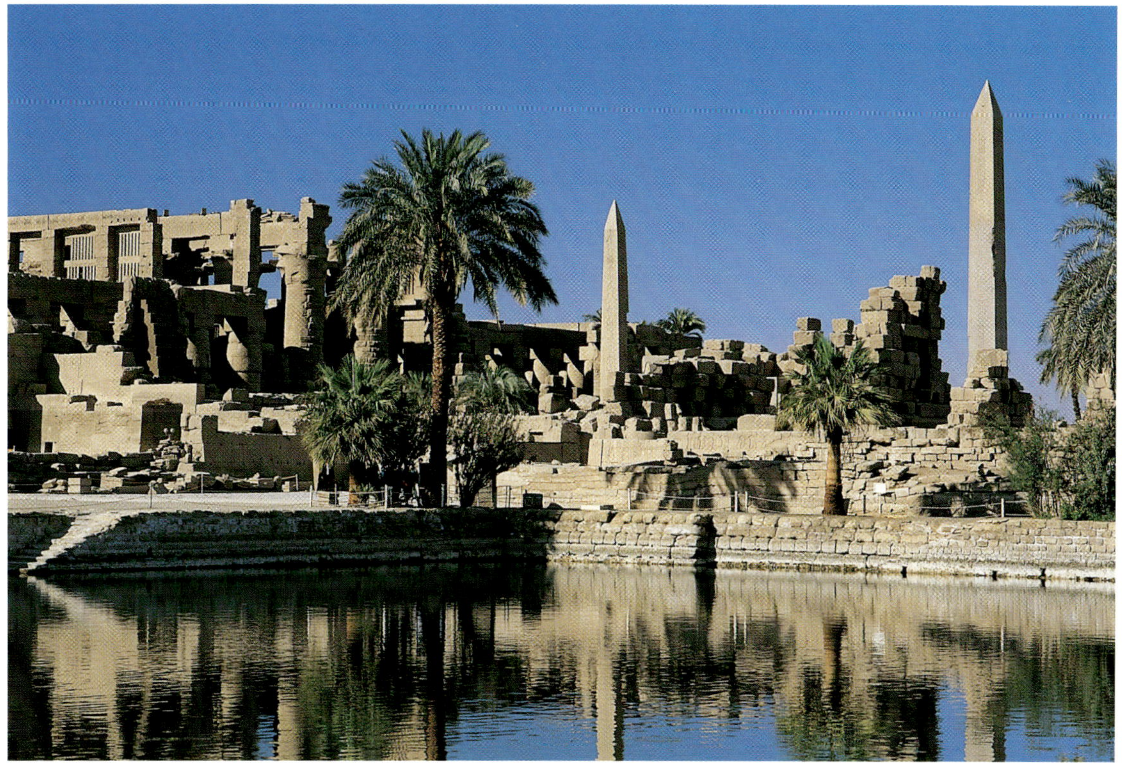

Les obélisques de Thoutmosis Ier et d'Hatchepsout en arrière du lac sacré du temple de Karnak.

d'une salle hypostyle (au plafond soutenu par des colonnes) et pour finir, au fond, le sanctuaire, tous ces éléments existant encore. Plus tard, Ramsès II apportera des modifications à l'ensemble. Il fit notamment ériger le gigantesque premier pylône (24 m de haut sur 65 m de large) recouvert de reliefs évoquant la fameuse bataille de Qadesh qui opposa les Égyptiens aux Hittites en Syrie (le traité de paix date de 1278 av. J.-C). Le temple de Karnak est remarquable par ses proportions et son plan élaboré et complexe. Toutes les périodes importantes de l'histoire antique égyptienne qui ont succédé à la chute du Moyen Empire sont représentées dans la multitude de parties ajoutées au temple, destiné à l'origine au culte du dieu Amon et de sa famille. Le site est divisé en trois parties bien distinctes : au nord se trouve l'enceinte de Montou, au centre le complexe principal dédiée à Amon et au sud, au bout d'une allée de sphinx, l'enceinte de Mout, encore mal connue. Il fut un temps où les 3 km reliant Karnak au temple de Louxor étaient sacrés et pavés. Ce *Dromos* (ou voie sacrée) appelé « avenue des sphinx » avait été construit par la reine Hatchepsout. Ramsès II ne se privera pas de rajouter à chaque sphinx une petite statuette à son effigie.

En visitant ces deux temples, nous allons rencontrer deux métiers indispensables à la vie actuelle de ces sites, l'archéologue et le guide touristique. Le premier, à genoux et les mains dans la terre, fouille, découvre, restaure, conserve, dessine et publie. Le second, se promenant avec les groupes, fait visiter et explique. Particulièrement dans les temples de Louxor et Karnak, le travail d'un archéologue est sans fin. Bien que les vieilles tombes et les temples antiques semblent tous avoir été mis au jour, les archéologues continuent leurs recherches, non pour découvrir un trésor ou une tombe inviolée, mais plutôt pour analyser, comprendre et expliquer la signification de chaque temple ou objet trouvé. Le Service des antiquités égyptiennes supervise et dirige la plupart des missions étrangères qui travaillent en Égypte, depuis la restauration du Ramesseum jusqu'aux fouilles du temple de Karnak et de la Vallée des Rois. L'essentiel du travail réside dans

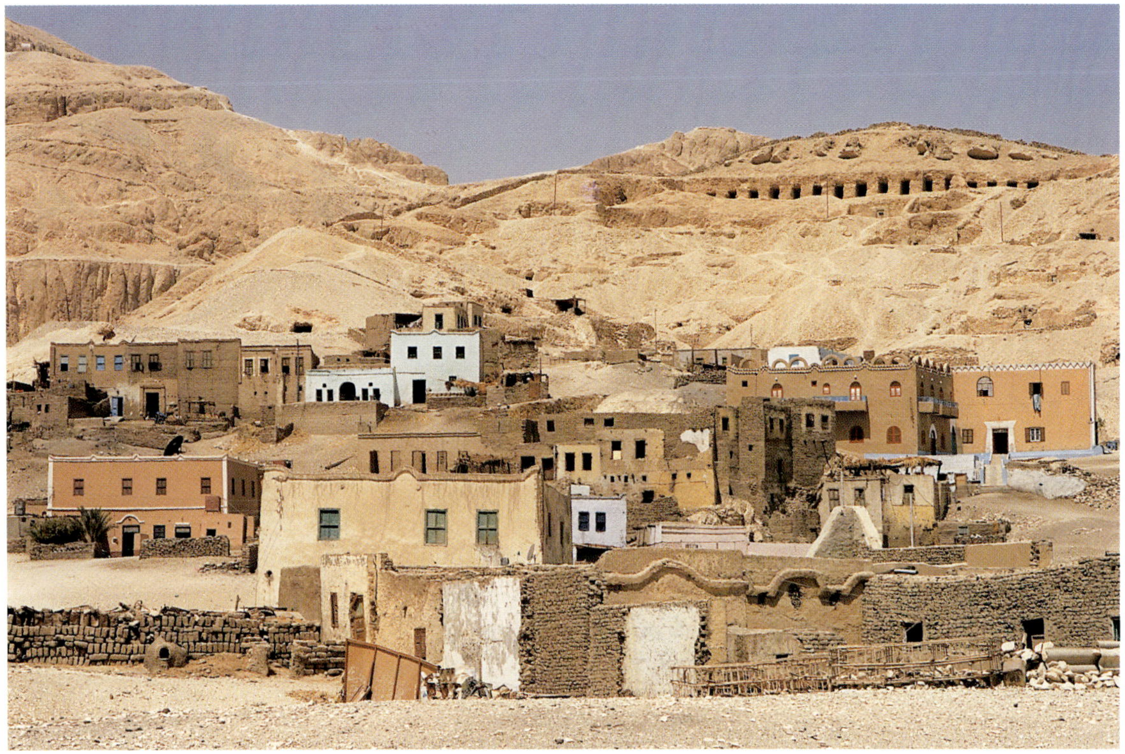

Le village de Khokha, près de Gournah, au pied des tombeaux de la rive ouest de Louxor.

La naissance du tourisme

On attribue la naissance du tourisme de masse en Égypte à l'Anglais Thomas Cook. Pionnier du voyage organisé, il lance à partir de 1869 des vapeurs à aubes sur le Nil et invente pour l'occasion une formule d'avenir : les clients paient une somme forfaitaire couvrant la totalité du voyage. L'écrivain Pierre Loti, qui effectue en 1907 une croisière sur un des bateaux de cette compagnie, écrit à son retour : « Alléchés par les réclames, les Cookies affluent chaque hiver en troupeaux dociles. »

la reconstruction des parties de temple détruites et la restauration indispensable de ce qui est encore debout. Depuis 1967, les égyptologues et archéologues français, avec leurs homologues égyptiens du centre franco-égyptien de Karnak (dépendant du CNRS), tentent ainsi de rendre son intégrité au vaste complexe religieux. Karnak reste encore un vaste chantier et un travail colossal de numérotation et d'analyse de chaque bloc de pierre retrouvé a été fait en vue du remontage de certaines parties du temple.

Quant au guide touristique, c'était à l'origine un guide « indigène », ou *turdjman* (interprète), comme on l'a nommé à l'époque de l'invention du tourisme, qui habitait un des villages proches du site archéologique et qui a appris par cœur l'explication du site en une ou deux langues, sans en comprendre le sens. C'était un métier qu'on héritait de père en fils. Nous les rencontrons encore aujourd'hui mais sous forme de gardiens de temples qui proposent leur service de visite et d'explication. Tout à fait à l'opposé, les guides touristiques formés académiquement à la faculté d'hôtellerie et de tourisme maîtrisent bien l'histoire et la langue, sans oublier les agences de voyage qui utilisent de vraies égyptologues de formation, et parfois de grand renom, pour les voyages (chers) d'excellence culturelle.

Nous ne pouvons pas quitter cette rive orientale sans parler des deux musées qu'elle abrite, le musée de la Momification et le musée de Louxor. Ce dernier n'est pas bien grand mais il figure parmi les musées les plus splendides d'Égypte. Nous y trouvons une collection des plus belles sculptures et objets découverts dans différents sites, dont celui de Karnak.

Traversons le Nil sur une felouque ou par le bac pour visiter la rive occidentale, la rive des morts et des nécropoles chez les pharaons. En se dirigeant vers les hautes falaises de la chaîne libyque, nous traversons un paysage verdoyant de cultures de canne à sucre que longent des habitations colorées. Nous distinguons très vite deux énormes colosses de grès, les colosses de Memnon, puis plus loin, les silhouettes inégales de quelques temples funéraires. Nous venons de pénétrer dans l'éternelle nécropole thébaine. Les pharaons des Ancien et Moyen Empires avaient trop préjugé de l'inviolabilité de leurs tombes sacrées, or des voleurs étaient passés maîtres dans l'art de piller les pyramides, notamment à Memphis. Ne pouvant se permettre de négliger la sécurité de leur dernière demeure, les pharaons du Nouvel Empire évitèrent les erreurs de leurs prédécesseurs en choisissant de creuser leurs tombes dans les roches des montagnes. Nous pouvons également observer un changement radical dans les procédures d'ensevelissement : les trésors des souverains de Thèbes reposent à côté de leur corps momifié et nulle part ailleurs.

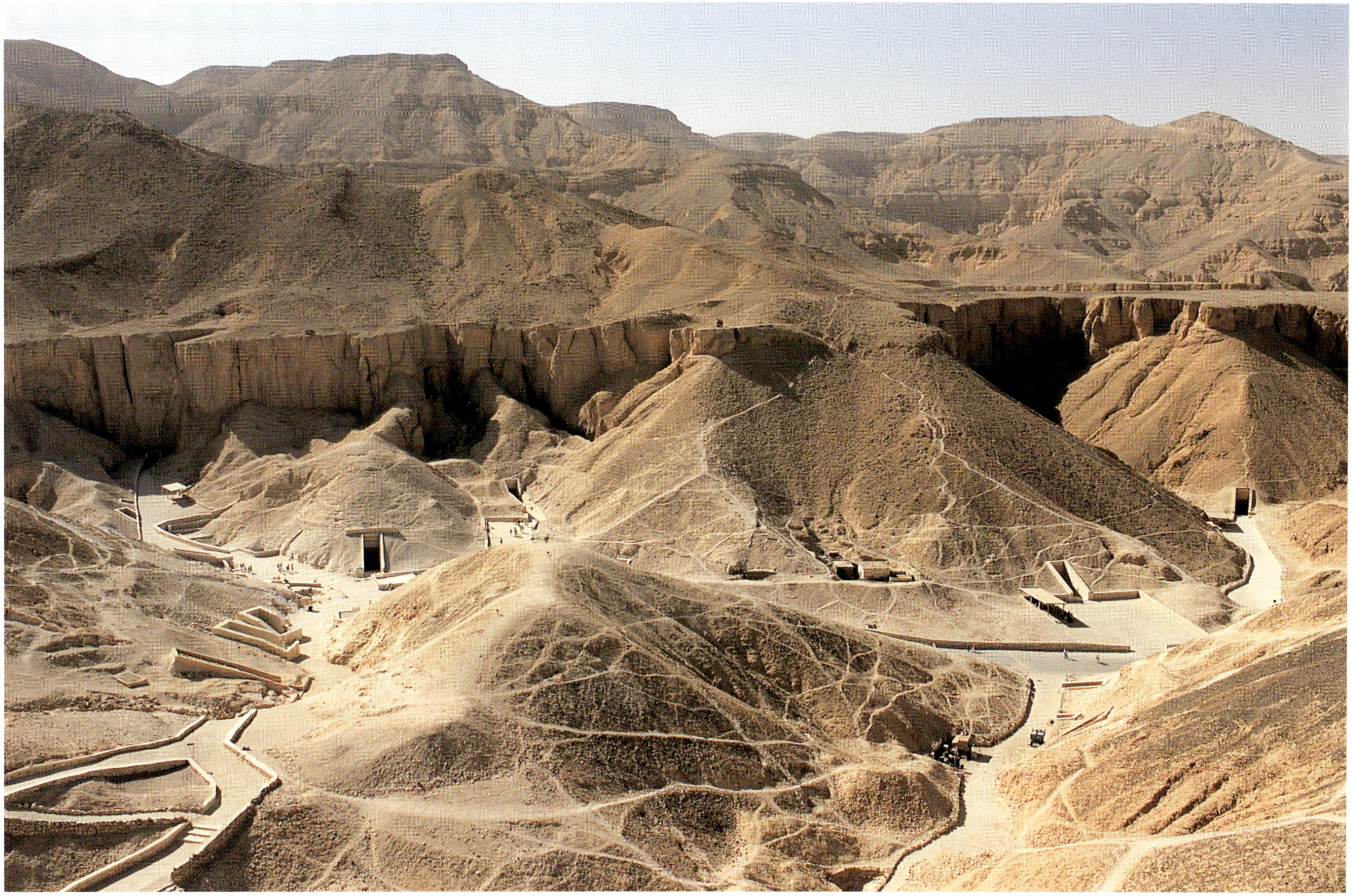

Vue d'ensemble de la très aride Vallée des Rois, demeure éternelle des pharaons.

Le travail de construction de ces tombes était effectué dans le plus grand secret par une équipe d'ouvriers qui habitaient sur le site même de la nécropole pour ne pas dévoiler l'emplacement de la tombe, ni son contenu ni son plan. Les techniques de construction des tombes, de décoration et de momification étaient transmises de génération en génération au sein des familles. Dans la ville des morts, les vestiges de *Deir el-Madineh* (la cité des ouvriers de la nécropole royale) ont été remis au jour et nous offrent une idée d'un antique village égyptien habité par trois cents personnes dévouées à cette tâche. La conception des tombes reflète le souci de secret et de confidentialité. À la place d'une seule pyramide

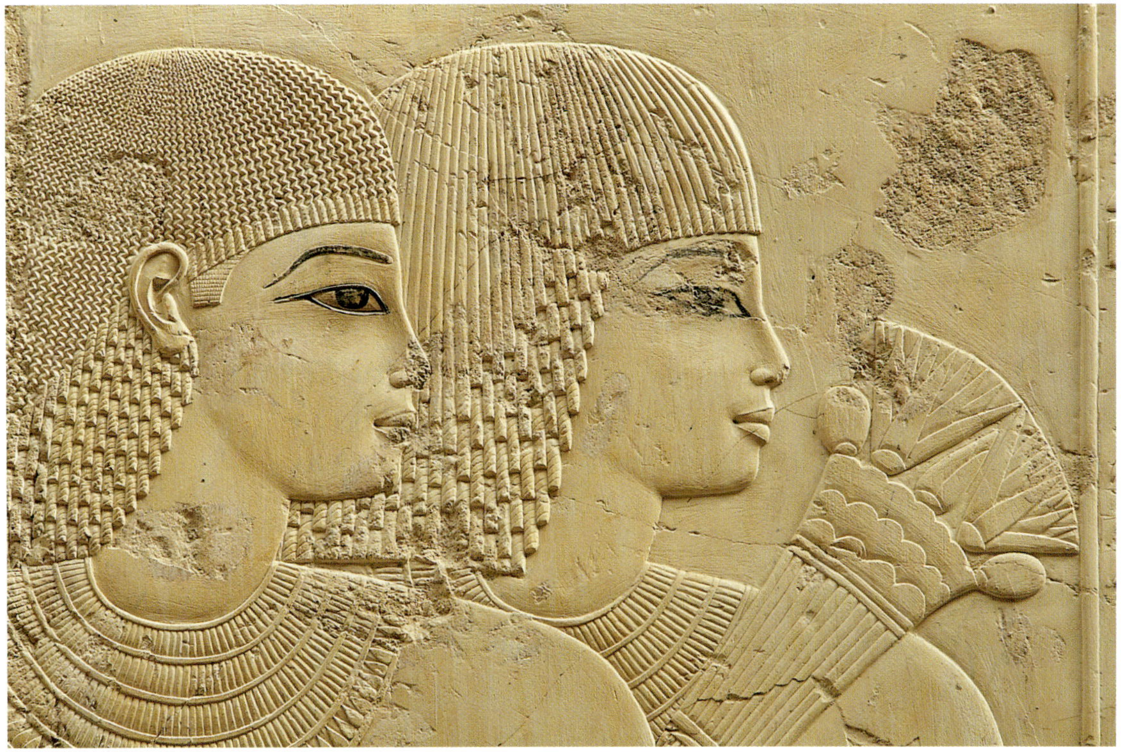

Couple participant à un banquet, salle hypostyle de la tombe de Ramosé, nécropole de Cheikh Abd el-Gournah.

gigantesque, le monument funéraire était conçu en deux parties : d'une part, un ensemble souterrain avec tous les éléments nécessaires à la vie dans l'au-delà, et d'autre part un immense édifice funéraire où le culte du monarque pouvait se dérouler pour l'éternité. Dans une opération perpétuelle et continue, dès qu'un pharaon reposait en paix, les ouvriers se mettaient immédiatement au travail pour édifier la tombe de son successeur. Cul-de-sac, portes masquées, faux sarcophages, fosses profondes, etc., étaient autant de techniques destinées à mettre en déroute les pilleurs les plus rusés. Mais tous ces dispositifs n'ont pas empêché le pillage qui a commencé très tôt après la fermeture des tombes.

Une des plus fameuses histoires de pillage et de découverte exceptionnelle fut celle de la fameuse famille Abdel Rassoul de Gourna. Vers la fin des années 1870, l'apparition d'un grand nombre d'objets funéraires datant du Nouvel Empire sur le marché noir en Europe a alerté plusieurs membres du Service des antiquités égyptiennes, fondé quelques décennies auparavant par Mariette Pacha. Un riche antiquaire américain, Charles Wilbur, fut chargé d'aller enquêter secrètement pour identifier la source de ces trésors en proposant d'acheter des pièces authentiques à n'importe quel prix. Son enquête le mena à Louxor. À Gourna, de l'autre côté du Nil, on lui présenta un objet qui provenait d'une tombe royale récemment découverte. Il informa alors en secret Gaston Maspero, directeur général du Service des antiquités, qui se dirigea aussitôt à Louxor pour interroger les personnes concernées.

Quelques semaines plus tard, Mohamed Abdel Rassoul, chef d'une des familles d'antiquaires les plus importantes de Louxor, reconnut que des proches avaient fait la découverte d'une tombe près du *Deir al-Bahari*, le temple d'Hatchepsout. Des archéologues furent immédiatement envoyés sur le terrain et ils mirent au jour une fosse géante qui contenait une quarantaine de momies, parmi lesquelles les rois les plus prestigieux du Nouvel Empire : Ahmosis (le fondateur du Nouvel Empire), Thoutmosis III et même Ramsès II, qui représente la momie la mieux préservée de toutes les momies pharaoniques. C'était en fait une cachette dans laquelle les momies avaient été déposées après avoir été extraites de leurs véritables tombeaux pour les protéger des pilleurs. Pendant dix ans, la famille Abdel Rassoul écoula tranquillement la marchandise après avoir réussi à découvrir ce trésor. Des centaines d'hommes furent engagés par le Service des antiquités pour transporter ces momies dans des bateaux qui naviguèrent secrètement sur les eaux du fleuve jusqu'au musée du Caire. Pour ces pharaons, le voyage funéraire imaginaire à travers les eaux de l'océan éternel est devenu une réalité.

Sur cette rive, au pied et sur la colline thébaine, les maisons en terre colorées du village de Gourna entourent, et parfois même recouvrent, les centaines de tombes percées dans ce gruyère que sont les premiers contreforts de chaîne libyque. Depuis l'incident de la famille Abdel Rassoul au XIXe siècle, les autorités suspectent les villageois de profaner des sépultures, d'en piller le mobilier et les statues, d'abîmer et de détruire certaines parois. Dès les années 1940, les

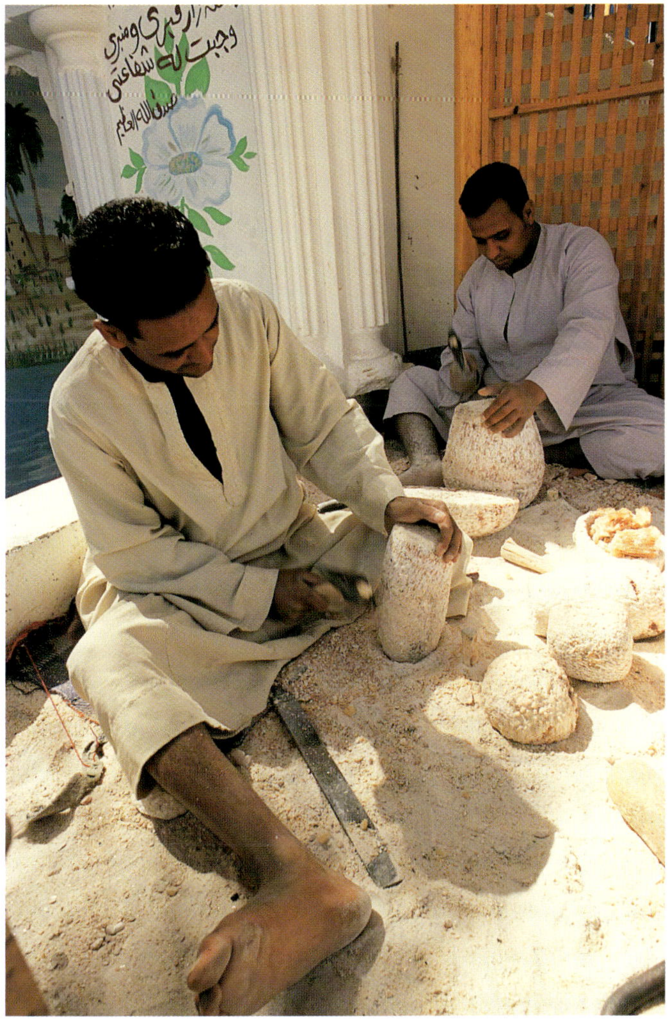

Artisans travaillant l'albâtre dans une fabrique de souvenirs à Gournah.

autorités entament une première tentative de chasser ces habitants et les reloger ailleurs. Le gouvernement à l'époque demande à Hassan Fathy, l'architecte en vogue du moment, de dresser les plans d'un nouveau Gourna. Utilisant les matériaux et les techniques traditionnels, il édifie une ville nouvelle près de la route principale, à l'est des colosses de Memnon, et qui sera considérée des décennies après comme une expérience pionnière et fondatrice dans l'histoire de l'architecture au XXe siècle. En faisant participer les villageois, H. Fathy a tenté de réhabiliter ce type d'habitat traditionnel et bon marché afin que l'Égypte ne soit pas submergée par le parpaing. L'agglomération existe toujours mais ses coupoles et bâtiments publics aux belles proportions se perdent dans une forêt de béton. Pour différentes raisons socio-économiques et un manque de réalisme de la part de l'architecte lui-même, le projet fut un échec et les habitants de Gourna gardèrent leurs anciennes demeures sur les tombes.

Aujourd'hui, les habitants de Gourna affirment que le pillage est de l'histoire ancienne, assurant que leur présence encourage le tourisme à Louxor et protège le secteur d'éventuelles tentatives mal intentionnées. En effet, sur toutes les routes entre les temples, les habitants de Gourna ont fondé des ateliers de papyrus, de souvenirs en pierre et en albâtre, des cafés et des mini-restaurants. Mais à l'heure actuelle, l'histoire se répète et c'est l'État qui a eu le dernier mot. En 2007, et sous prétexte de protection du site archéologique et d'embellissement touristique, les bulldozers ont détruit la majorité des anciennes habitations de Gourna, sauf une bande conservée pour le souvenir du lieu, et les villageois ont été parqués dans des appartements de type HLM, au nord de la route qui mène à la Vallée des Rois, sans considération pour la taille des familles et la nécessité d'élever des animaux pour améliorer leurs maigres revenus. Selon les habitants de Gourna, c'est une action politique des autorités pour dissimuler aux touristes la pauvreté de leurs conditions de vie.

Et malgré ce pillage qui date depuis des millénaires, cette nécropole thébaine ne cesse pas de nous étonner avec des découvertes archéologiques sensationnelles tous les ans. L'une des découvertes récentes majeures concerne la plus grande tombe jamais retrouvée en Égypte. Elle comprend cent sept salles (et non des moindres) découvertes par une équipe dirigée par un archéologue américain. Le nom de Ramsès II a été identifié à quatre reprises et permet de penser que cet ensemble est la dernière demeure de nombreux fils du prestigieux pharaon. Un autre chantier prometteur est mené par une mission internationale qui fouille le temple d'Amenhotep III derrière les colosses de Memnon. D'autres colosses aussi gigantesques pourraient voir le jour.

Après cette étape à Louxor, retournons vers le Nil pour poursuivre notre voyage vers la Moyenne-Égypte. Depuis les premières barques de papyrus des temps antiques aux bateaux hôtels des croisières actuelles, le fleuve n'a cessé d'être descendu ou remonté, que ce soit pour le commerce ou le plaisir. Nous allons continuer notre voyage en felouques ou en bateaux locaux, car malheureusement plus aucun bateau de croisière touristique ne relie Louxor au Caire depuis les menaces terroristes du début des années 1990, mais le manque de confort est dissipé par la somptuosité des paysages et les scènes champêtres que nous observons depuis notre felouque.

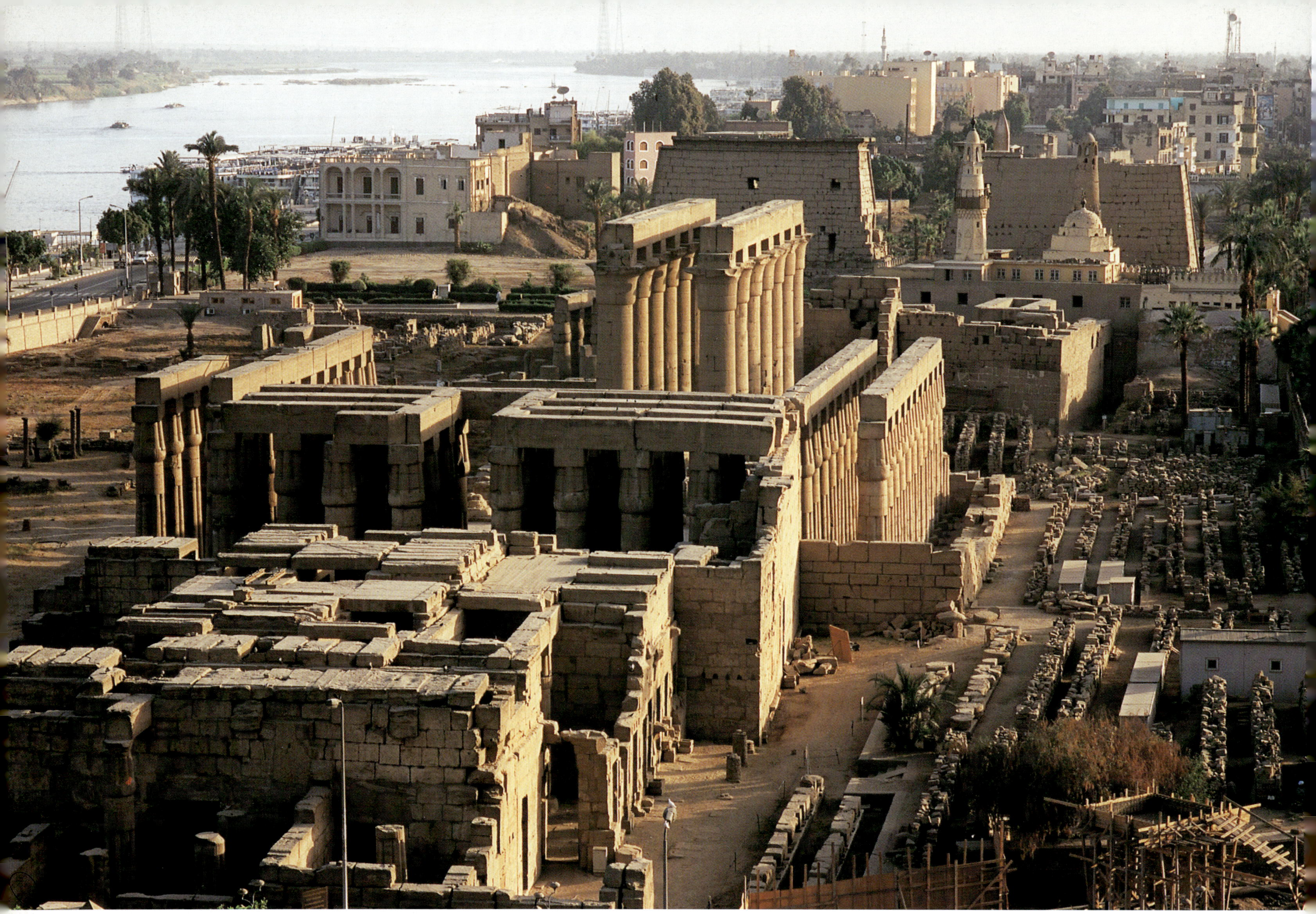

L'ensemble du temple de Louxor, désormais au cœur de la ville moderne.

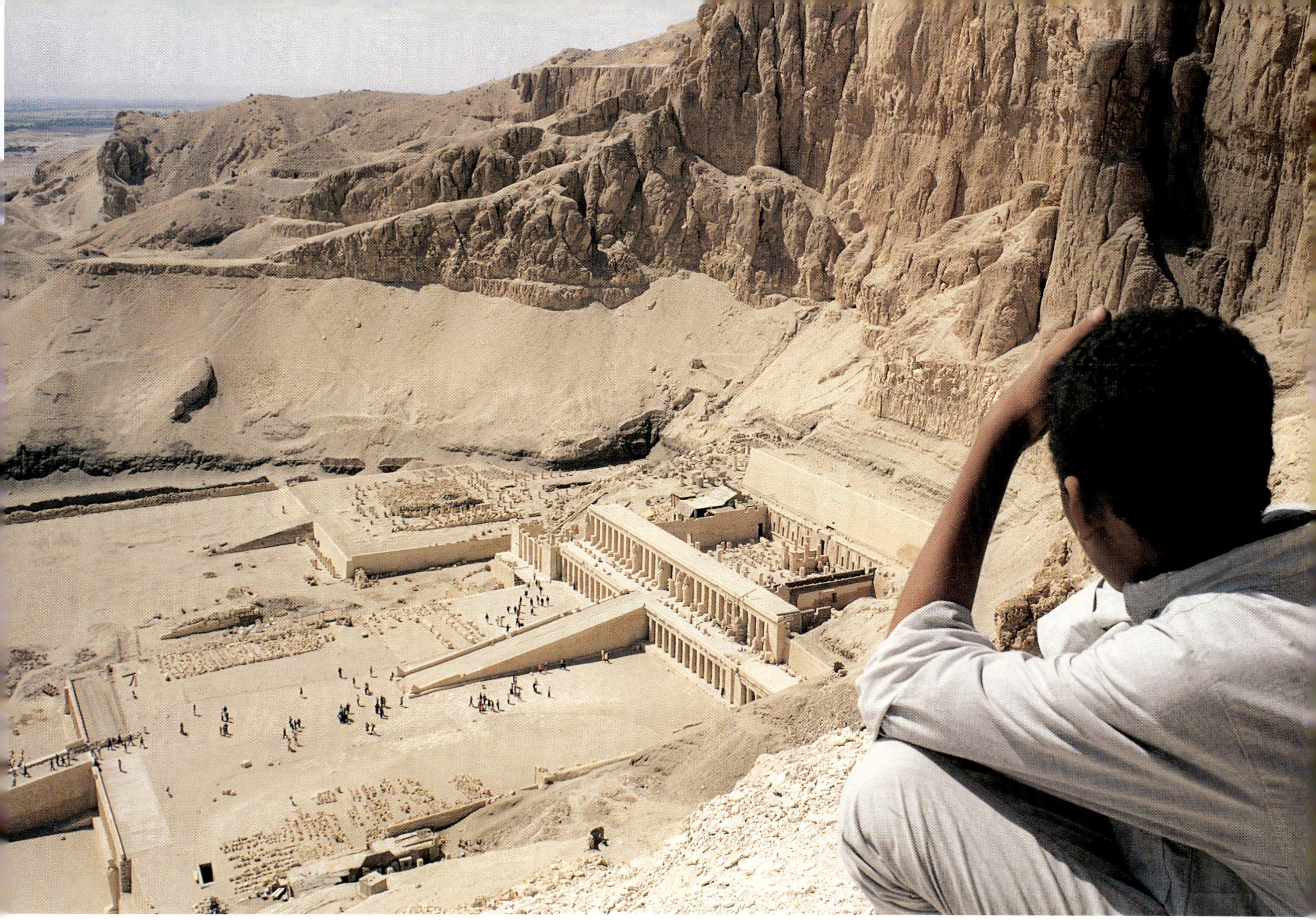

Le site extraordinaire du temple d'Hatchepsout à Deir el-Bahari, sur la rive ouest de Louxor.

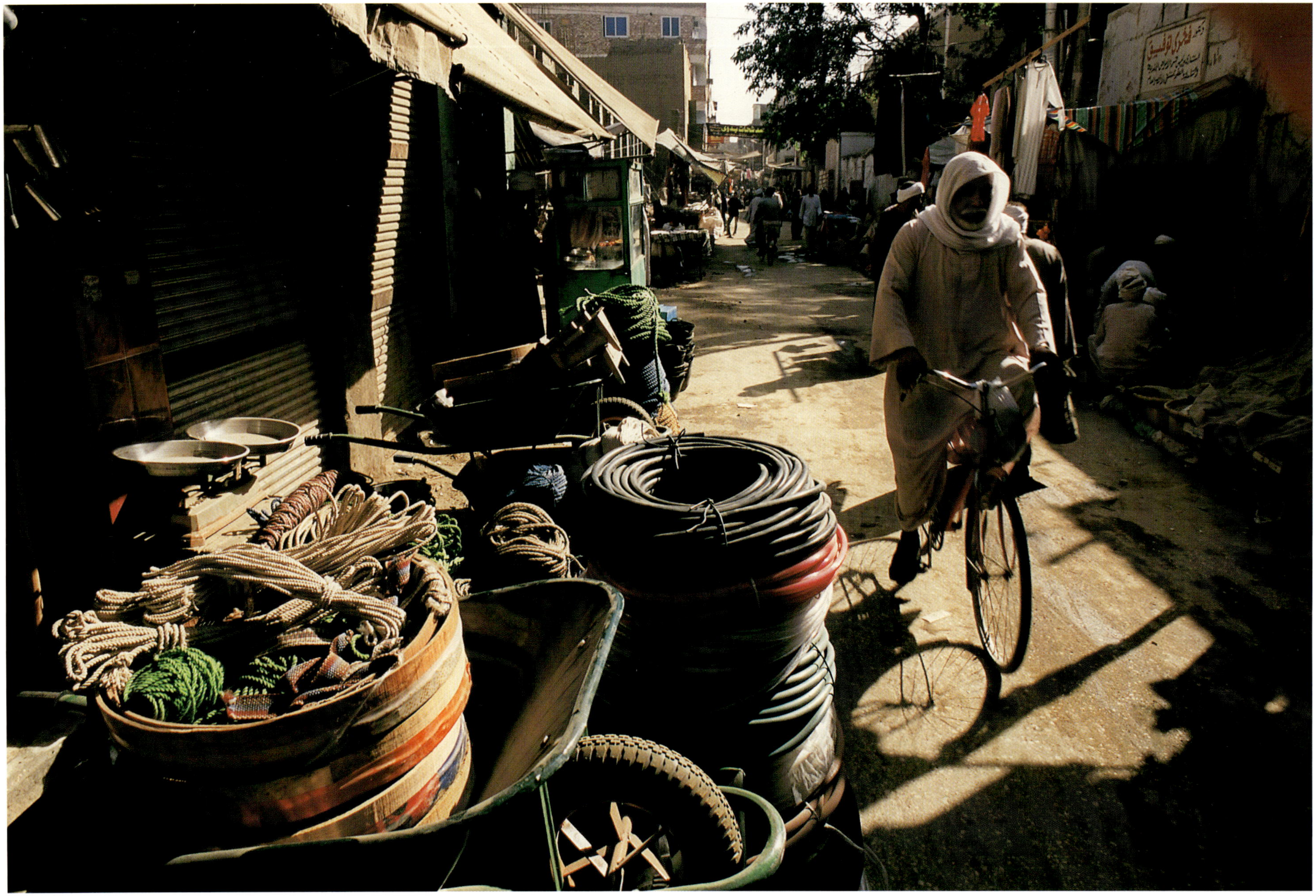

Promenade matinale au cœur du souk de Louxor, aux ressources infinies.

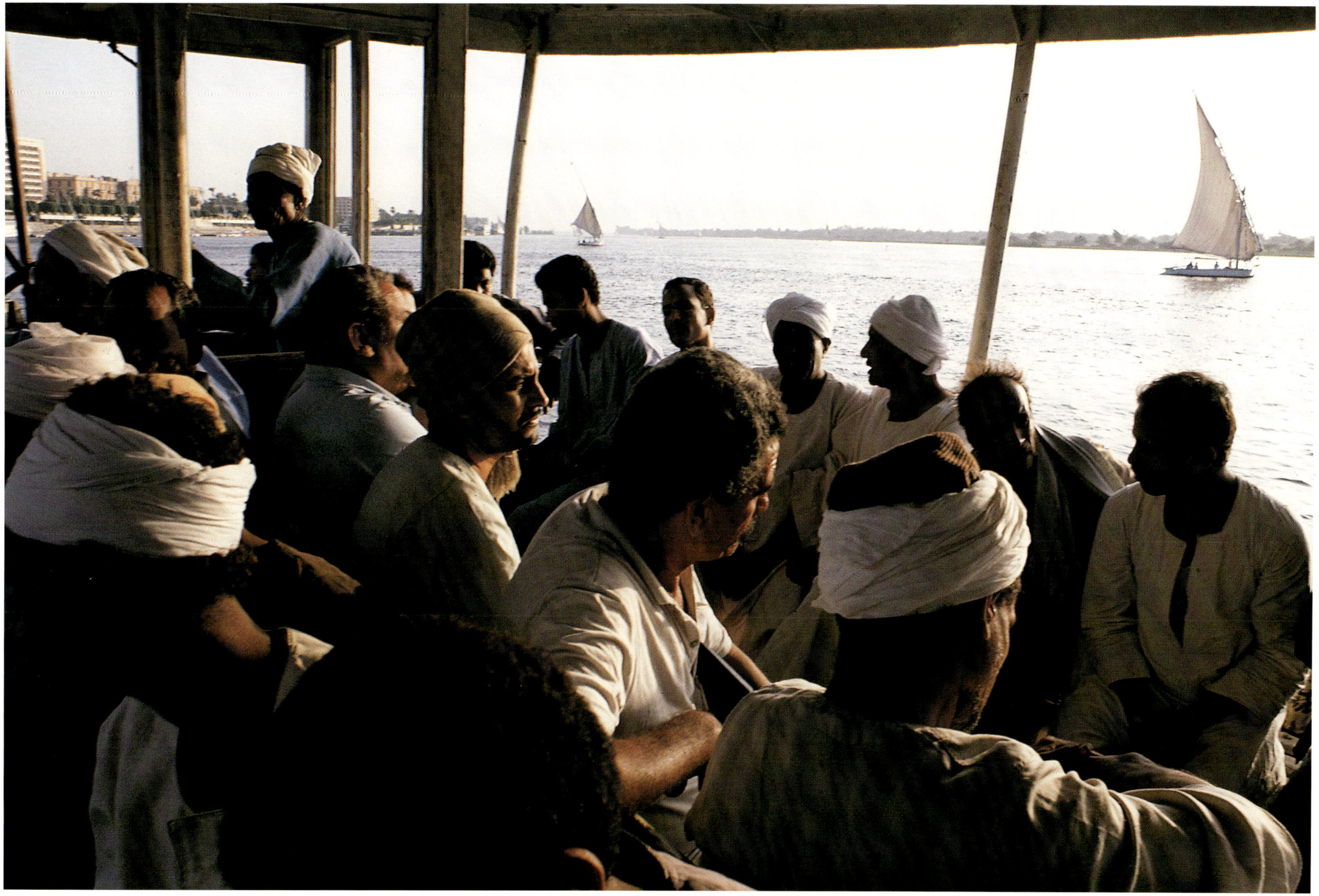

La traversée du Nil en ferry procure un moment de fraîcheur et de détente entre les deux rives.

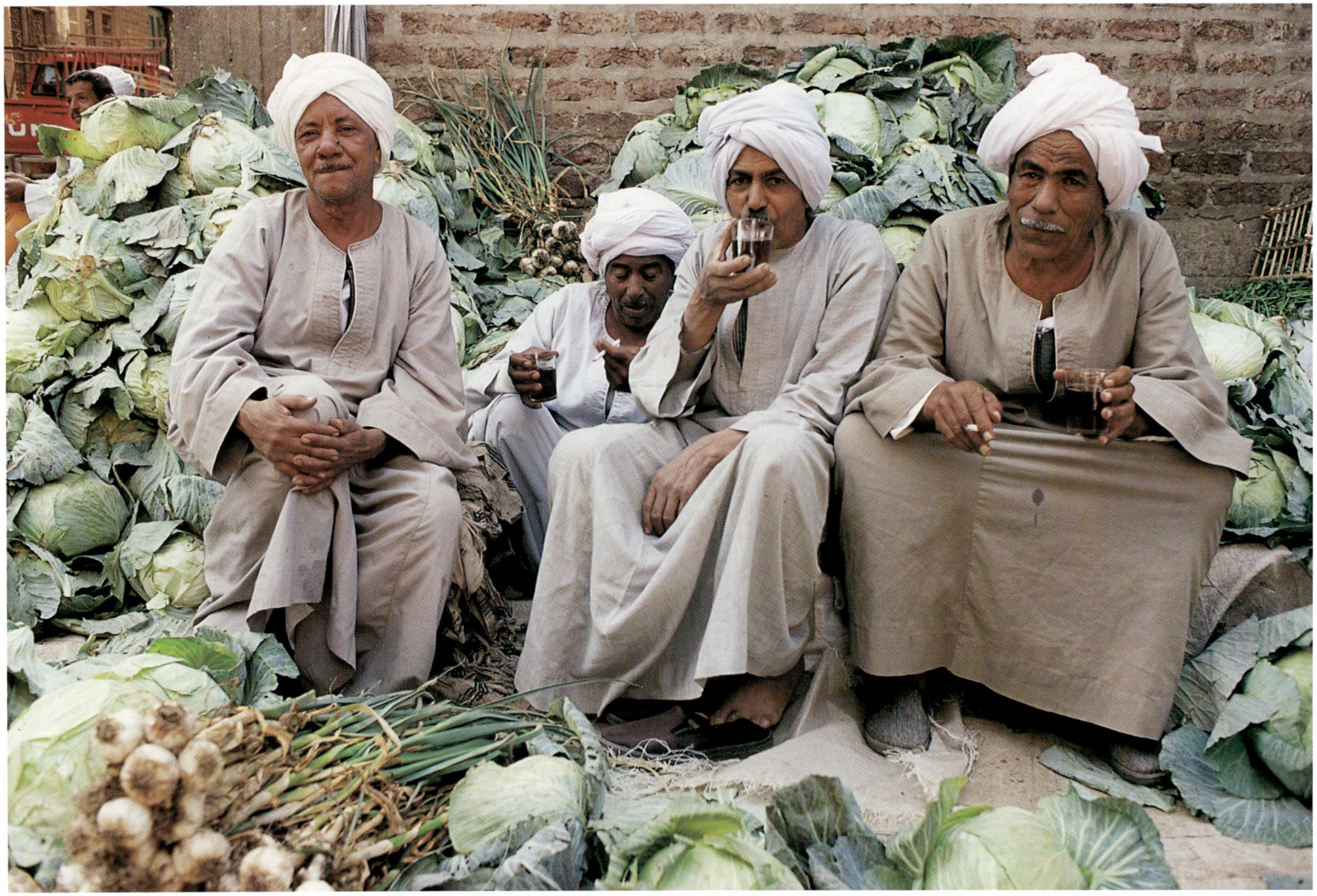

Le thé *(shai)* et le café *(ahwa)* sont consommés tout au long de la journée ; les partager est l'occasion de rencontrer les Égyptiens.

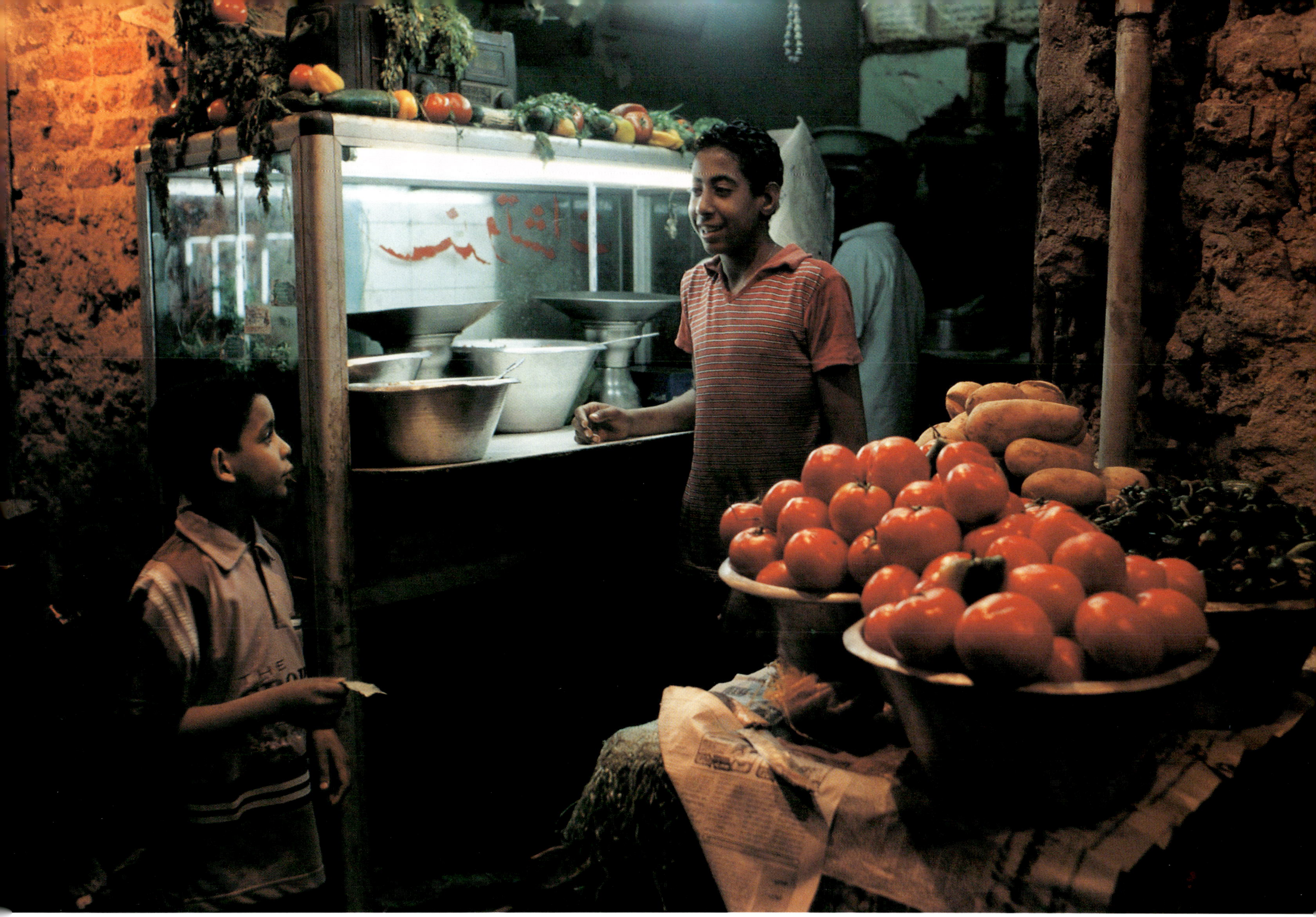

Restaurant de rue à Louxor, aux produits savoureux préparés à la demande : *foul*, *falafel*, fromages avec tomates et concombres.

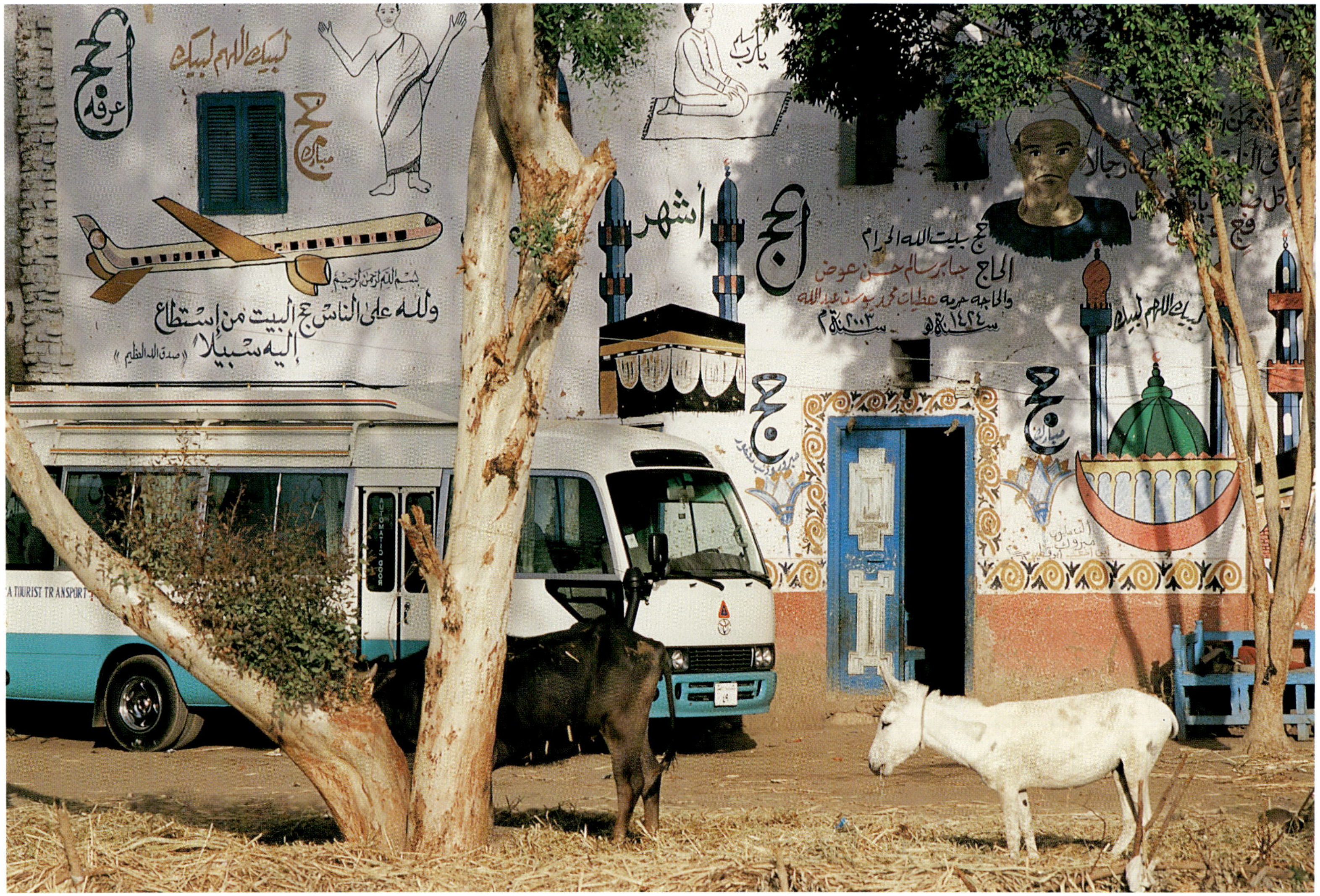

Rive ouest de Louxor : représentation sur une maison du pèlerinage à La Mecque, le *hadj*.

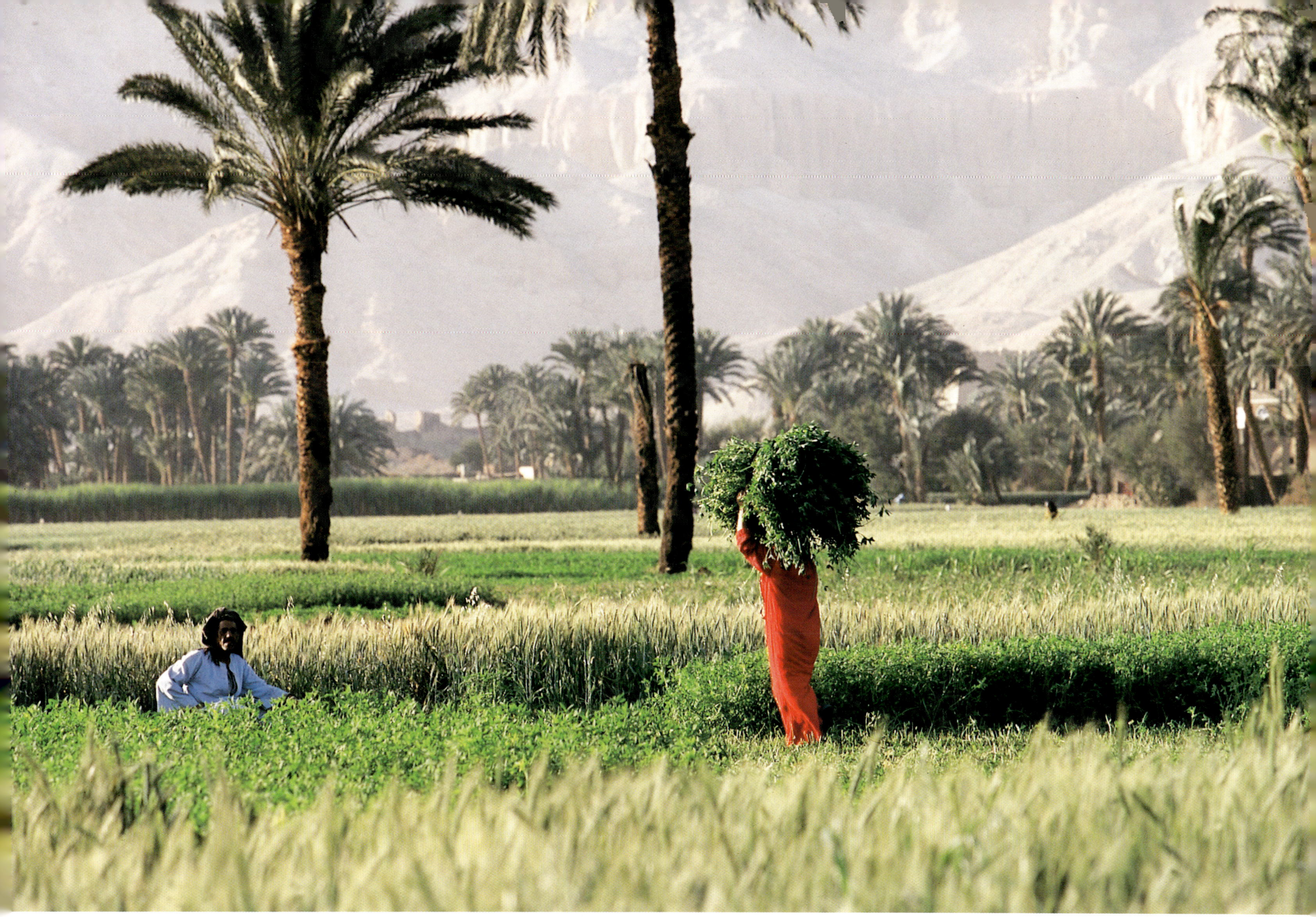

Scène des champs au milieu des palmiers, entre la chaîne libyque et le Nil à Louxor.

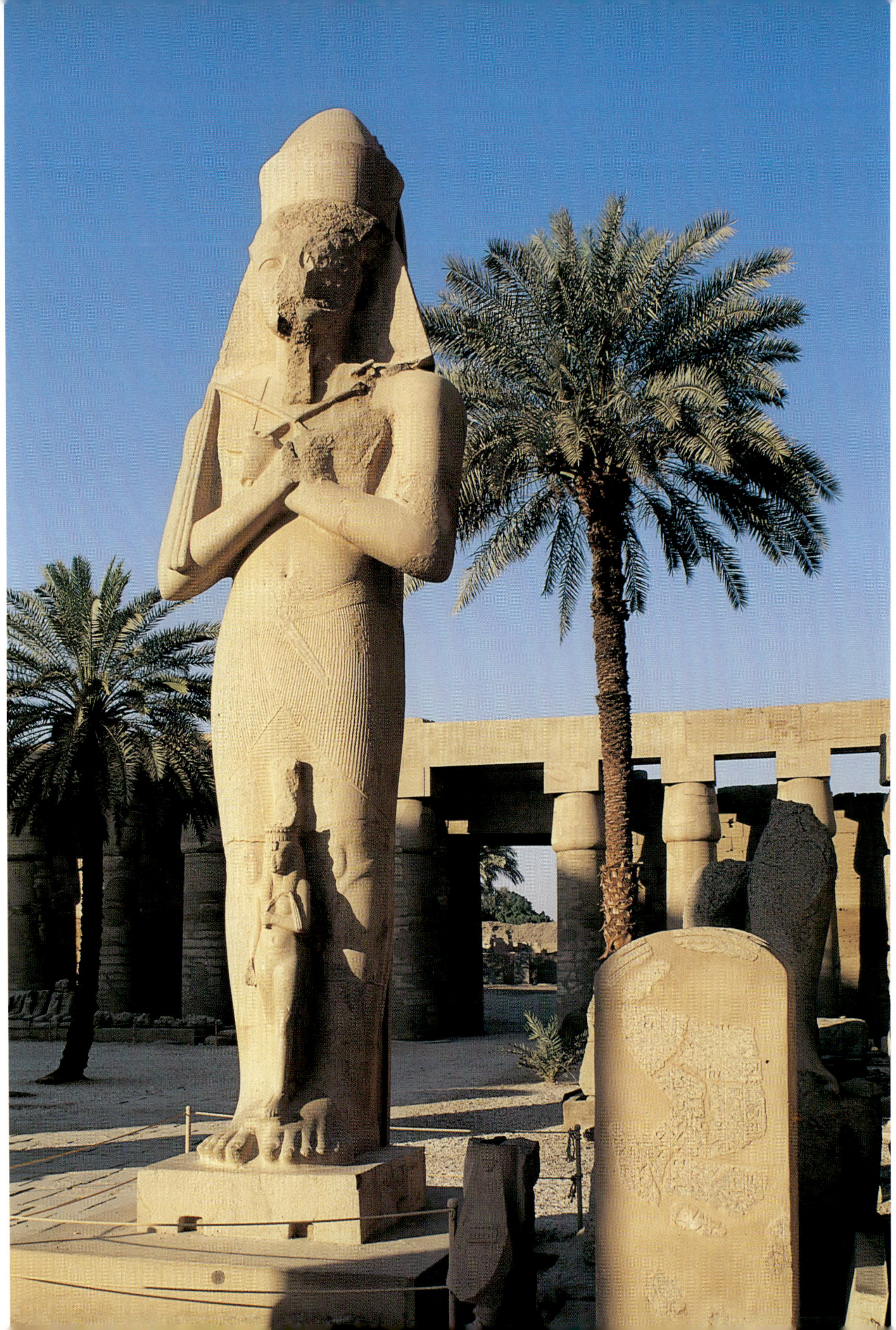

L'élégant colosse de Pinedjem, grand prêtre d'Amon, dans le temple de Karnak.

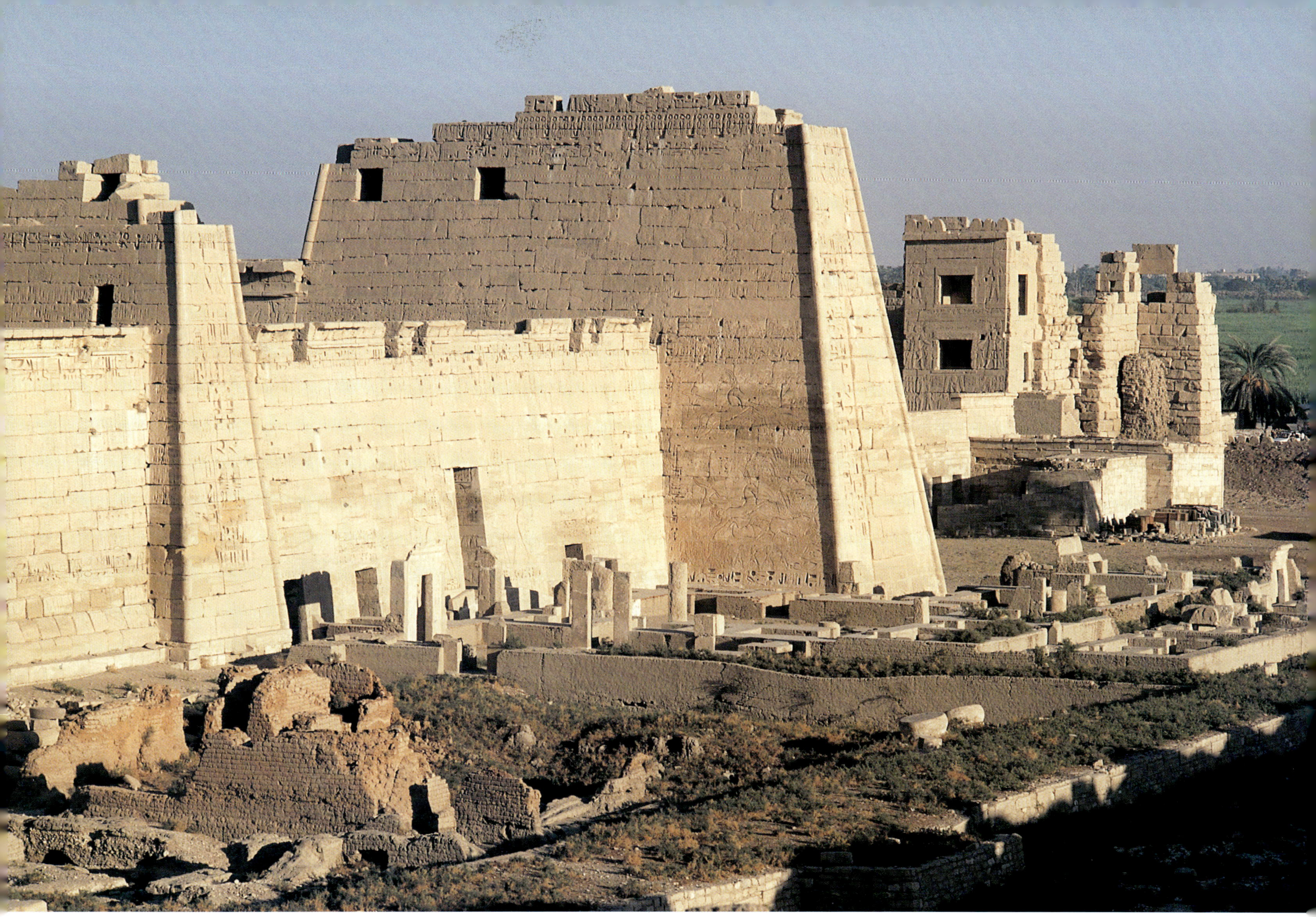

Vue d'ensemble de l'imposant temple funéraire de Ramsès III à Médinet-Habou (rive ouest de Louxor).

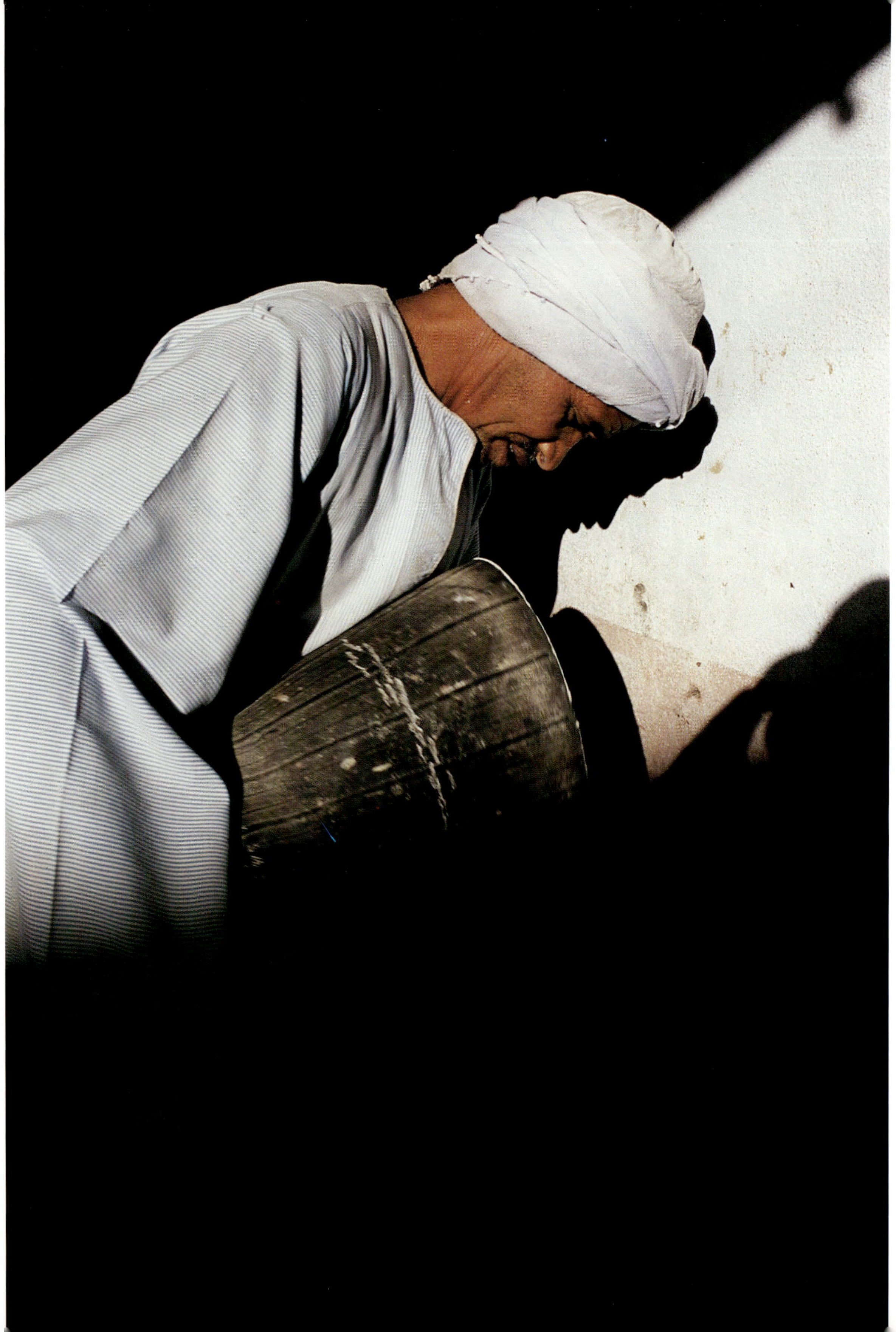

Le meunier du village d'El-Bayrat, quelques kilomètres
au sud de Gournah sur la rive occidentale de Louxor.

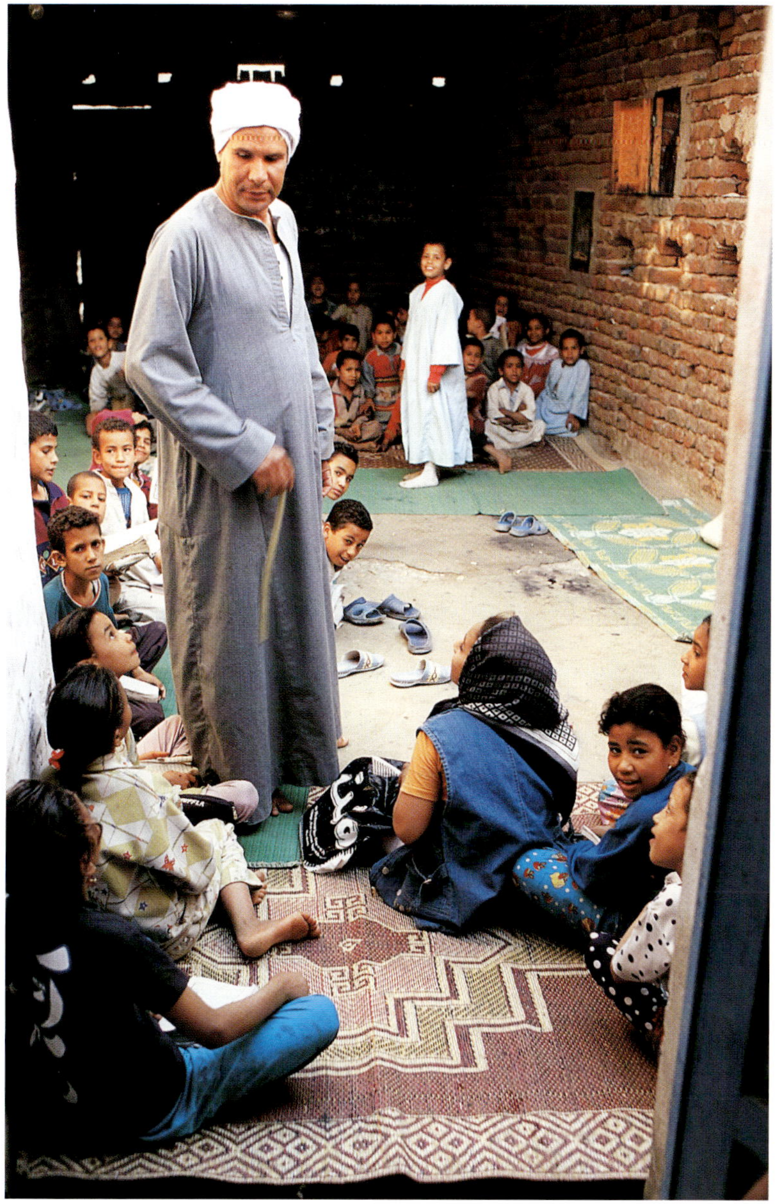

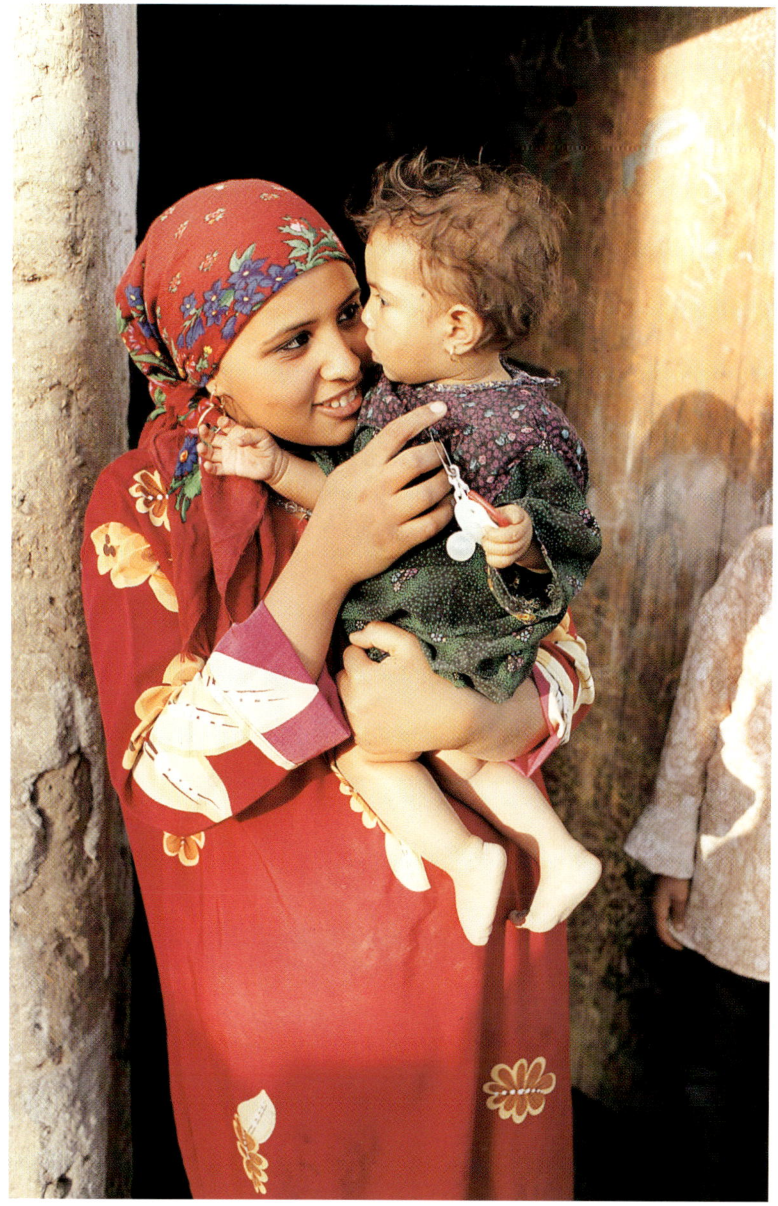

À GAUCHE : **El-Bayrat : l'instituteur et les élèves dans une *madrasa*.** À DROITE : **La tendresse et l'amour de la mère égyptienne, à El-Bayrat.**

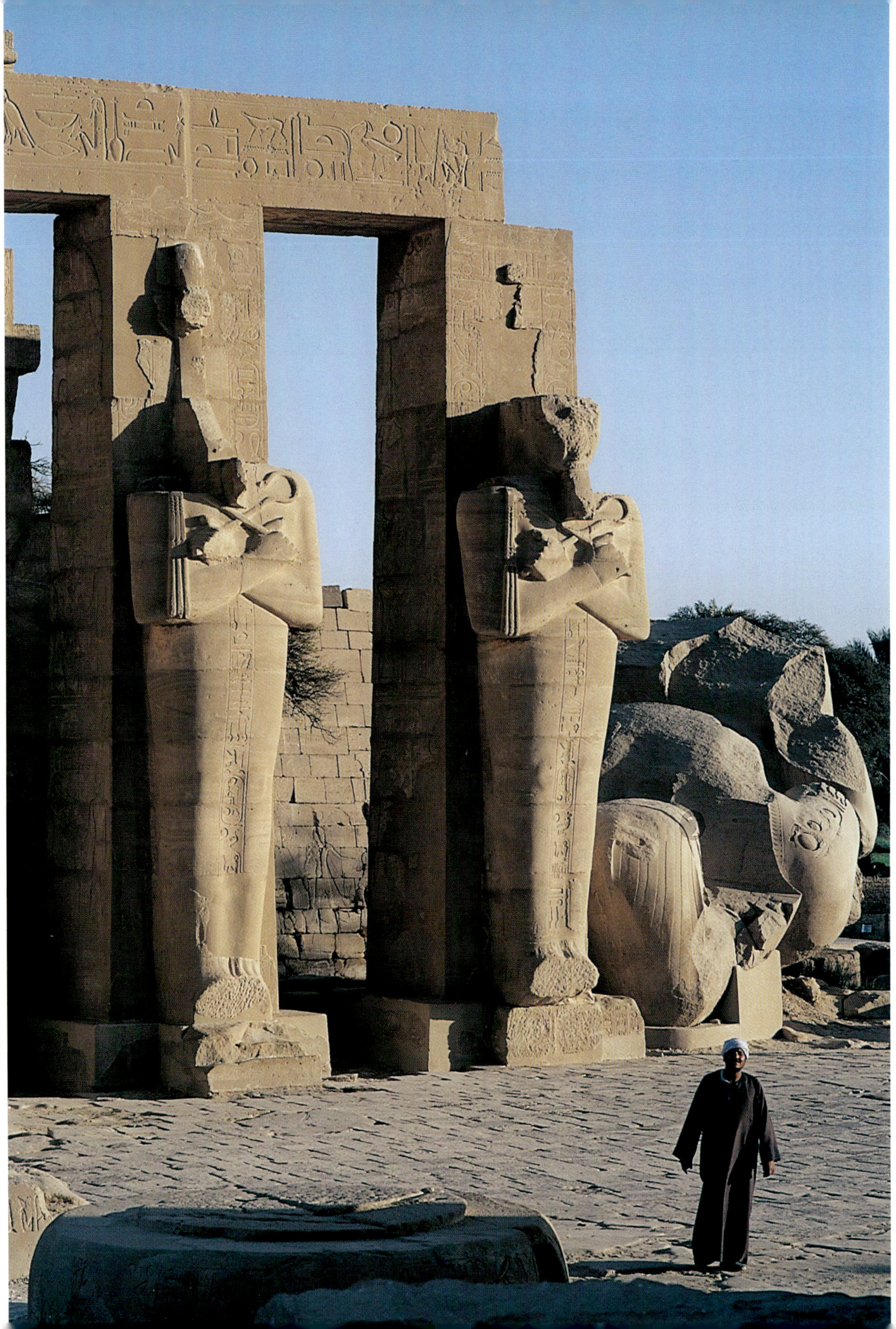

Les colosses osiriaques représentant Ramsès II, dans la deuxième cour du Ramesseum (rive ouest de Louxor).

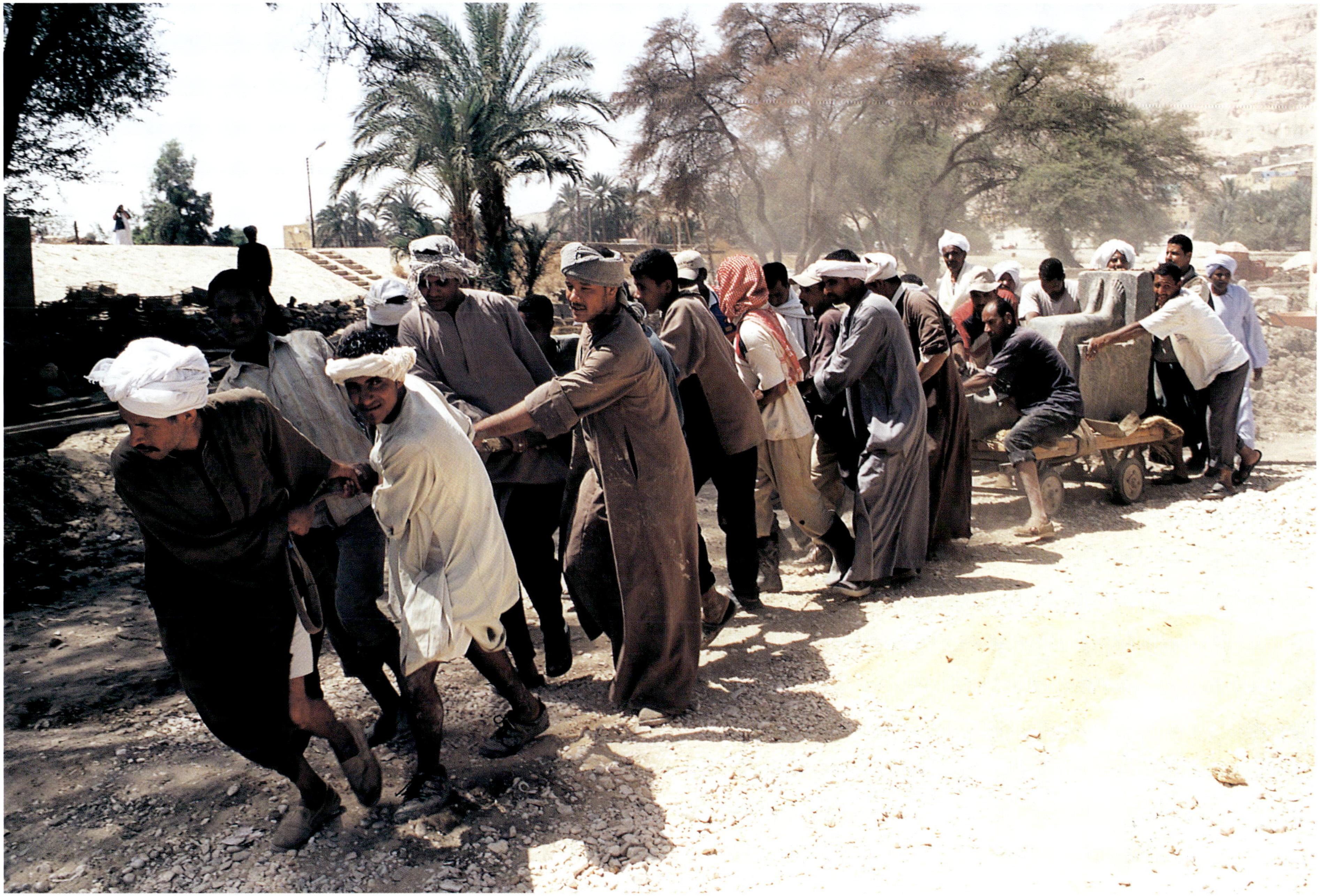

Le transport d'une statue de Sekhmet, qui vient d'être découverte par la Mission des Colosses de Memnon et du temple d'Amenhotep III, à Kôm el-Hettan.

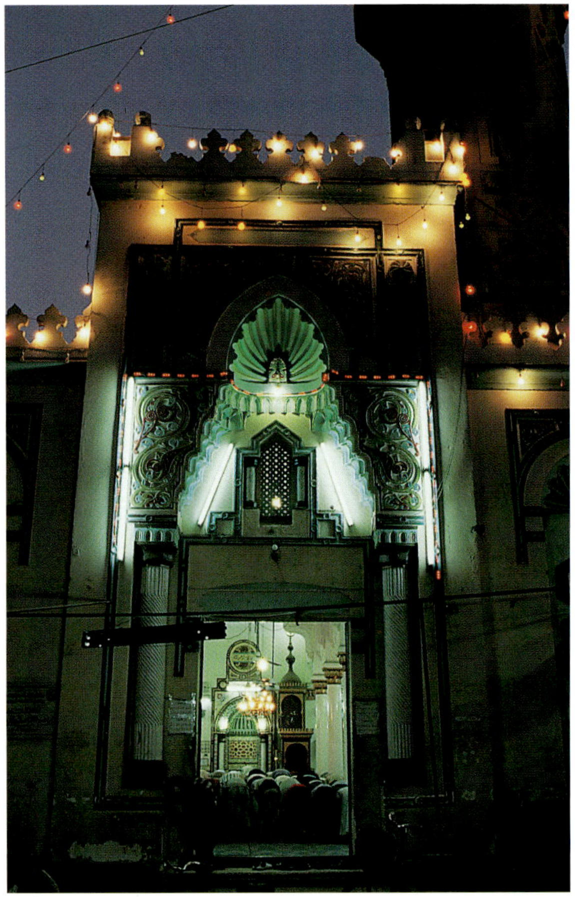

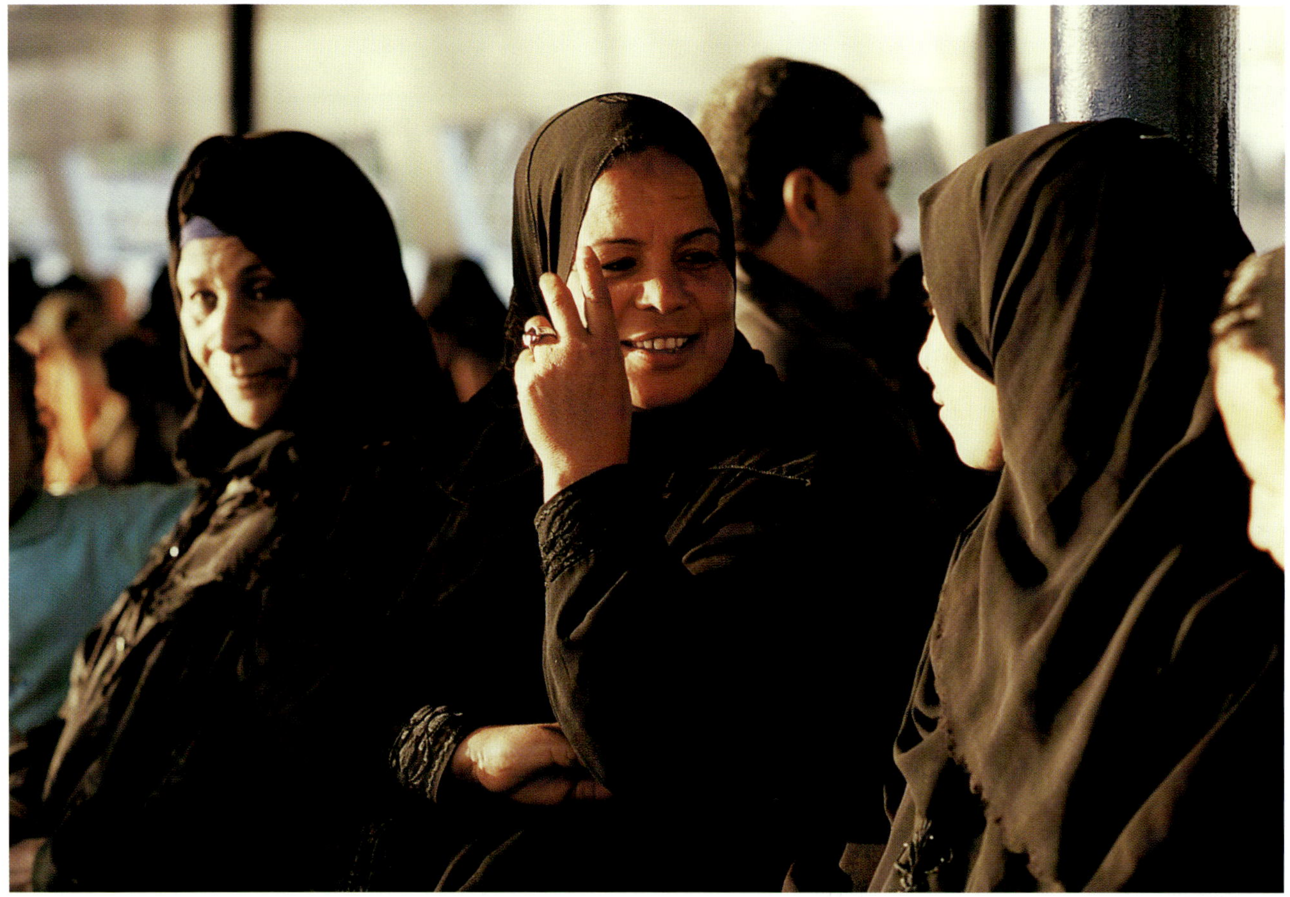

À GAUCHE : **Prière du soir *(icha'a)* dans une mosquée de Louxor.** À DROITE : **Femmes égyptiennes sur le ferry à Louxor, portant le foulard traditionnel.**

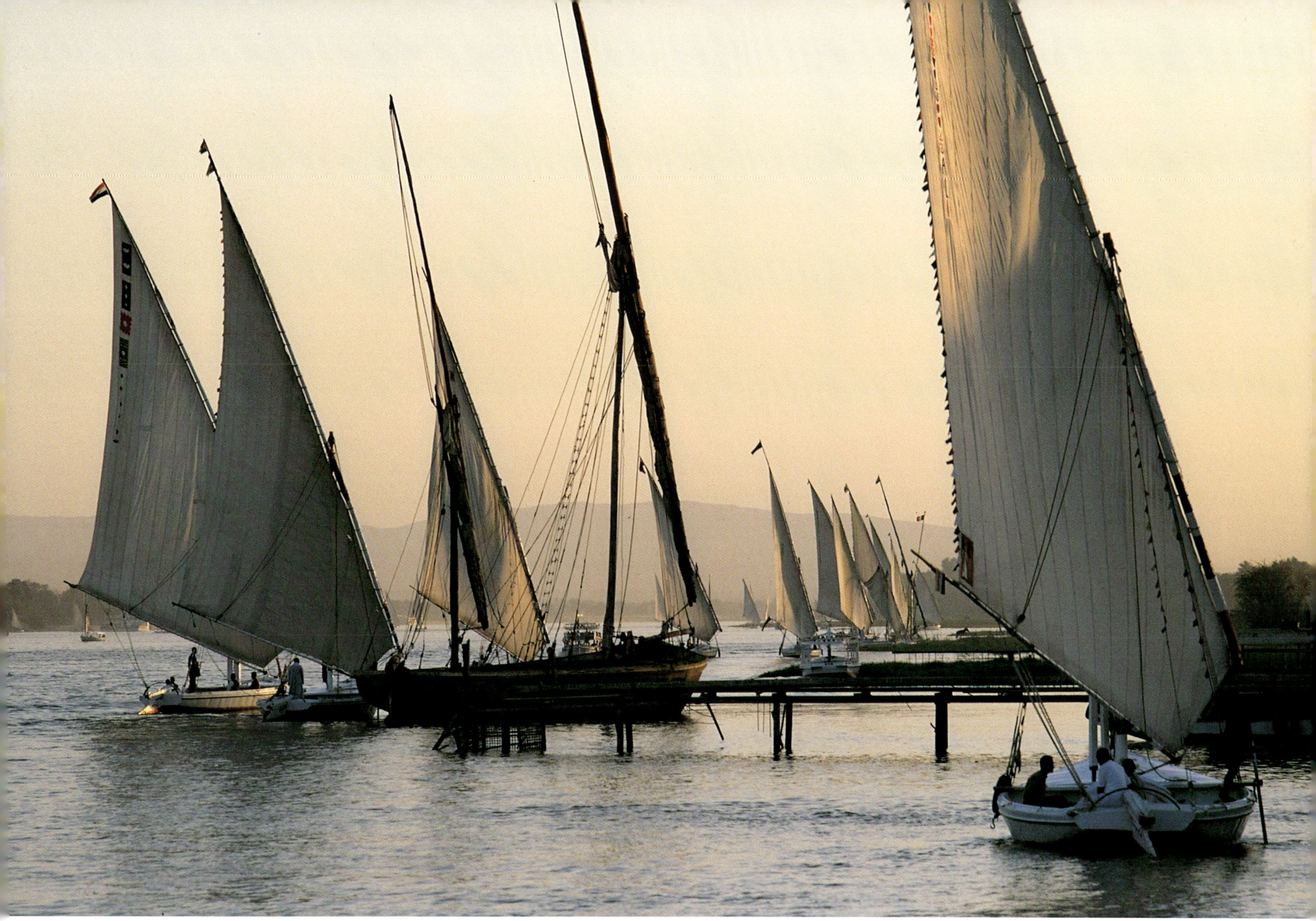

Les élégantes felouques de Louxor et le chatoiement de leurs voiles au crépuscule.

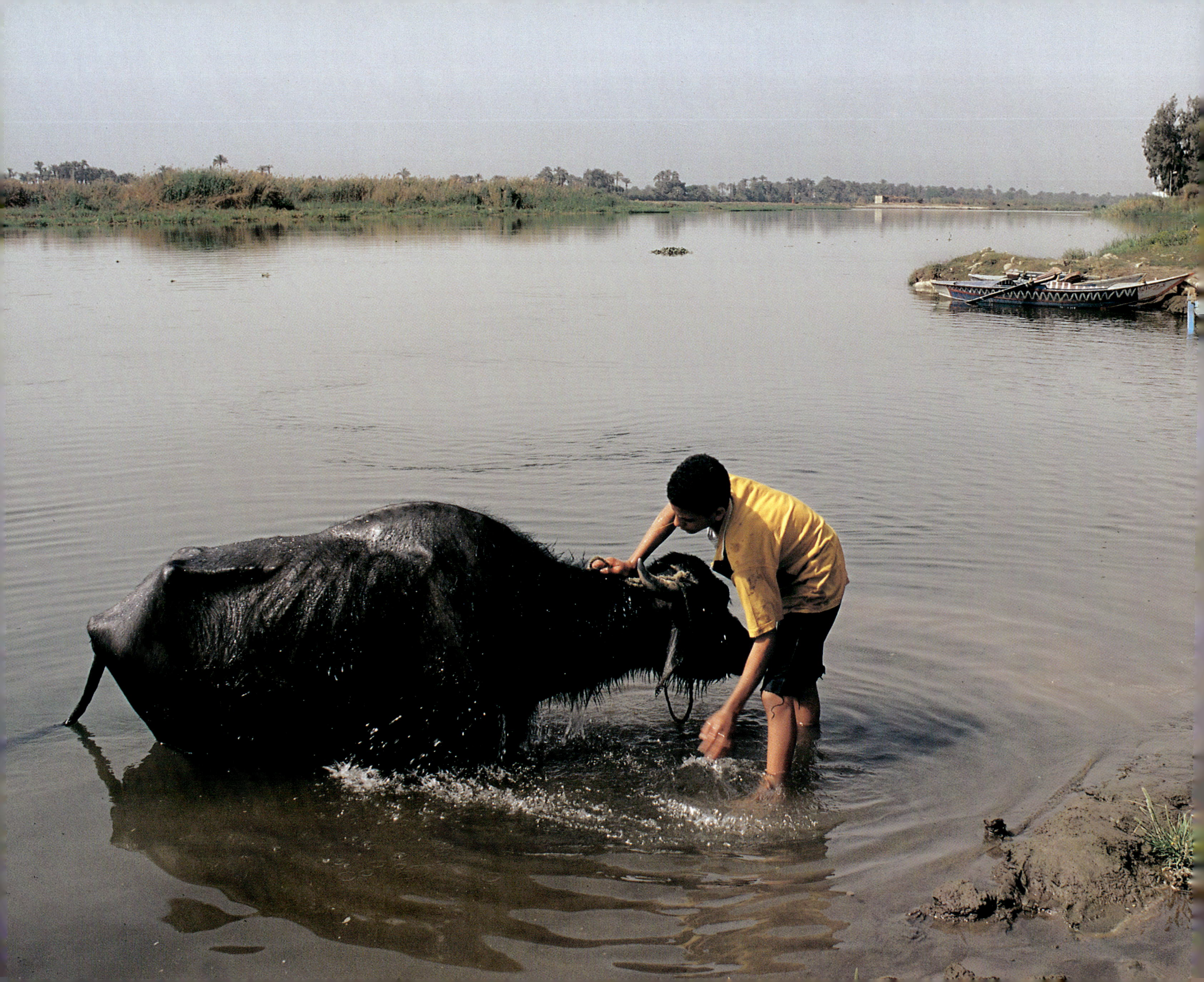

LA MOYENNE-ÉGYPTE
au fil du fleuve

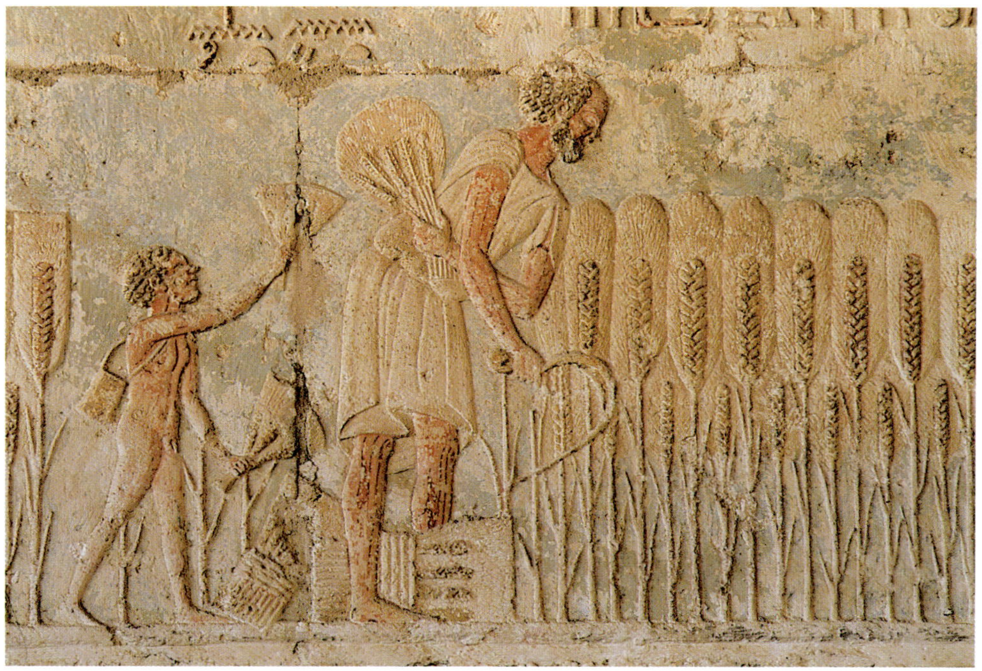

Une scène de moisson dans la tombe de Pétosiris à Tounah al-Gebel, au sud de Minya.

PAGE DE GAUCHE : **Jeune garçon lavant le buffle dans les eaux du Nil à Béni Hassan.**

La Moyenne-Égypte, c'est la partie nord de la vallée du Nil, séparant Le Caire de Louxor. Chez certains spécialistes puristes, l'Égypte se divise géographiquement en seulement deux entités : Basse-Égypte, pour le delta, et Haute-Égypte (ou *Saïd*), pour la vallée du Nil, qui sont des appellations historiques et géographiques précises ne laissant pas la place à une Moyenne-Égypte. Cependant, pour qui voyage dans la vallée du Nil, celle-ci présente deux zones distinctes : l'une entre Assouan et Louxor, l'autre de Qéna au Caire. En effet, la Moyenne-Égypte est le cordon ombilical qui, depuis la préhistoire, a relié la Haute-Égypte au delta du Nil. C'est la plus grande partie de la vallée du Nil en Égypte et elle offre une succession d'étapes, comme autant de perles dans un chapelet, des villes qui nous accueilleront au cours de notre périple.

N'oublions pas que nous poursuivons ce voyage en felouque, cette embarcation typique du Nil, avec son unique grand mât soutenant une immense voile blanche et sa coque avec son embout caractéristique. Une felouque peut accueillir jusqu'à six personnes et permet de savourer ce rythme millénaire tranquille, et de se rendre de temple en temple sur les flots du Nil qui invitent à la contemplation de la campagne égyptienne. Felouque se dit *felucca* en arabe, étymologiquement le mot vient de *faluca*, la traduction espagnole de *foulk* qui veut dire « navire » en arabe.

Avant la construction du Haut-Barrage, le fleuve inondait les berges chaque année et se retirait en déposant un riche limon qui rendait la vallée très fertile. Le rythme de ces cycles annuels organisait la vie dans l'Égypte ancienne. Ainsi la religion et le calendrier étaient centrés autour de ces crues. Pratiquement tous les temples qui jalonnent la vallée du Nil possèdent un « nilomètre », un large puits portant des graduations qui servaient à mesurer et prédire l'amplitude de la montée des eaux. La vie et les ressources de millions de personnes dépendaient de ces prévisions. Elles étaient utilisées par les rois pour déterminer le montant des impôts en fonction du volume des récoltes.

Le long de la vallée du Nil, le temps semble s'être arrêté et la vie proche des temps anciens : dans les champs, les mêmes scènes se répètent, jour après jour. Quant aux maisons, dans les petits villages, elles sont encore en briques crues, mais de plus en plus remplacées par celles en béton armé, serrées les unes contre les autres pour ne pas mordre sur les terres fertiles. Seules les antennes de télévision et les paraboles, qui se sont multipliées ces dernières années, gâchent le paysage et nous rappellent que nous sommes au XXIe siècle. Sur les rives, s'étalent de larges étendues cultivées (palmeraies, champs de canne à sucre) et beaucoup d'acacias les entourent avec leurs branches fleuries. De rares chadoufs et des norias, qu'on appelle localement *saquiyya*, grincent toujours en puisant de l'eau, mais les pompes sont de plus en plus répandues et leurs moteurs rompent l'atmosphère paisible, effrayant les centaines de hérons nichés dans les branchages.

La Moyenne-Égypte est une région très plate. Du point de vue archéologique et historique, en dehors de Tell el-Amarna, l'éphémère capitale d'Akhenaton, aucune capitale ou grande nécropole royale ne fut édifiée dans la région. Elle est, par conséquent, moins fréquentée par les touristes. Il n'en reste pas moins que la Moyenne-Égypte n'est pas un désert, que l'on y trouve des sites tout à fait dignes d'intérêt, et que l'accueil n'y est pas moins chaleureux qu'ailleurs.

Le dénominateur commun de la Moyenne-Égypte est la culture de la canne à sucre, et les raffineries qui la transforment. Un peu partout, les champs de canne à sucre s'étendent jusqu'à l'horizon, reliés entre eux et à l'usine centrale par un petit chemin de fer spécifique destiné au transport de cette précieuse récolte puisqu'elle sert à la fabrication à la fois du sucre, du vinaigre, du papier et du bois en aggloméré. Une partie de la bagasse séchée sert également de nourriture aux chevaux et aux ânes, tandis que le troisième niveau de raffinage de la canne à sucre part sur le marché vers les magasins de jus de fruits, et les enfants en sucent dans la saison de récolte. Souvent, l'usine centrale comporte une cité pour les ouvriers et les fonctionnaires, qui offre logements, services de la vie quotidienne, écoles et hôpital.

Une autre production importante de la région, qui se concentre à Qéna et ses environs, est celle des gargoulettes, *qoulla* en égyptien, et des grandes jarres, *zir* en égyptien, en terre poreuse fabriquées avec de l'argile mêlée de cendre d'alfa puis cuite. Le village de Ballas, dans les environs, où se concentrent les potiers, a donné son nom aux grandes jarres de terre

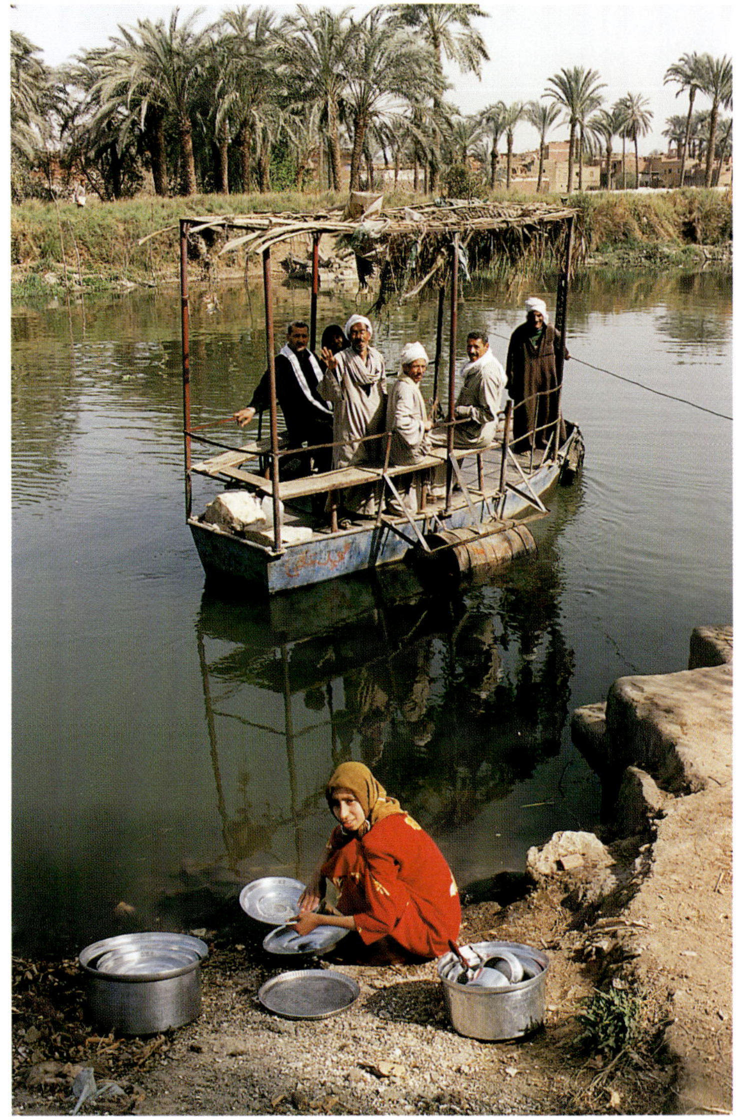

Sur le canal de Bahr Youssouf à Béni-Mazar, entre Minya et le Fayoum.

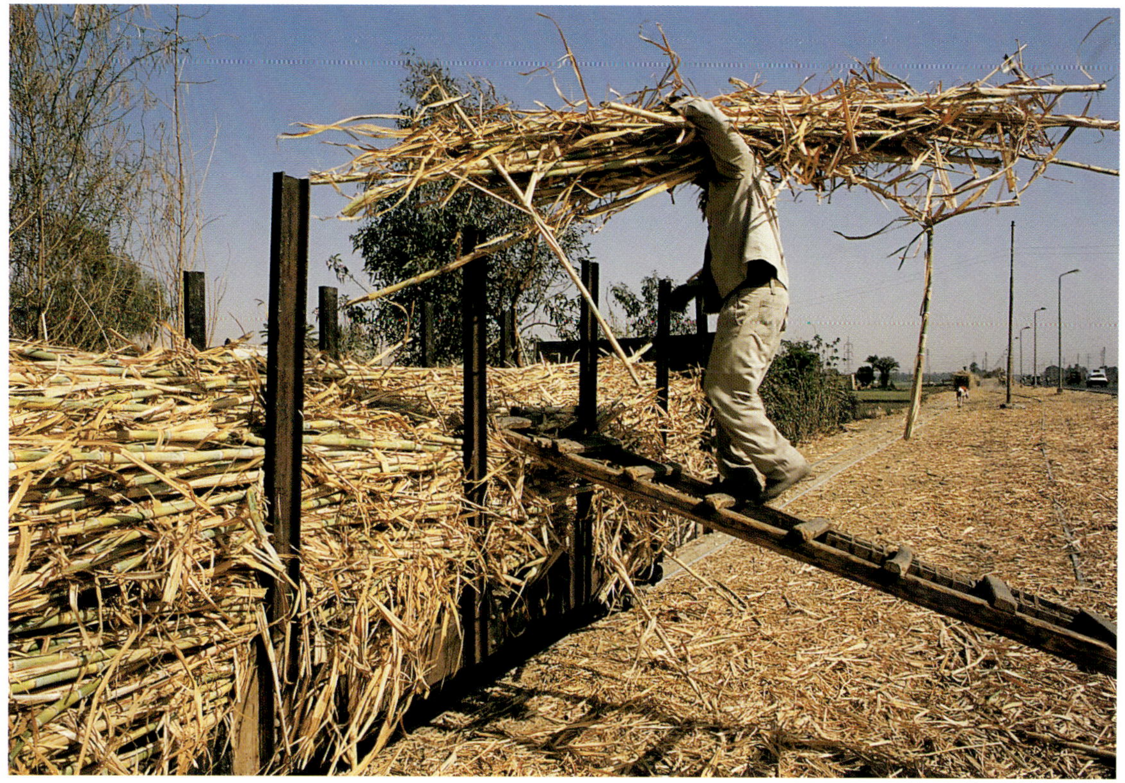

La canne à sucre est transportée par chemin de fer vers les raffineries de la Moyenne-Égypte.

cuite dont se servaient les femmes des fellahs pour s'approvisionner en eau avant l'arrivée des réseaux d'eau potable. La scène de leur aller-retour quotidien en groupe vers la rivière ou le canal le plus proche, avec les *ballas* légèrement inclinés sur leur tête, constituait une des plus fameuses scènes authentiques de la campagne égyptienne. Le transport de ces jarres vers le nord et le delta se fait encore pour beaucoup, malgré la concurrence des camions, au moyen de felouques surchargées qui représentent également une de ces scènes typiques.

Quittant Louxor vers le nord, une première étape dans les environs de Qéna nous conduit à Qus. Fondée en 1083 sur les restes de l'ancienne *Apollinopolis Parva*, cette ville était, à l'époque médiévale, la plus grande cité islamique d'Égypte après Le Caire. Principal entrepôt commercial de la région à l'époque, son port lui assurait un rôle important dans le transit des marchandises entre le Nil et *Al-Quseir* sur la mer Rouge. Avec sa jolie mosquée et différents bâtiments de l'époque islamique, elle fait aujourd'hui l'objet d'un projet égypto-allemand d'un montant de 246 millions de dollars, visant à construire une usine de fabrication de papier à partir de la bagasse, issue du raffinage de la canne à sucre. Dans les environs, nous retrouvons le village de Garagos, où, s'inspirant de l'expérience de Ramsès Wissa-Wassef à El-Haraniya du côté de Saqqarah, un jésuite français, le R. P. Ackermann, a créé un centre d'artisanat où des enfants, avec la liberté de leur imagination, produisent des tapisseries et divers objets de céramique typiques de la région.

La deuxième ville qui nous retient sera Dendérah. À 69 km au nord de Louxor, à 6 km au nord de Qéna, sur la rive gauche du Nil, cette cité s'appelait *Iounou*, puis *Iounet Tertorê* (« pilier » ou « arc » de la Déesse) puis *Tentyris* sous les Grecs, d'où le nom actuel légèrement déformé en arabe. Elle fut un grand centre administratif et religieux dès la IVe dynastie (vers 2320 av. J.-C.) et servit également de nécropole. Montouhotep II, souverain de la XIe dynastie, fit ériger une petite chapelle en calcaire (que l'on peut admirer aujourd'hui au Musée égyptien du Caire), mais l'édification du grand temple qui domine le site ne fut entamée que sous la XXXe dynastie, pour ne s'achever qu'aux époques ptolémaïque et romaine.

Ce grand temple d'Hathor est très bien préservé. Le bâtiment principal, quasiment intact, a conservé son toit de pierres massives reposant sur d'immenses colonnes, ses cryptes, ses corridors souterrains et ses escaliers ornés de hiéroglyphes. Comme le culte d'Hathor remonte à l'Ancien Empire, ce temple se dresse vraisemblablement sur des monuments antérieurs.

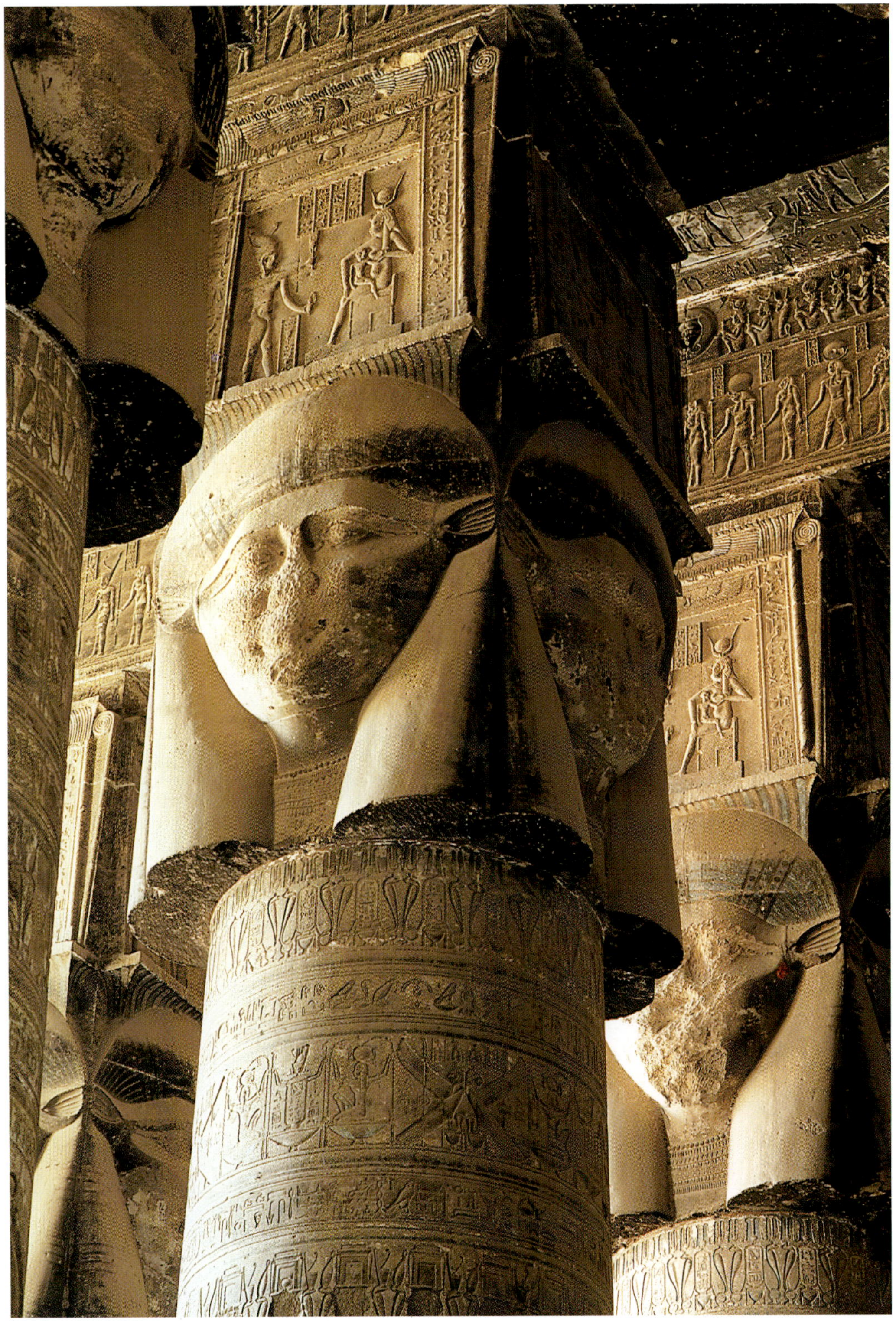

Hathor était généralement présentée sous les traits d'une vache, d'une femme à tête de vache ou d'une femme coiffée de cornes de vache enserrant le disque solaire. C'était la déesse bienfaisante du plaisir et de l'amour maternel et familial, de la beauté et de la lumière. Les Grecs l'assimilèrent à Aphrodite. Dendérah étant le lieu rituel où la déesse aurait donné naissance à l'enfant d'Horus, le temple se tient à la limite du désert, comme pour attendre son retour. De la cité elle-même, il ne reste que le village et quelques traces entre les champs et le désert.

Les fameux sites archéologiques de la Moyenne-Égypte se succèdent et nous arrivons sur un site qui nous interpelle avec toute l'émotion de sa valeur symbolique. C'est le berceau de la civilisation égyptienne, Abydos. Selon la tradition, c'est ici que fut retrouvée la tête d'Osiris après que son frère Seth l'eut assassiné, dépecé et jeté dans le Nil. Abydos devint ainsi un lieu de pèlerinage et d'inhumation de première importance. Entreprises depuis la fin du XIXe siècle, les fouilles archéologiques ont confirmé l'ancienneté du site en mettant au jour les tombeaux royaux des deux premières dynasties dont celui de Ménès, ainsi qu'une statuette du roi Kheops, la seule qu'on lui connaisse.

À 150 km au nord-ouest d'Abydos, nous arrivons à Sohag, une grande ville qui présente un centre de production textile et un lieu actif de la culture copte-orthodoxe. La région de Sohag à elle seule compte quelque dix monastères, dont les plus intéressants sont situés aux environs immédiats de la ville : le monastère Blanc,

Les chapiteaux hathoriques de la salle hypostyle du temple de Dendérah, dédié à Hathor, déesse de l'amour et du plaisir.

Les moines

Les moines qui vivent dans ces monastères encore en activité mangent et prient comme un seul homme. Ils sont rarement autorisés à quitter les lieux sauf pour raisons médicales ou religieuses. Leur journée commence à 3 h 45 par une prière collective, et parfois à 0 h 45 le dimanche pour prier sans interruption pendant six heures. L'office se déroule au rythme du triangle et des cymbales. À la lueur des cierges, les moines chantent les psaumes et les cantiques de la liturgie copte au milieu de nuages d'encens et des icônes aux yeux en amande. Ils sont drapés de noir pour évoquer leur mort symbolique puisqu'au moment où il entre dans la communauté, le moine fait en quelque sorte mourir son « moi » et quitte le monde des désirs terrestres. Ornés de treize croix brodées, les capuchons noirs des moines représentent « le casque du salut » (Épître aux Éphésiens 6 : 17). Les douze croix latérales symbolisent les douze apôtres. La treizième, à l'arrière, incarne le Christ.

Deir el-Abiad, et le monastère Rouge, *Deir el-Ahmar*. Le monastère Blanc doit sa renommée à l'abbé Shénouté, né vers 348 à Akhmim. La tradition veut qu'il ait reçu l'habit monastique à l'âge de sept ans. Des disciples furent attirés par sa réputation et le couvent se développa d'une façon spectaculaire. Il fut surnommé « l'abbé de fer » car il instaura une discipline rigoureuse et lutta fermement contre les cultes païens. De tempérament autoritaire, il se montrait toutefois charitable envers les pauvres. Il fut l'un des grands auteurs de la littérature

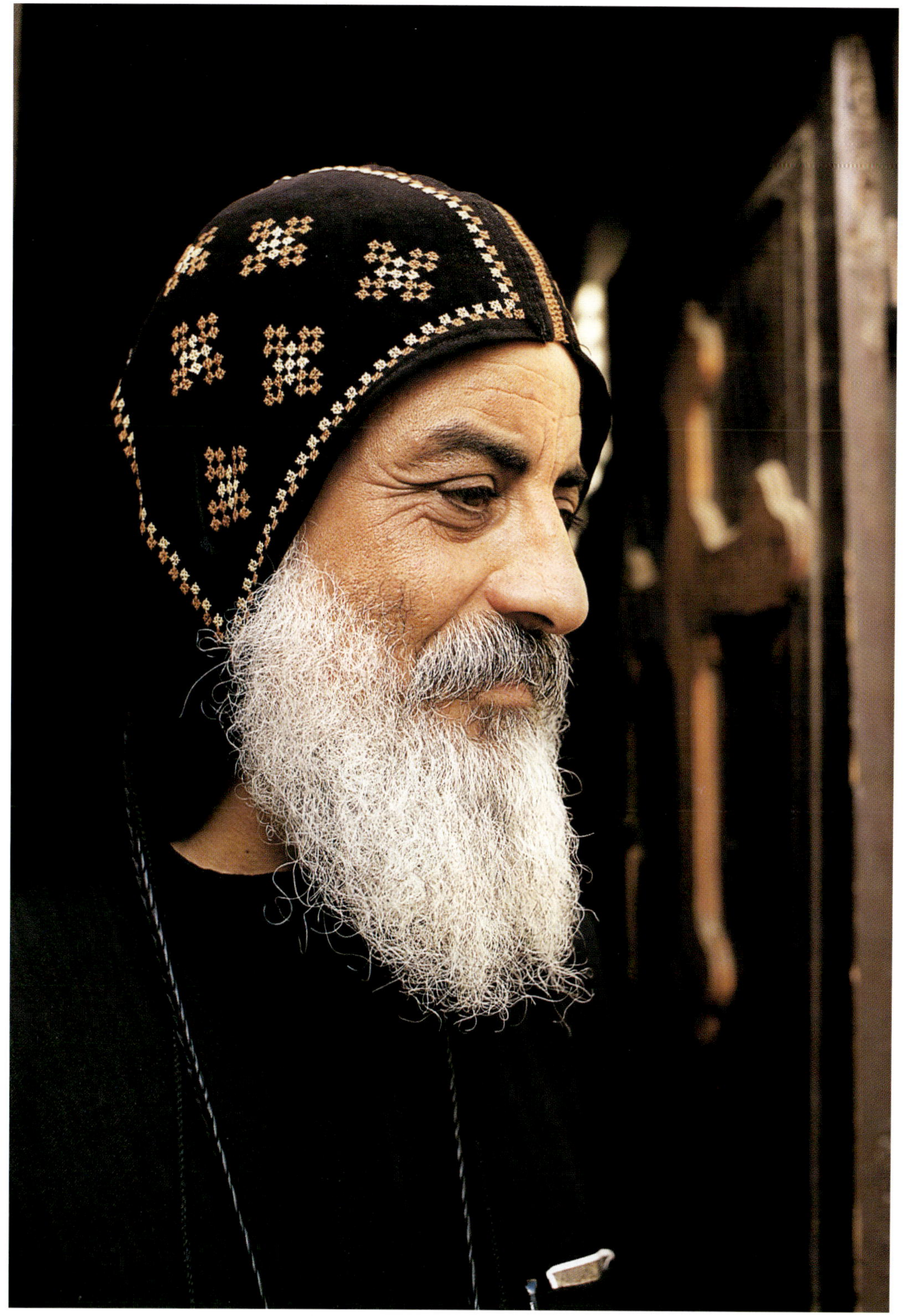

Le père Maximus du monastère Rouge, près de Sohag, originaire du monastère Saint-Antoine, près de la mer Rouge.

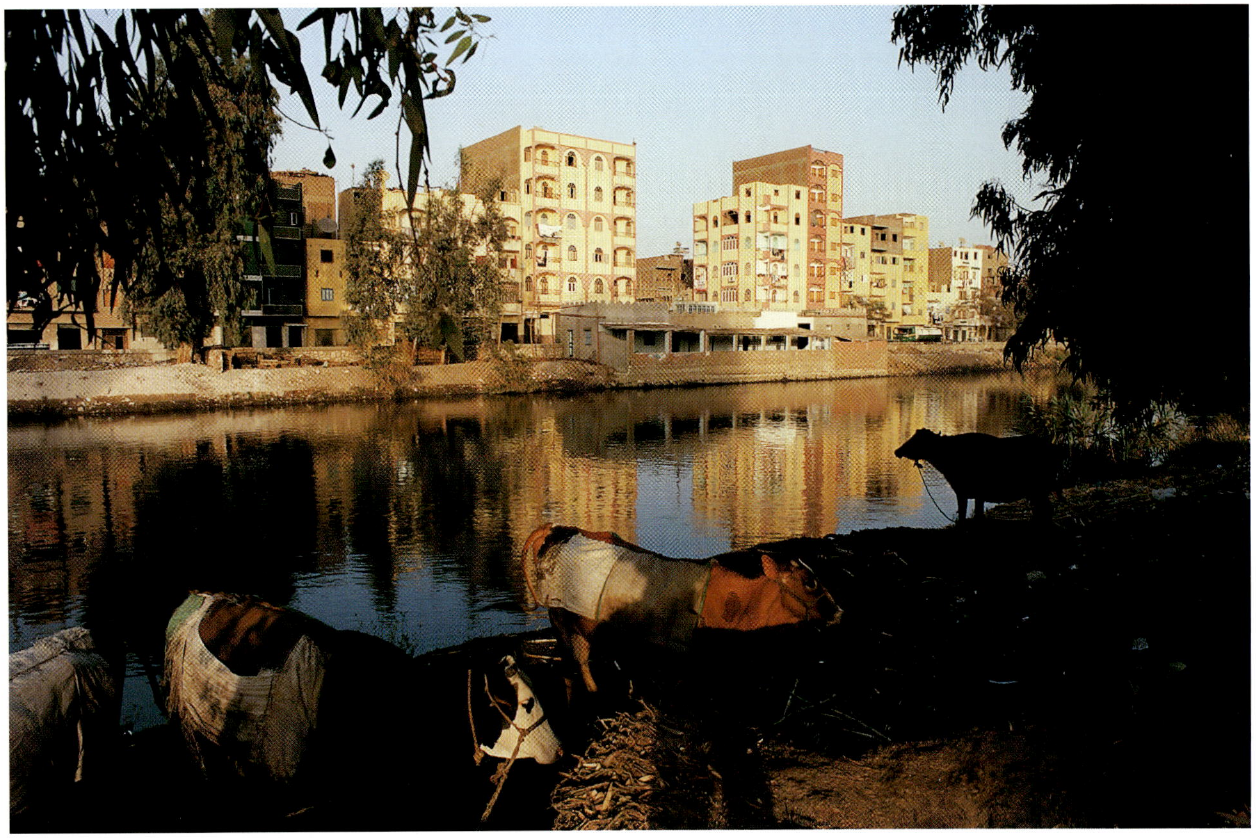

De part et d'autre du canal, à Sohag, les vaches et les immeubles d'habitation.

copte-orthodoxe et l'un des personnages clés de l'Église copte par le rôle qu'il exerça lors du concile d'Éphèse en 431. La basilique de Saint-Shénouté à l'intérieur du monastère date du Vᵉ siècle et contient de belles peintures murales des XIᵉ et XIIᵉ siècles, exécutées par des artistes arminiens et égyptiens. À 5 km au nord, se présente l'entrée du monastère Rouge qui doit son nom à la couleur de sa brique et qui date probablement de la seconde moitié du Vᵉ siècle. Il ressemble à son homologue blanc mais ses dimensions sont plus modestes.

Quelque 5 km au nord de Sohag, nous arrivons à Akhmim, principal centre de tissage et de fabrication des châles de coton frangés et rayés de couleurs vives, typiques des habits traditionnels en Égypte. Au début du XXᵉ siècle, on dénombrait cinq cents entreprises artisanales fabricant des pièces de coton ou de soie qui autrefois ont fait la renommée d'Akhmim. Jusqu'à nos jours, la plupart des tissus sont effectivement faits à la main. Destinés surtout à l'ameublement, les matériaux de tissage et le choix des motifs sont d'une qualité indéniable. Akhmim est aussi la ville du dieu Min. À l'origine, elle s'appelait *Khem-Min* et deviendra la *Panopolis* des Grecs. Le culte de Min se perpétua assez tard, jusqu'au milieu du VIIᵉ siècle de notre ère quand l'empereur Théodose ordonna la fermeture des temples aux cultes païens. Depuis quelques années, les découvertes archéologiques sont nombreuses et prometteuses. Une autre particularité de la ville est la présence d'une magnifique statue identifiée comme *Merit-Amon*, fille et épouse de Ramsès II, dont les lèvres portent encore les traces d'un rouge vermillon, et que les habitants surnomment *el-Aroussa* (la mariée).

À mi-chemin entre Le Caire et Louxor, Assiout est la plus grande ville de Moyenne-Égypte, capitale du *Saïd*, siège d'un gouvernorat et de la troisième université d'Égypte. Fondée à l'époque pharaonique sur

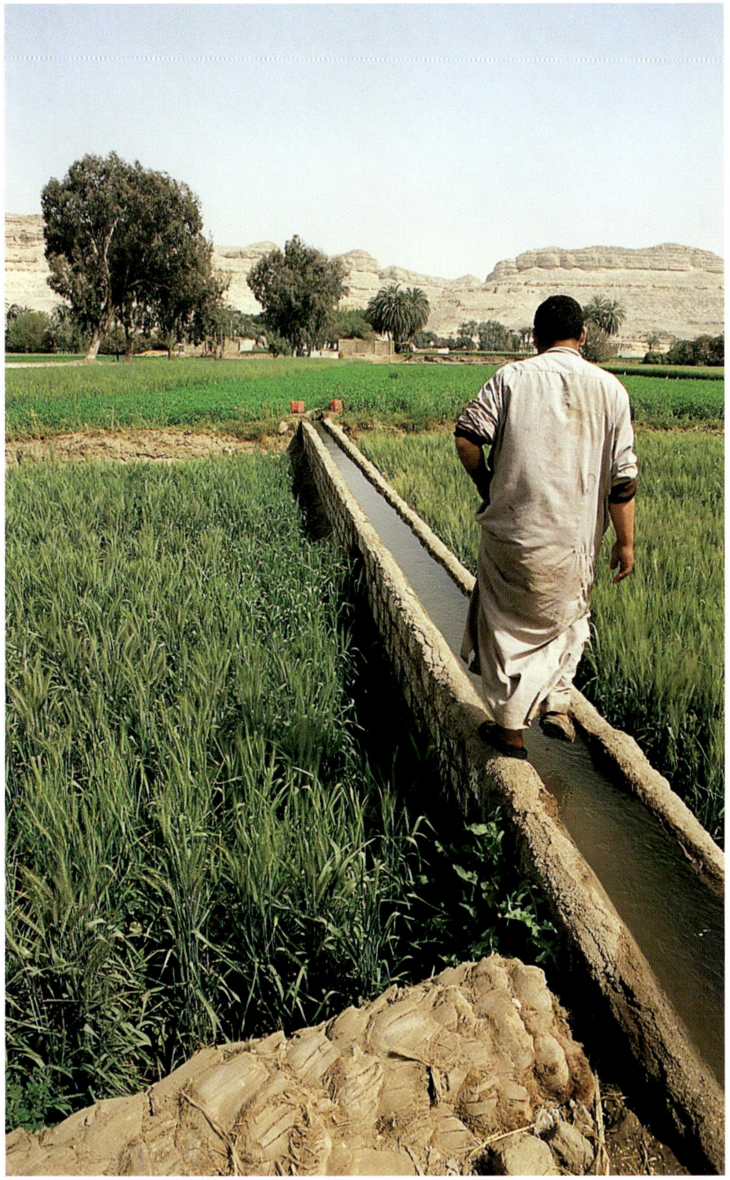

À Béni Hassan, un paysan contrôle l'irrigation de ses champs.

L'orphelinat Lilian Trasher

Malga'a Trasher, comme le nomment les Égyptiens, se dresse sur la rive est du Nil à environ 200 m du pont-barrage. Née à Jacksonville, aux États-Unis, Lillian Trasher arriva en Égypte en 1910, à l'âge de 23 ans ; l'année suivante, elle fondait cet orphelinat à Assiout. Il s'est tellement développé depuis qu'il est devenu le plus grand et le plus connu d'Égypte. Lillian Trasher ne quitta jamais son pays d'adoption et y mourut en 1961. Cet orphelinat représente un symbole de la charité chrétienne dans cette ville à forte concentration copte.

une vaste plaine fertile bordant la rive ouest du Nil, elle fut la capitale du 13e nome sous le nom de *Zowty*. Elle avait pour divinité principale le loup *Oupouaout*, « le guide des chemins », d'où son nom grec de *Lycopolis*. C'est la ville natale de Plotin, philosophe néoplatonicien qui vécut au IIIe siècle de notre ère. C'est principalement à l'époque musulmane que la ville prit son essor comme cité marchande, à l'extrémité de la route des Quarante-Jours, piste caravanière arrivant du Soudan à travers le désert *via* l'oasis d'Al-Kharga. Elle dut sa prospérité au commerce de produits du Darfour et son marché d'esclaves était l'un des plus considérables d'Égypte.

De nos jours, Assiout est avant tout un centre actif dans tout ce qui touche à l'industrie artisanale du tourisme. Ses spécialités d'artisanat sont vendues à travers le pays : tissage, poteries et travail de l'ivoire. Son marché couvert est très prospère et ses habitants, dont la moitié appartient à la communauté copte-orthodoxe, ont la réputation d'être des commerçants-nés. Sa corniche représente une belle promenade ombragée, et au nord le Nil est traversé par un pont-barrage construit en 1898-1902 sous la supervision britannique, afin de réguler les flots dans le canal *Ibrahimiyya* qui facilite l'irrigation de la vallée jusqu'à Béni-Souef. Une autre particularité de la ville est la présence du plus grand orphelinat d'Égypte, l'orphelinat Lilian Trasher.

Dans les environs d'Assiout, nous pouvons visiter la nécropole de Meir, à côté du village qui porte le même nom et où sont inhumés des monarques du Moyen-Empire. La tombe la plus intéressante est celle d'*Oukhotep*, prêtre d'Hathor, dont les reliefs très naturalistes témoignent du plaisir de décrire des scènes de la vie provinciale dans toute leur spontanéité. Au début de l'ère chrétienne, les Coptes ont occupé ces tombes et supprimé des images, ce qui explique les nombreux visages effacés de certains dieux. La piste de Meir conduit également au monastère de la Vierge, *Deir el-Muharraq*. Fondé vers 350 de notre ère, il est le plus important de Moyenne et Haute-Égypte. Annuellement, du 21 au 28 juin, plusieurs dizaines de milliers de pèlerins viennent y commémorer la consécration de l'église de la Vierge, puisque ce monastère à Assiout est considéré comme l'étape la plus méridionale de la fuite de la Sainte Famille en Égypte.

Poursuivant notre voyage vers le nord en quittant Meir et *Deir el-Muharraq*, nous allons traverser de fameux sites archéologiques comme *Tell el-Amarna*, la capitale éphémère d'Akhenaton, dont il ne reste pratiquement que des ruines ; *Tounah el-Gebel* qui présente les vestiges d'une ancienne ville nommée *Tehni* et dont la base de la montagne proche est creusée d'un grand nombre de tombeaux ; pour terminer par la fameuse série des tombes aménagées dans la montagne de Béni

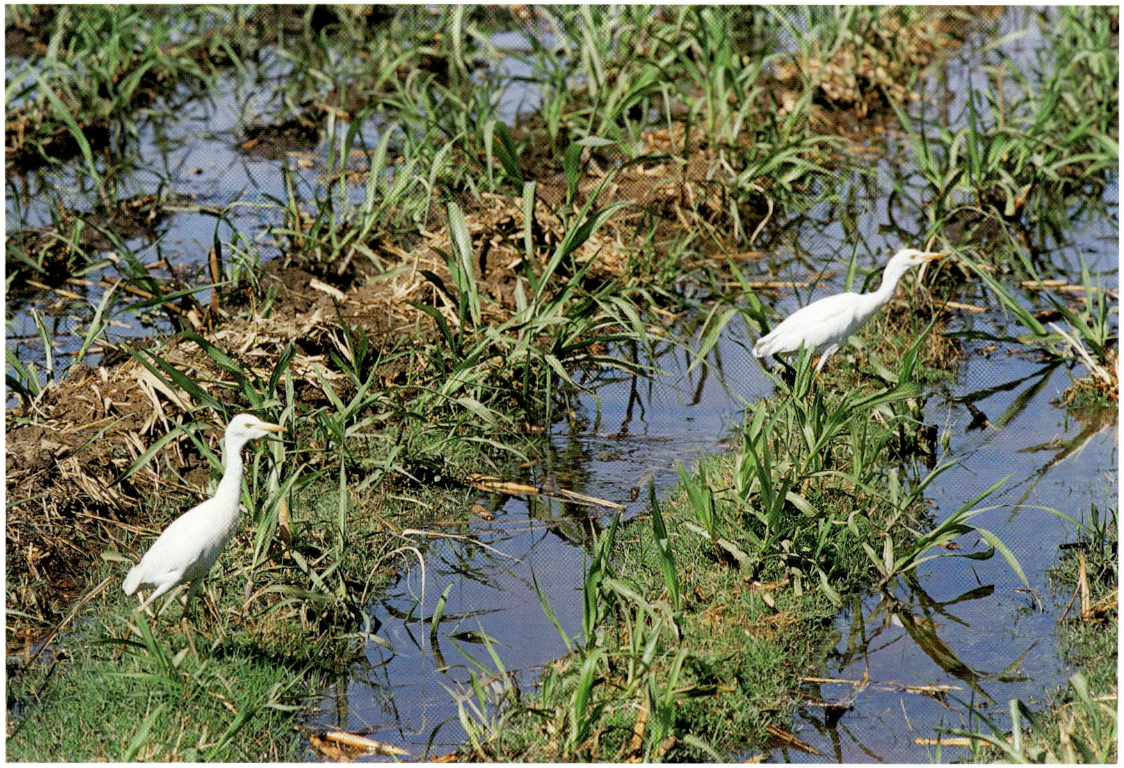

Les rives du Nil constituent un très riche biotope, peuplé d'une multitude d'oiseaux, que l'on retrouve représentés sur les peintures des tombeaux.

La fuite de la Sainte Famille en Égypte

Selon la Bible, Joseph, Marie et l'Enfant Jésus auraient fui en Égypte pour échapper aux massacres des Innocents ordonnés par Hérode, roi de Judée. Ils y seraient restés quatre ans, mais les textes ne fournissent aucun détail à ce sujet. La tradition égyptienne fait cependant grand cas de leur périple. Vers l'an 500, Théophile, patriarche de l'Église copte, vit en rêve les lieux où la Sainte Famille se serait arrêtée. De nombreux sites du delta et de la vallée du Nil revendiquent ainsi avoir été le lieu des miracles accomplis par les intéressés. Assiout constitue l'étape la plus méridionale de cette fuite. La multitude d'églises et de monastères anciens atteste du long enracinement de la religion chrétienne en Moyenne-Égypte. Depuis les célébrations de l'an 2000, les organismes touristiques ont beaucoup œuvré pour mettre en valeur et promouvoir cet itinéraire de pèlerinage.

Hassan, avant d'arriver à la grande ville de Minya, à 250 km au sud du Caire. Surnommée « *Arous el-Saïd* » (la fiancée du Saïd) par les Égyptiens en raison de sa beauté, Minya va nous accueillir par une belle corniche, longue et bordée de trois rangées d'arbres, qui se prête agréablement aux pique-niques et aux promenades en *hantour* (calèche), et un souk très animé qui se situe au sud du centre-ville.

Minya doit son relatif développement industriel aux raffineries de sucre et aux manufactures de savons et de parfum. Son architecture du centre-ville, avec quelques beaux édifices et de belles demeures coloniales délabrées du début du XXe siècle, témoigne du temps où elle était un centre prospère de l'industrie cotonnière. Sa population, qui comporte un fort pourcentage copte-orthodoxe, est très chaleureuse, sympathique, jeune et ouverte, surtout grâce à la présence d'une grande université.

Notre dernière étape, avant d'arriver au Caire et sa région, va nous faire dévier un peu de la vallée du Nil vers l'ouest dans le désert libyque pour arriver au Fayoum, vaste oasis d'environ 4000 km^2, autrefois entièrement recouverte par les eaux dont le retrait progressif a laissé aux Égyptiens des terres extrêmement fertiles. Toute la partie nord de l'oasis se trouve sous le niveau de la mer (45 m maximum). Cette dépression est encore occupée par un lac aux eaux salées, le *Birket Qaroun*, alimenté par un bras du Nil long de 400 km, le *Bahr*

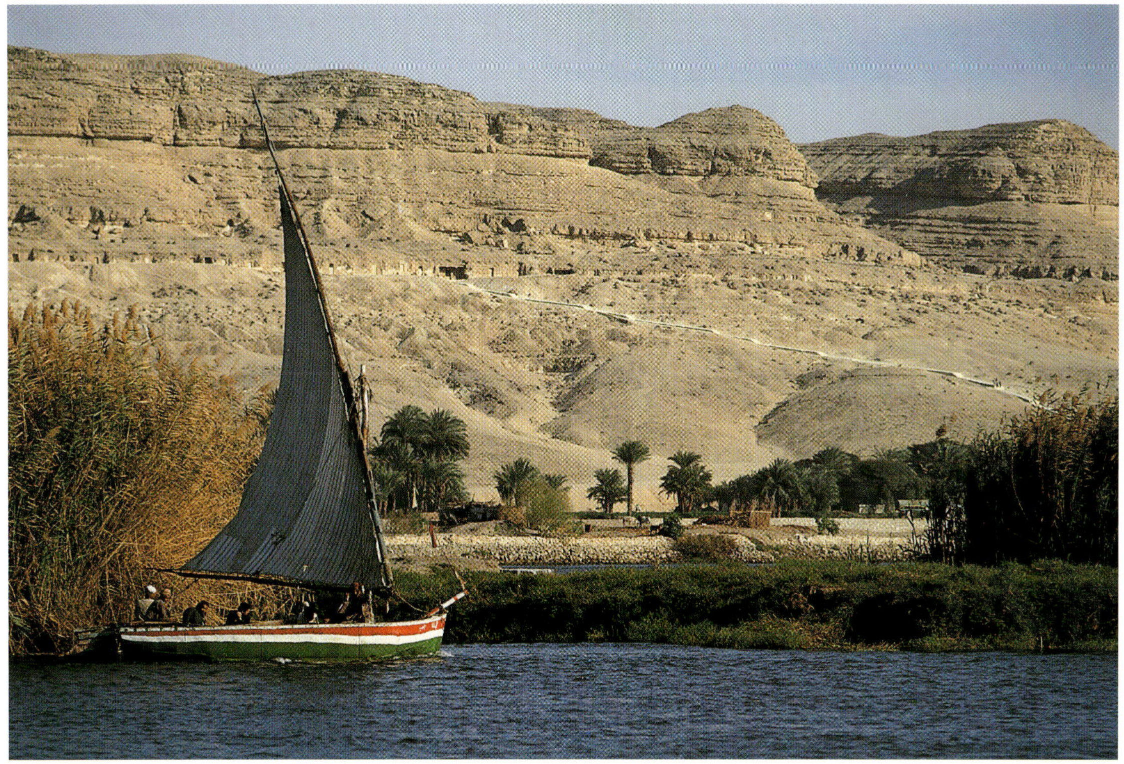

Le site des hypogées de Béni Hassan, creusés dans la chaîne arabique qui surplombe le Nil vers l'est.

Youssouf (le « canal de Joseph »). À 110 km du Caire, la ville la plus importante de l'oasis porte le même nom, Médinet al-Fayoum, et abrite 400 000 habitants parmi les 1,8 million qui peuplent les environs et se répartissent en cent cinquante-sept petits villages disséminés au milieu d'un paysage de sable et de champs.

Le nom provient de *Peiom* ou *Pa Yom* qui veut dire « lac » en copte, mais il désigne aujourd'hui toute la province. À l'époque de la XIIe dynastie, les pharaons entamèrent des travaux visant à limiter l'alimentation en construisant digues de protection ainsi qu'une écluse à *El-Lahoun*. À l'époque, le Fayoum était une zone marécageuse extrêmement riche du point de vue de la faune, servant de réserve naturelle pour la chasse et la pêche des pharaons. Les crocodiles étaient répandus dans la région, et, afin de s'en protéger, les Égyptiens divinisèrent cet animal et en firent le dieu *Sobek*, le dieu du Fayoum. Le lac ayant reculé à l'époque ptolémaïque, les digues furent supprimées et les marais ainsi découverts furent asséchés. De nouvelles digues furent construites qui délimitent approximativement le lac actuel. Des villes furent fondées et la région prospéra, puis se trouva progressivement délaissée à partir du IIIe siècle de notre ère.

Si le Fayoum ne jouit plus aujourd'hui de la même renommée qu'au temps des pharaons, son nom reste lié à la découverte des plus anciens portraits connus au monde qui constituent un jalon unique de l'histoire de l'art. Ces portraits dits « du Fayoum », exécutés entre 30 av. J.-C. et 395 de notre ère, reproduisaient fidèlement les traits du défunt, cependant plus jeunes qu'au moment de son décès, et étaient réalisés sur des panneaux de bois posés sur le visage des momies, ou peints sur bandelettes en lin ou en papyrus ; c'est une fusion des anciennes pratiques funéraires égyptiennes avec les traditions et coutumes gréco-romaines. Sur les quelque sept cents exemplaires recensés, la très grande majorité d'entre eux proviennent du Fayoum. Pour les réaliser, les artistes utilisaient une technique impliquant un mélange chauffé de pigments et de cire, dite à l'encaustique ou à la détrempe. Ils témoignent de l'habileté des artistes anonymes qui les ont peints,

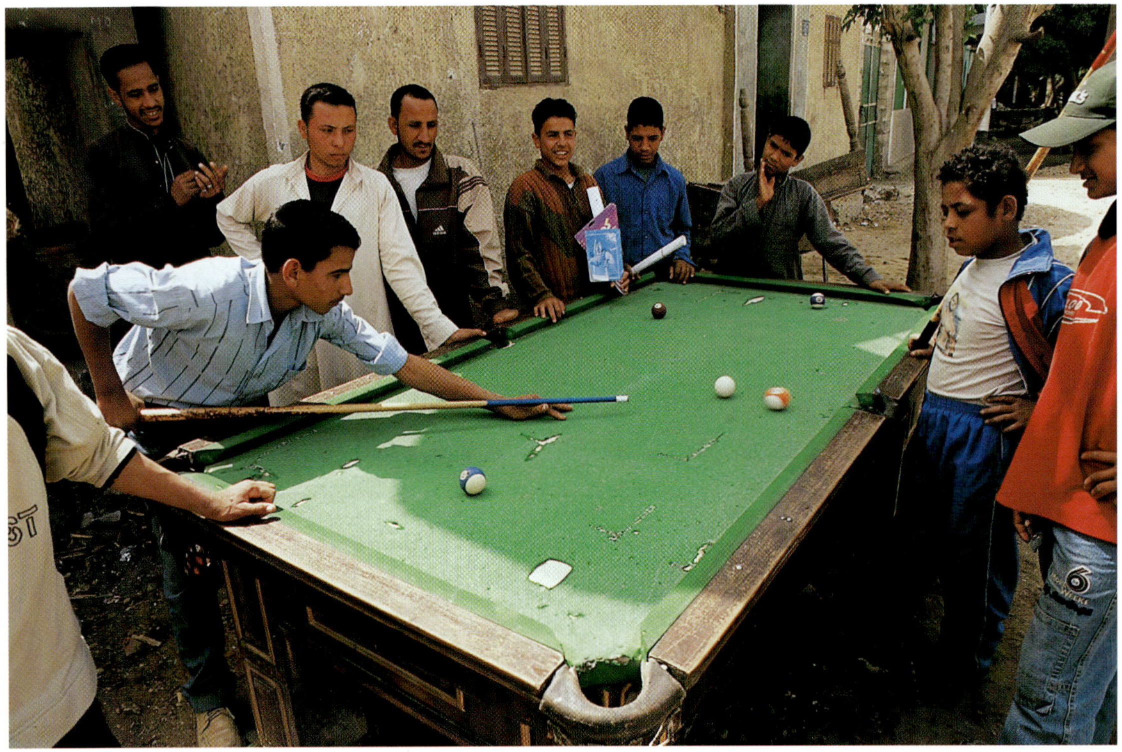

Une partie de billard dans les rues de Minya, marque de la globalisation au cœur de la société égyptienne.

et l'expression des visages est si universellement humaine qu'ils semblent, parfois, avoir été peints récemment. Ils sont exposés au Musée égyptien du Caire et dans les musées du monde entier.

En arrivant dans la ville de *Médinet al-Fayoum*, nous trouvons un trafic dense ponctué de coups de klaxon, des rues encombrées envahies de camions, de bus et de motos fumantes, mais la présence de norias en plein centre-ville – ils sont d'ailleurs le symbole du gouvernorat – a un effet apaisant et laisse deviner les vertes étendues qui s'ouvrent à seulement quelques centaines de mètres des portes de la ville. Une activité intense se déroule dans ce chef-lieu de province où nous pouvons voir travailler de nombreux artisans et parcourir un marché haut en couleurs. Le Fayoum est considéré comme le jardin de l'Égypte pour ses luxuriantes cultures maraîchères, ses plantations de canne à sucre et d'agrumes, ses noyers et ses oliviers, ses vergers d'orangers, de citronniers, de manguiers et de goyaviers, qui tous fournissent d'abondantes récoltes contrastant avec la sécheresse du désert. Le lac, les canaux et la végétation accueillent une faune très variée.

Pour avoir un aperçu de la vie rurale du Fayoum, il faut sortir de la ville en suivant le canal *Bahr Sinnuris*. Nous pourrons ainsi voir la première des sept grandes roues hydrauliques. Bien que très anciennes, elles sont toujours utilisées dans le système d'irrigation. À l'inverse de leurs équivalents occidentaux, ces grandes norias en bois ne servent pas à actionner des pompes mais en font office, utilisant ingénieusement le courant pour élever le niveau de l'eau et la diffuser ensuite dans divers canaux qui irriguent des parcelles plantées de tomates, d'oignons, de concombres, de persil et de riz. Une particularité de la population rurale de Fayoum est le partage du labeur des champs entre hommes et femmes. C'est une population franche, rustique, rieuse, accueillante et fière de sa particularité géographique, qui vit un peu en marge des rives du fleuve.

Deux sites naturels sont très importants au Fayoum : le lac Qaroun et le Wadi el-Rayan. À l'origine, le lac était une vaste étendue d'eau qui peu à peu s'est asséchée pour des raisons encore mal établies : effondrement géologique, infiltration, forte évaporation due au réchauffement climatique... Dans l'ensemble, le lac est peu profond, de 4 à 6 m en moyenne avec quelques « fosses » d'une dizaine de mètres.

Le pigeon

Le pigeon est un oiseau très apprécié en Égypte. Des élevages naissent tous les jours un peu partout. Nous pouvons voir s'ériger sur les terrasses des maisons, en haut même des grands immeubles du Caire ou d'Alexandrie, de petits dômes blanchâtres ou petits élevages particuliers. Dans l'oasis du Fayoum, de très beaux pigeonniers font partie intégrante du paysage. Ils sont formés de longues tours de pisé qui s'élance vers le ciel et constituent de véritables palais où des centaines de pigeons s'y accolent, roucoulent et se reproduisent. Les Égyptiens adorent ce petit oiseau romantique, toujours en couple, symbole d'amour et de paix. La tradition musulmane veut que le Prophète Mohamed, lors de son voyage vers Médine, fût protégé par un couple de pigeons qui installèrent leur nid sur la porte de la grotte, où il s'était caché avec son compagnon Abou Bakr, pour tromper ses ennemis Koraïchites.
Les Égyptiens se passionnent pour ces curieux élevages, soit pour le hobby des pigeons voyageurs, soit pour la nourriture puisque les pigeons farcis de riz ou de blé concassé sont un plat très apprécié de la cuisine égyptienne.

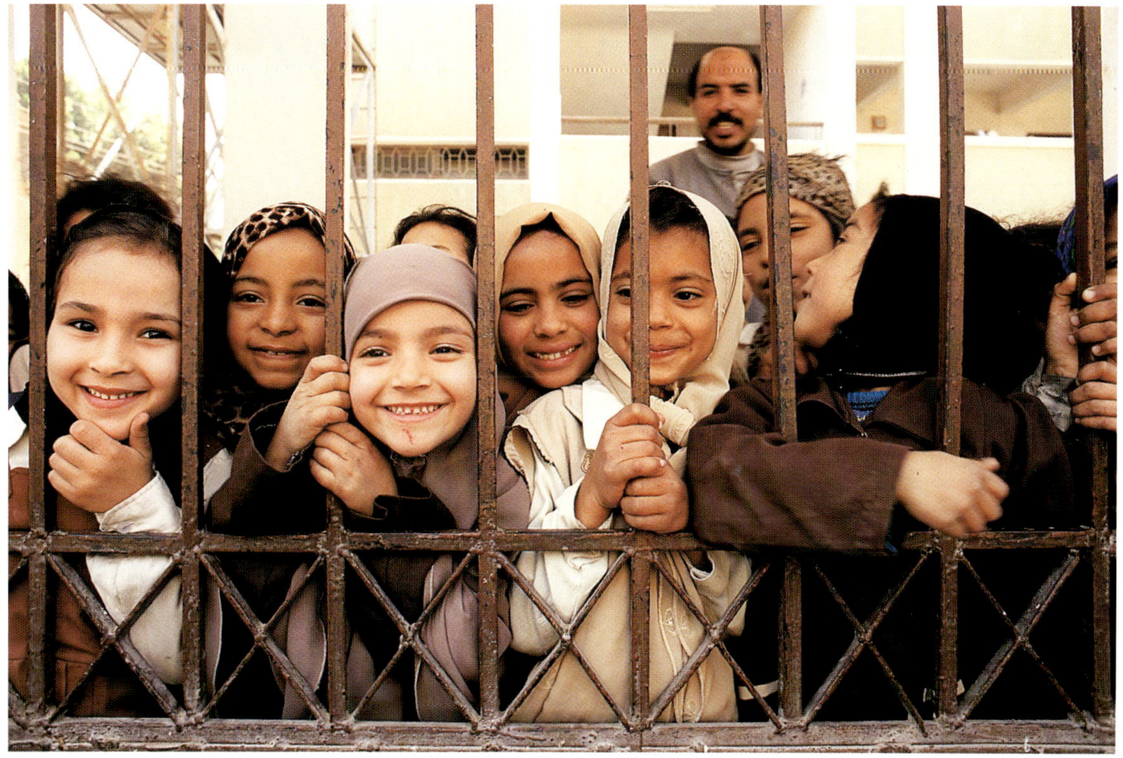

Jeunes élèves dans la cour d'une école de Médinet al-Fayoum.

Il s'étire d'une rive à l'autre sur 42 km de longueur et son point le plus large n'excède pas 9 km. La salinité de ses eaux ne permet pas de l'utiliser pour l'irrigation. Le lac fait actuellement office de station balnéaire, surtout sa partie nord qui est un vaste désert, et le gouvernement local tente de développer le reste de la zone pour le tourisme. Le paysage contrasté du lac lui confère un aspect inoubliable avec d'un côté toutes les nuances du vert de son abondante végétation, de l'autre, l'aridité crue et vive des jaunes du désert et des horizons dominés par les pigeonniers.

Quant à Wadi el-Rayan, c'est une réserve naturelle protégée à 30 km au sud-ouest du lac Qaroun. Dans les années 1960, les autorités égyptiennes entreprirent de grands travaux d'irrigation, créant ainsi trois lacs dans cette dépression naturelle de 675 km^2 située à 42 m au-dessous du niveau de la mer. Remplie avec le surplus d'eau de l'arrosage agricole, cette réalisation devait constituer la première étape d'un ambitieux projet d'assèchement des terres. Pourtant, les choses ne se déroulèrent pas comme prévu. L'un des lacs s'est asséché et les deux autres ont vu augmenter leur salinité. Les alentours sont toutefois assez verdoyants et plusieurs espèces d'oiseaux migrateurs y sont visibles. De petites cascades relient les lacs, conférant un aspect très agréable à ce paysage. Wadi el-Rayan est devenu un lieu de pique-nique apprécié des Cairotes, surtout le vendredi et les jours fériés.

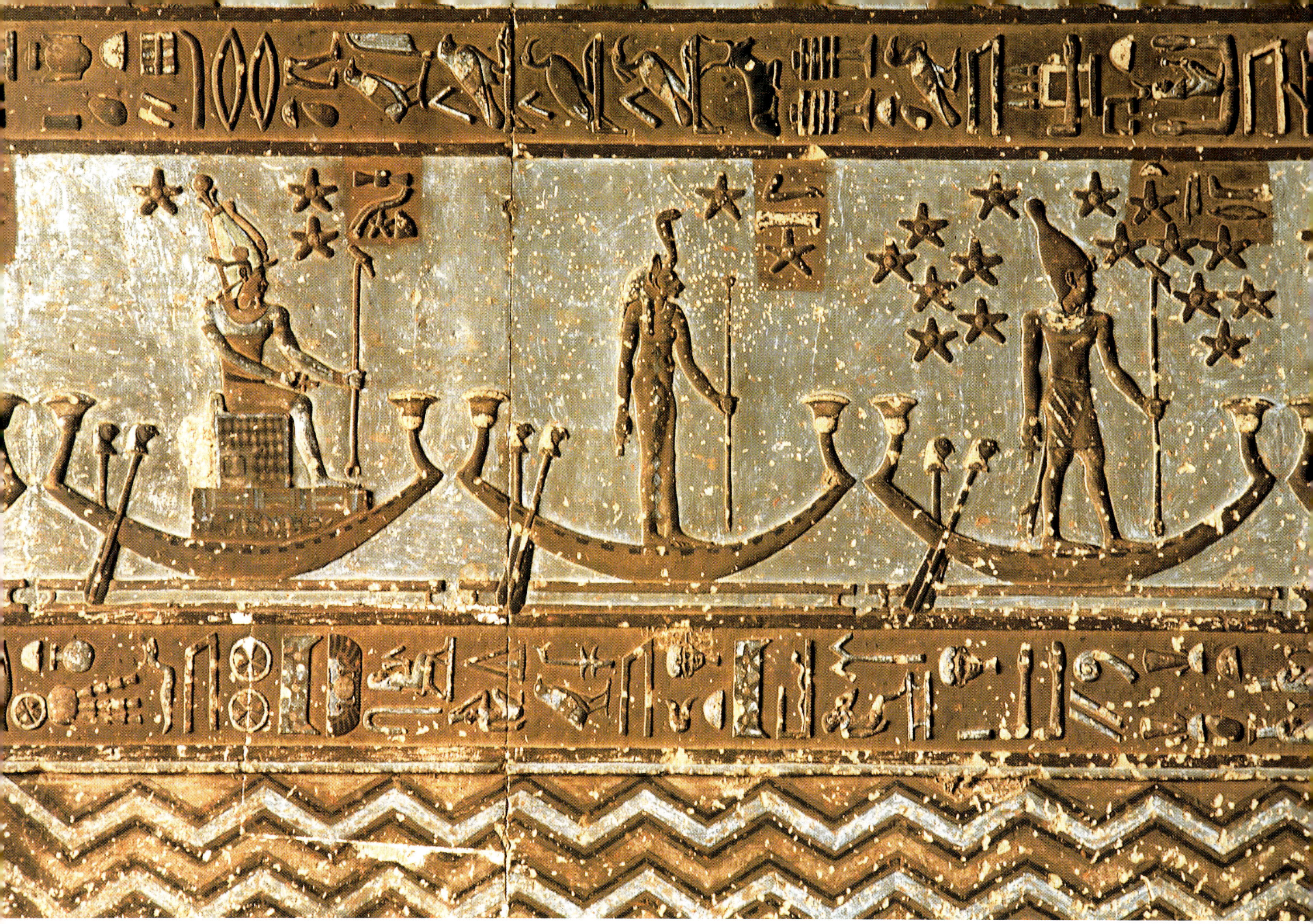

Des bas-reliefs peints représentant le ciel où naviguent les dieux ornent le plafond de la salle hypostyle du temple de Dendéra.

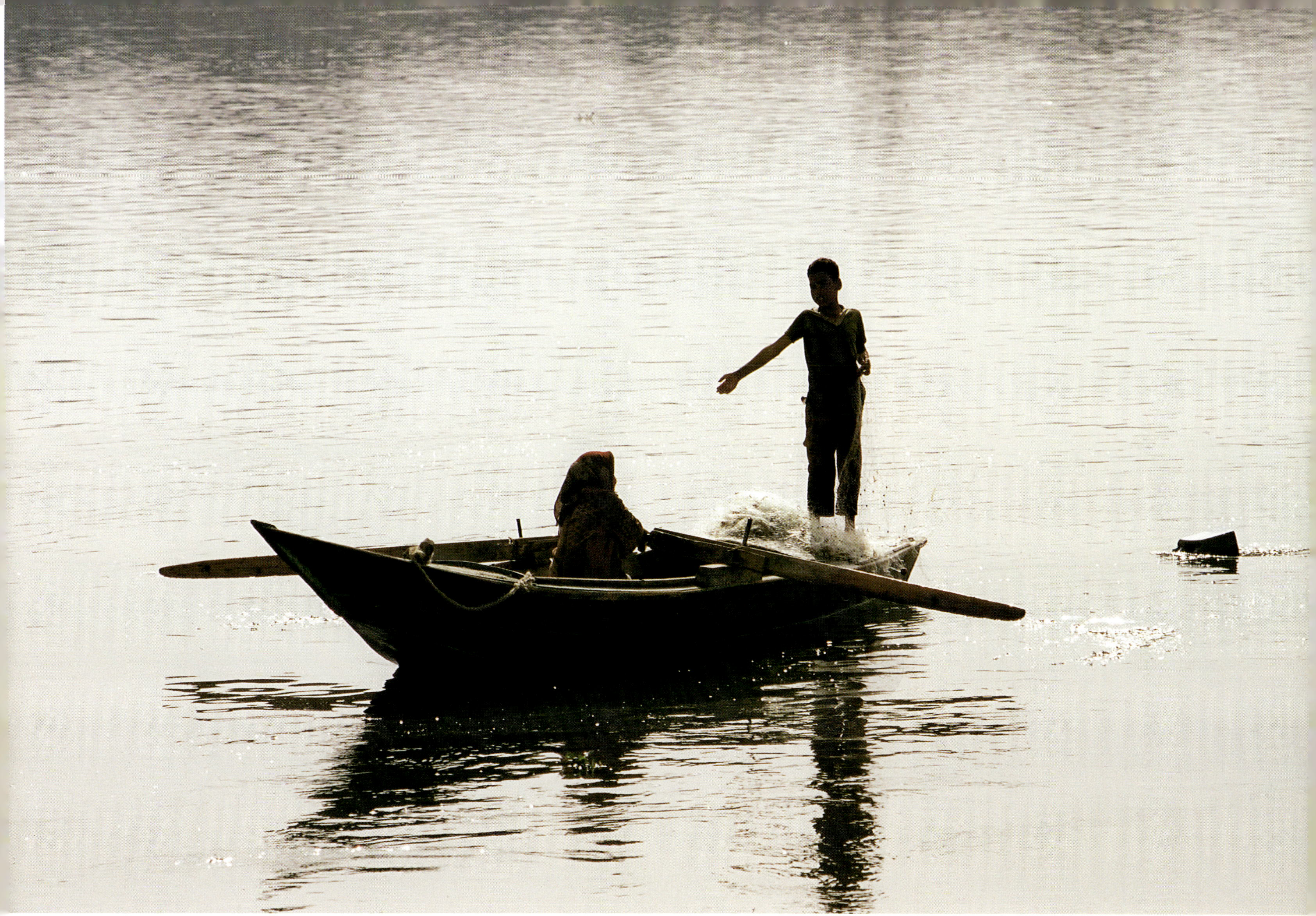

Partout sur le Nil se pratique la pêche, ici près d'Assiout, à partir de simples barques d'où sont jetés les filets.

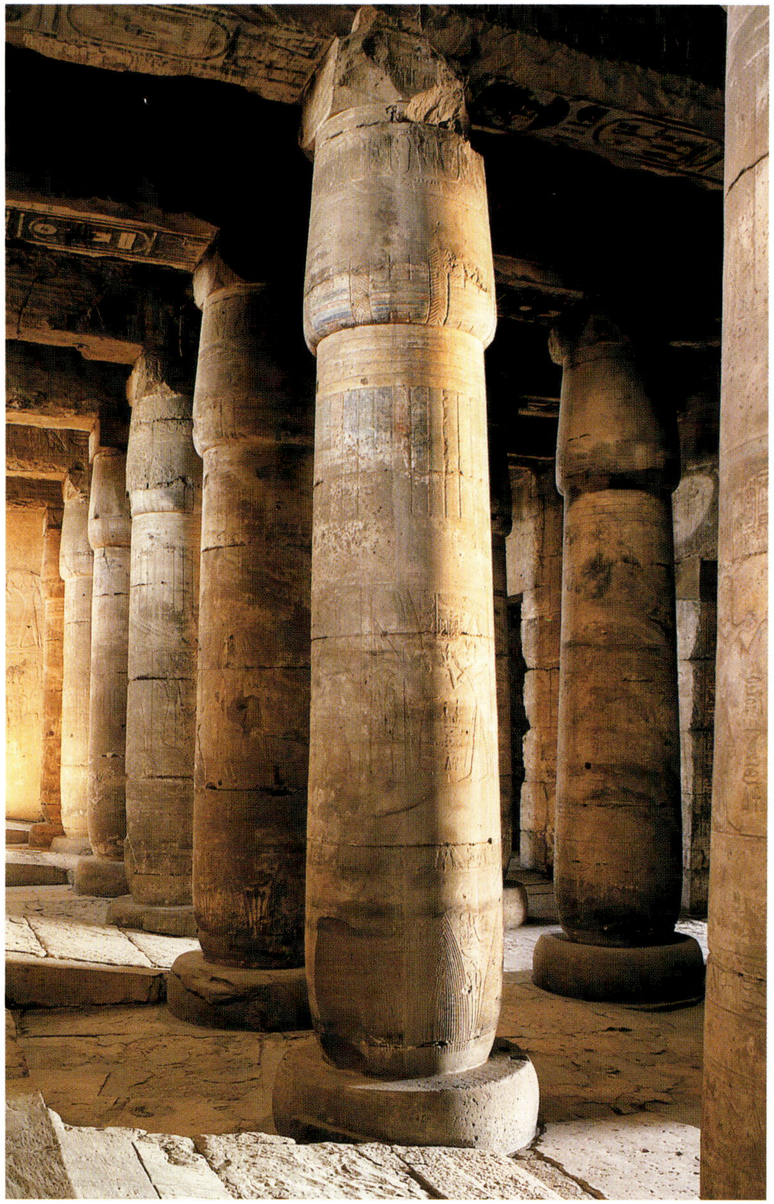

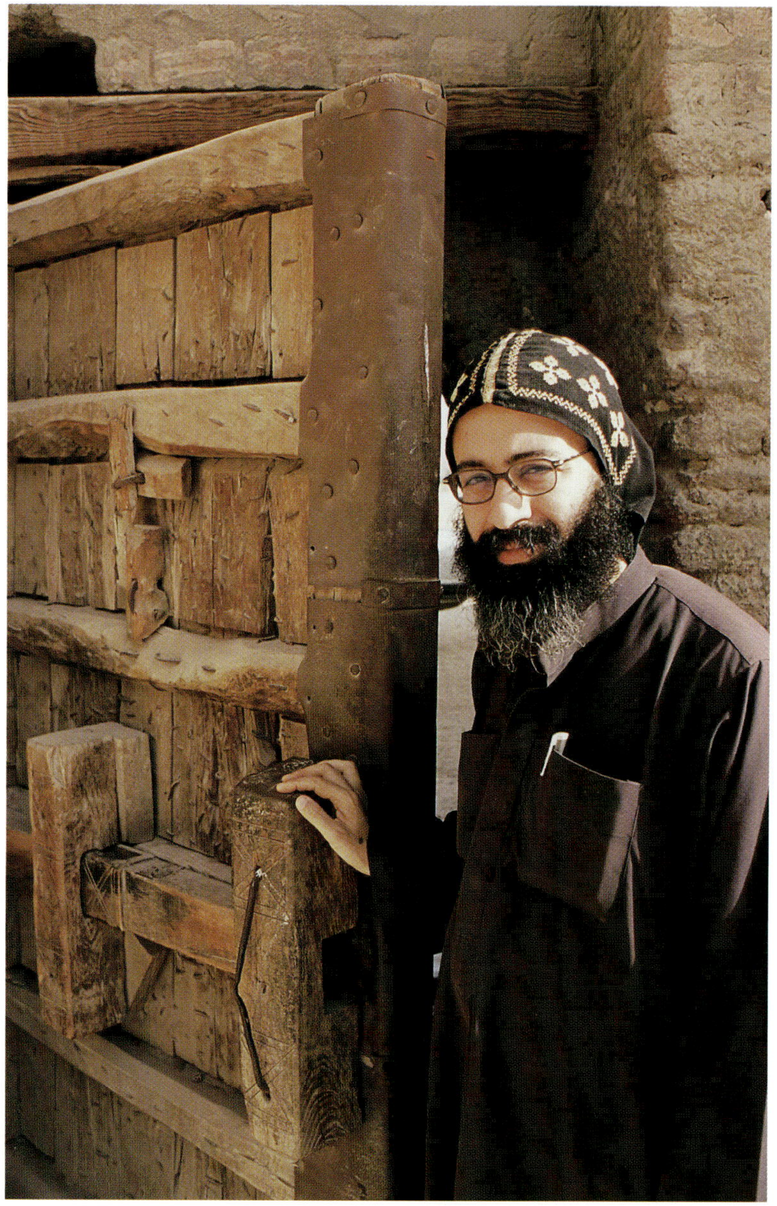

À GAUCHE : **La salle hypostyle du temple de Séthi Ier à Abydos, et sa double rangée de colonnes papyriformes monostyles.**

À DROITE : **Un moine copte devant la porte massive du monastère Blanc *(Deir el-Abiad)*, près de Sohag.**

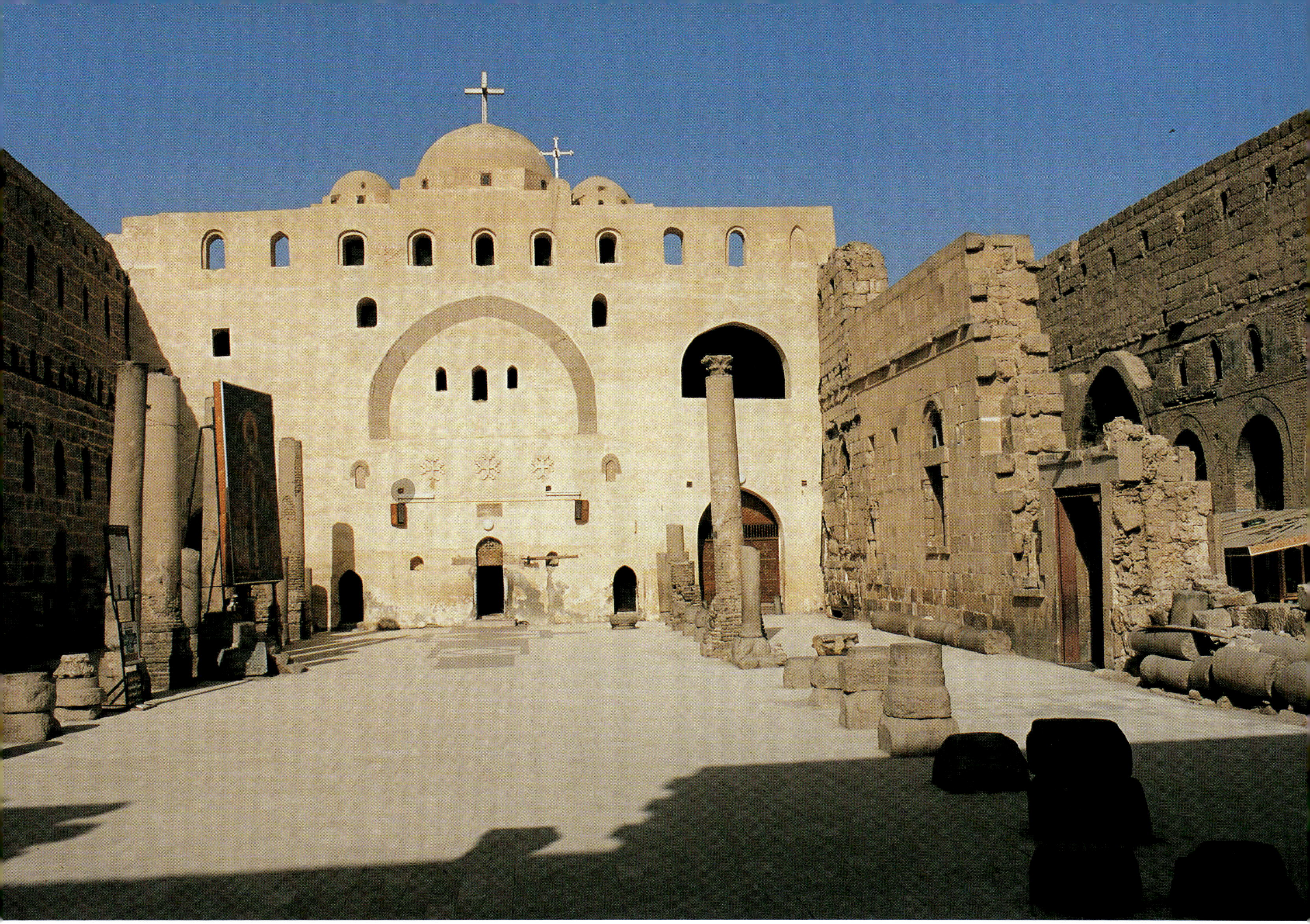

Les vestiges de la basilique du monastère Blanc, en avant du sanctuaire, encadrés par de hauts murs de calcaire blanc.

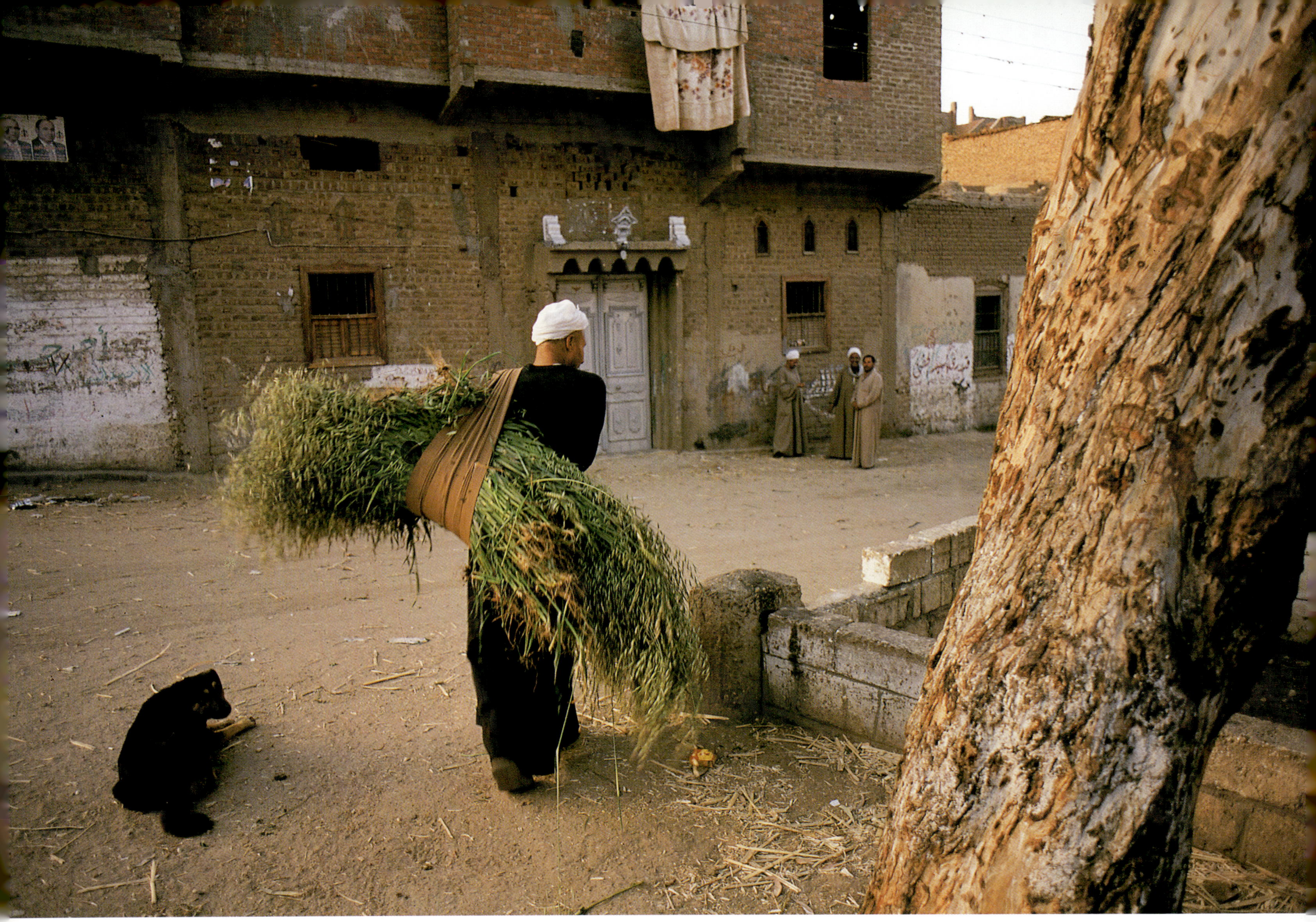

Dans les rues de Sohag, siège du gouvernorat de la région.

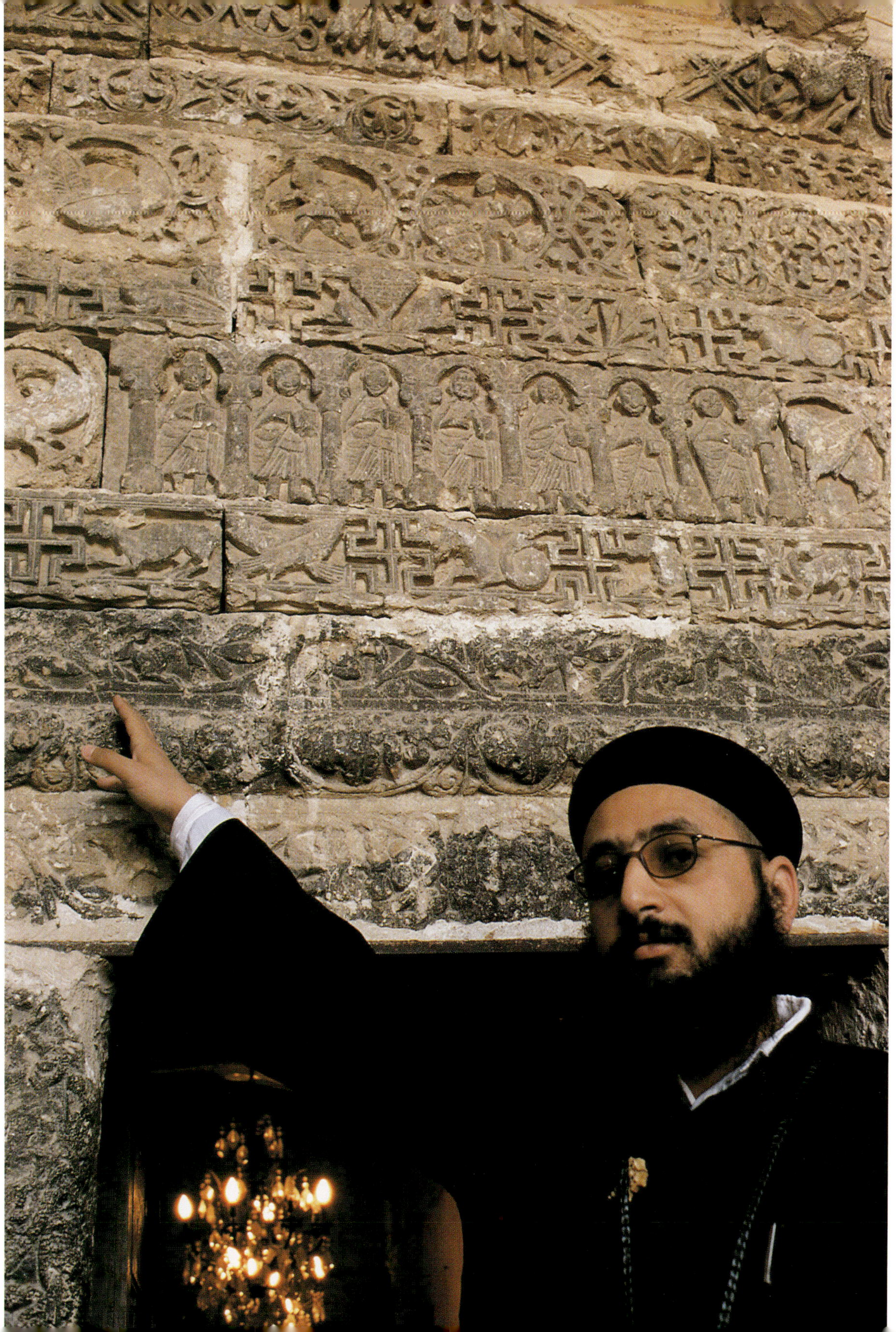

Un prêtre copte commentant les sculptures ornant l'entrée du monastère de la Vierge *(Deir el-Adra)*, situé au nord de Minya.

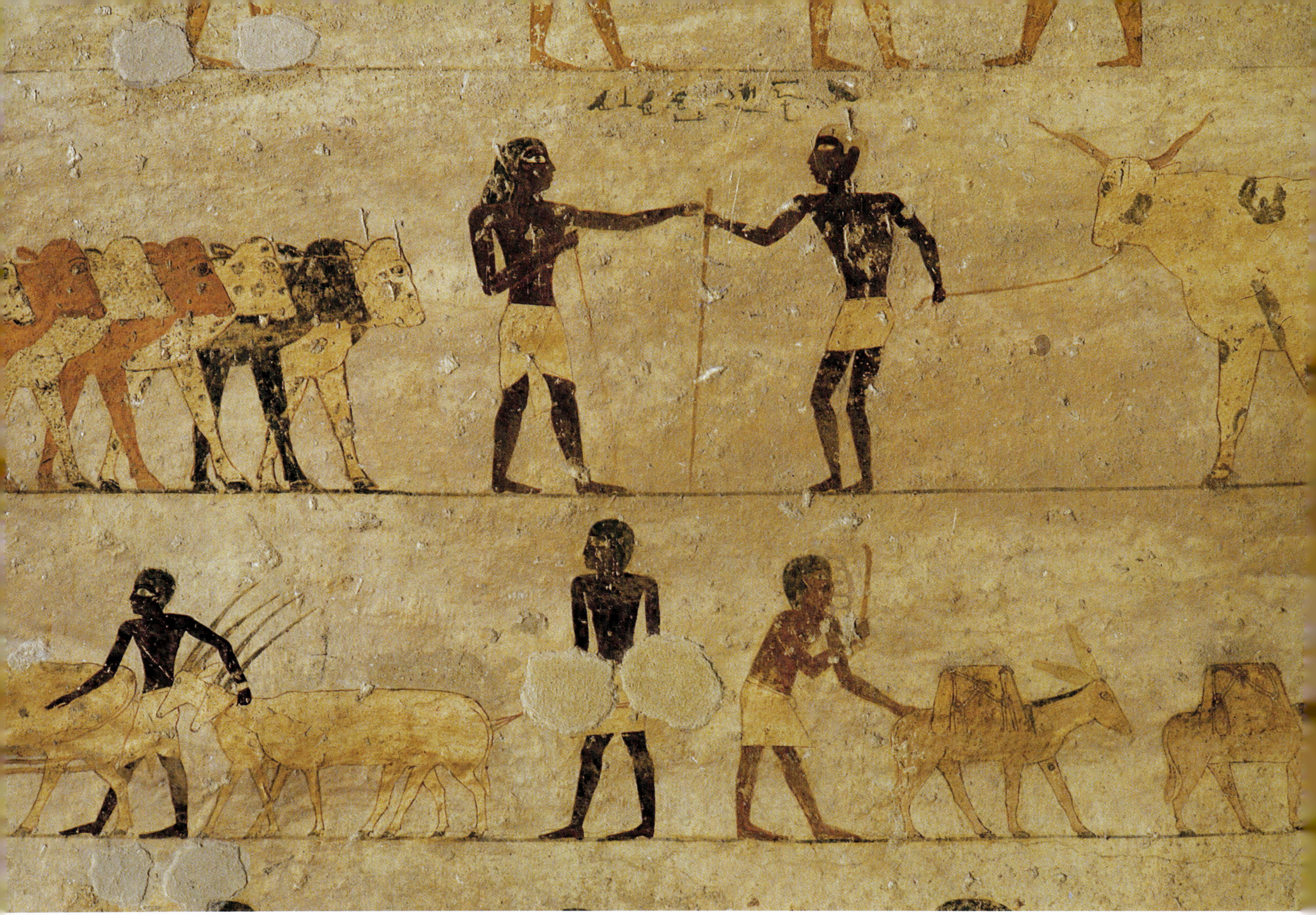

Scènes de la vie agricole peintes sur les parois de la tombe de Khéty à Béni Hassan.

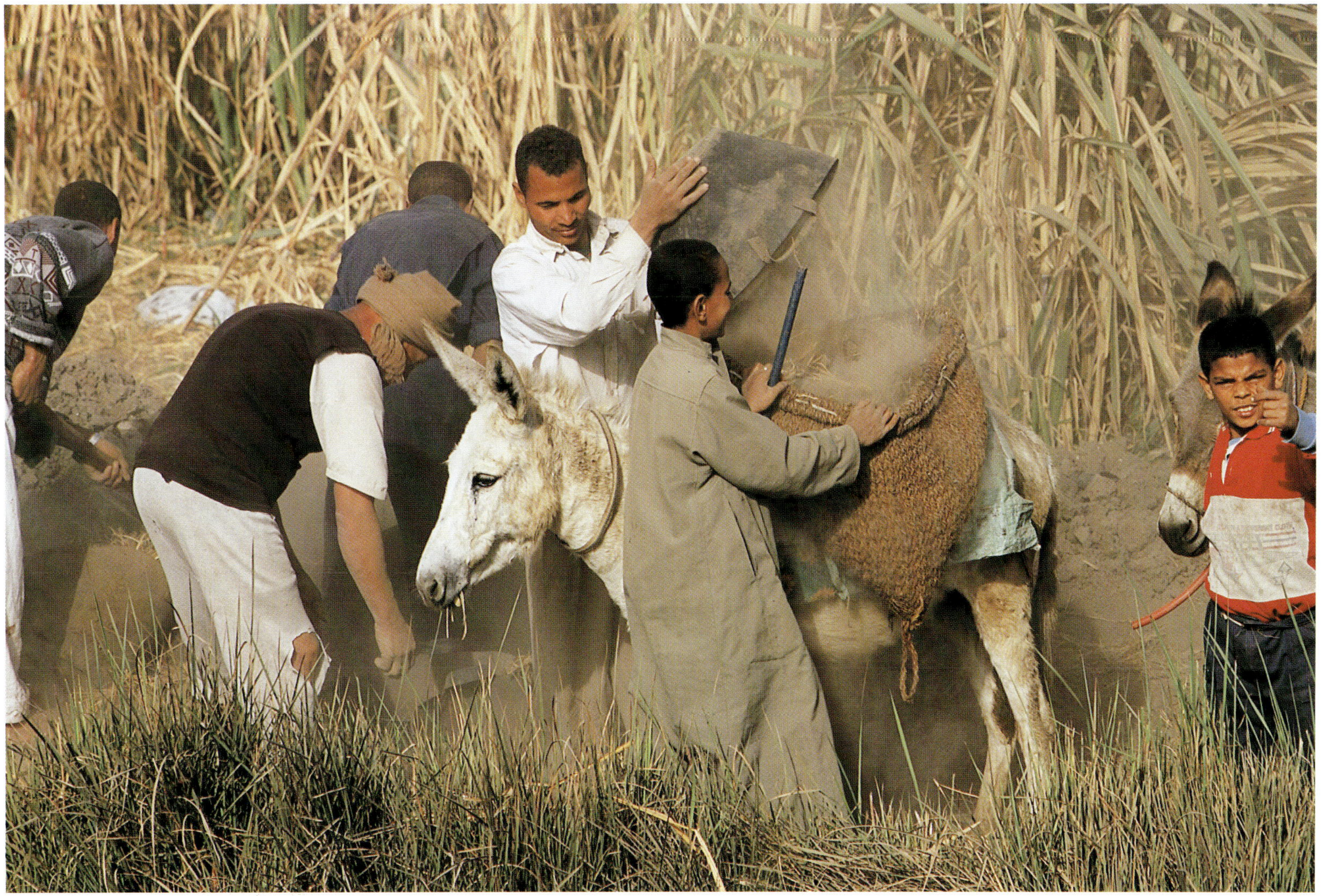

Non loin de Béni Hassan, une autre scène, contemporaine, du travail dans la campagne égyptienne.

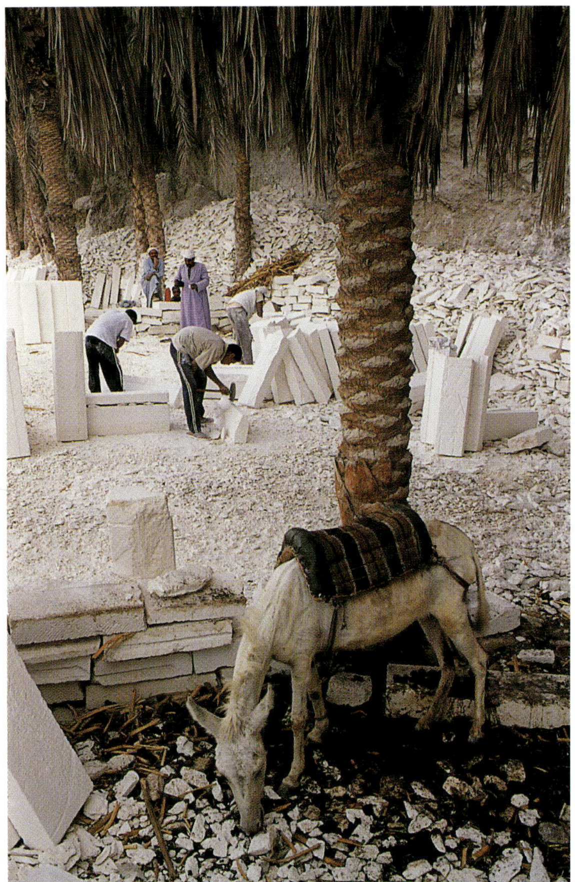

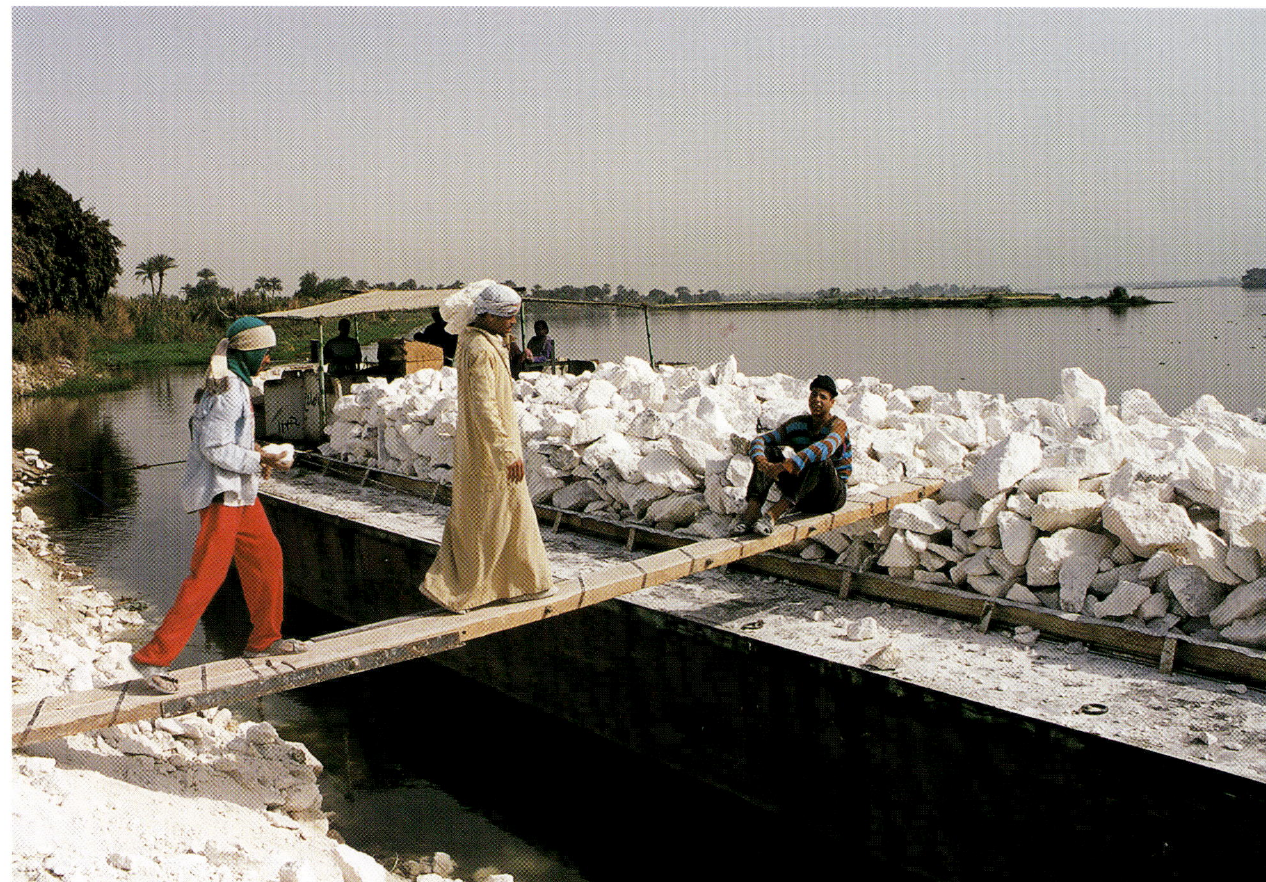

Les carrières de calcaire de Tounah el-Gebel, dont la production est transportée par barges sur le Nil.

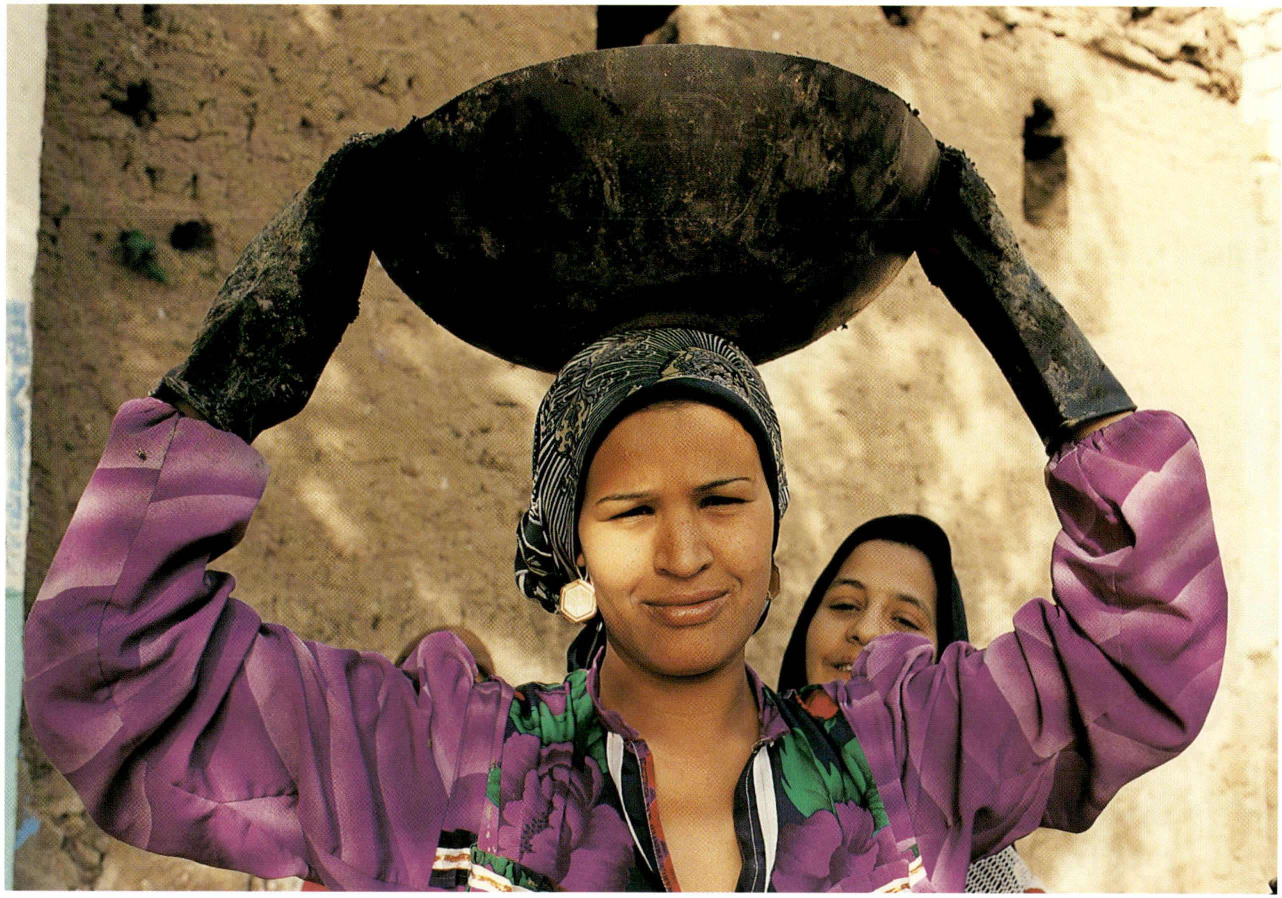

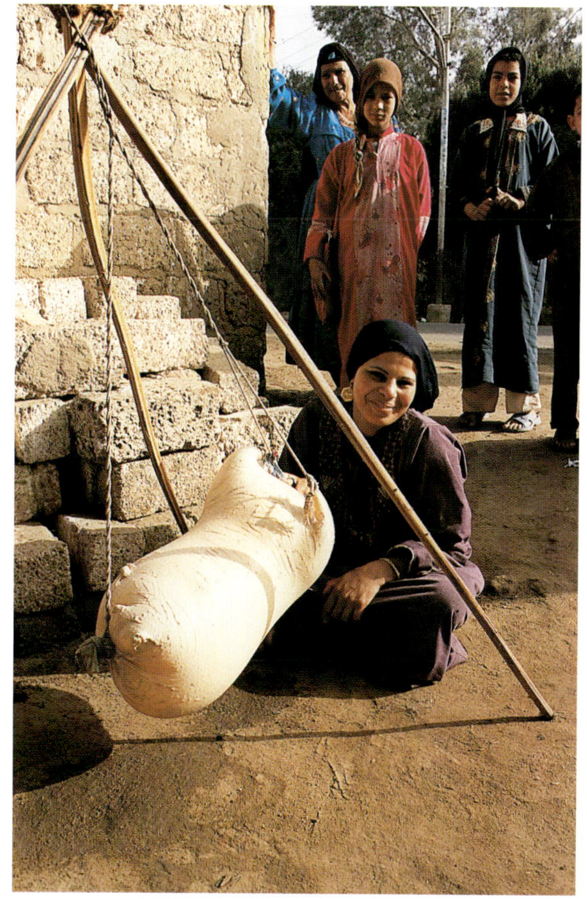

À GAUCHE : **Une jeune femme portant un *karawana* (récipient pour le mortier), à Tounah el-Gebel.**

À DROITE : **Fabrication du fromage traditionnel dans une outre en peau de chèvre, dans le village de Tounah el-Gebel.**

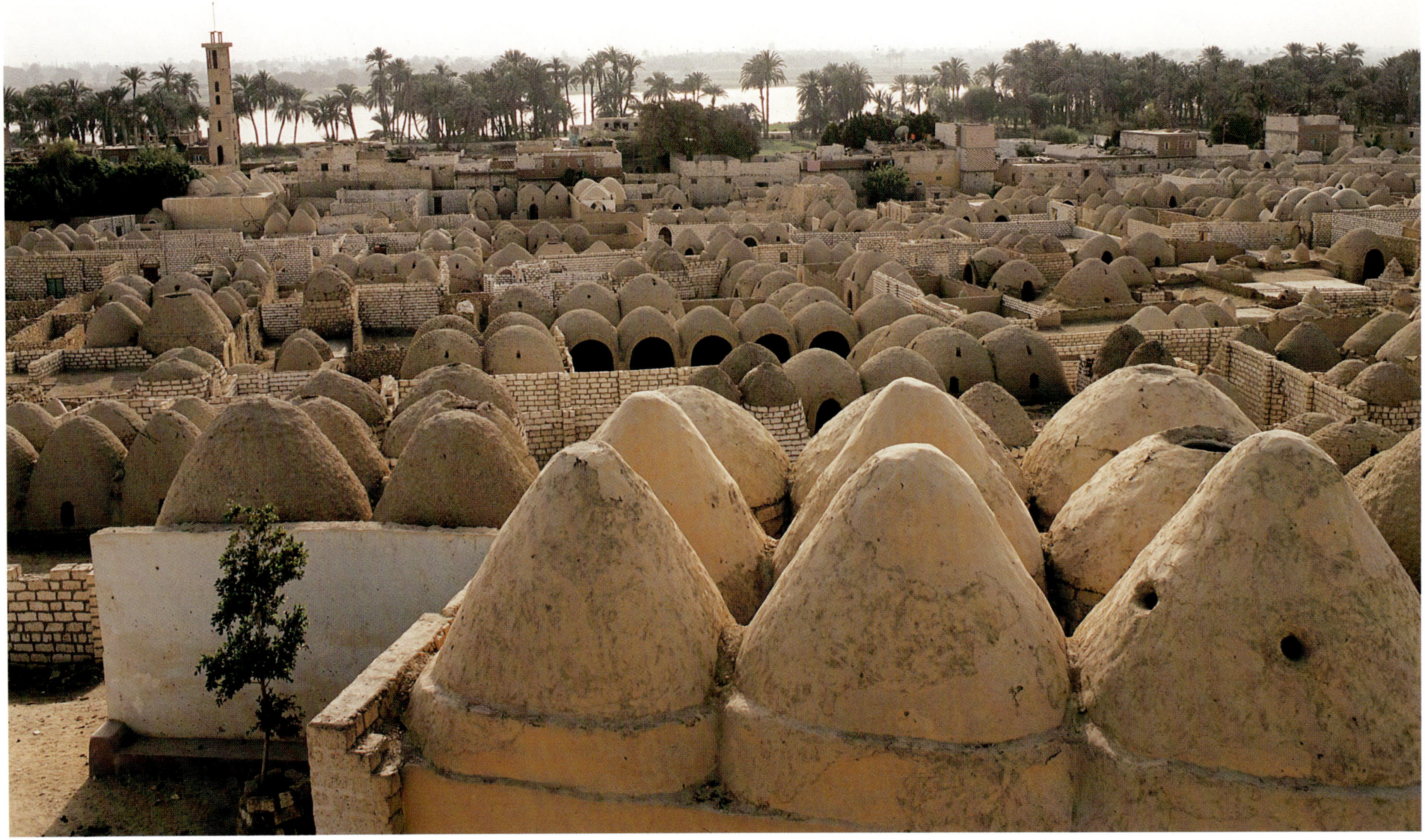

L'immense cimetière musulman de Zaouiyet el-Mayitin, sur la rive droite du Nil, en face de Minya.

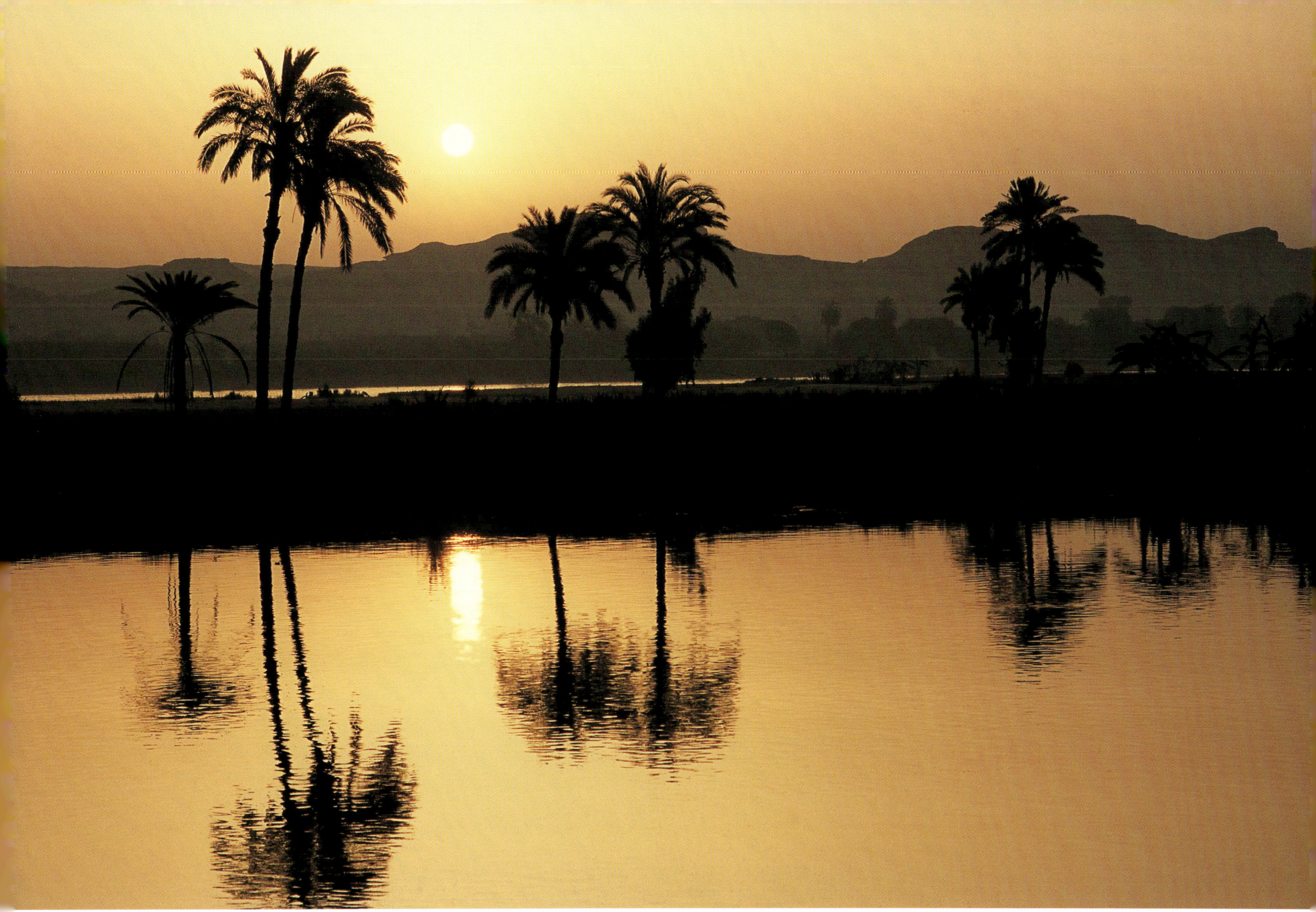

Lever de soleil sur la chaîne arabique et le Nil à Minya.

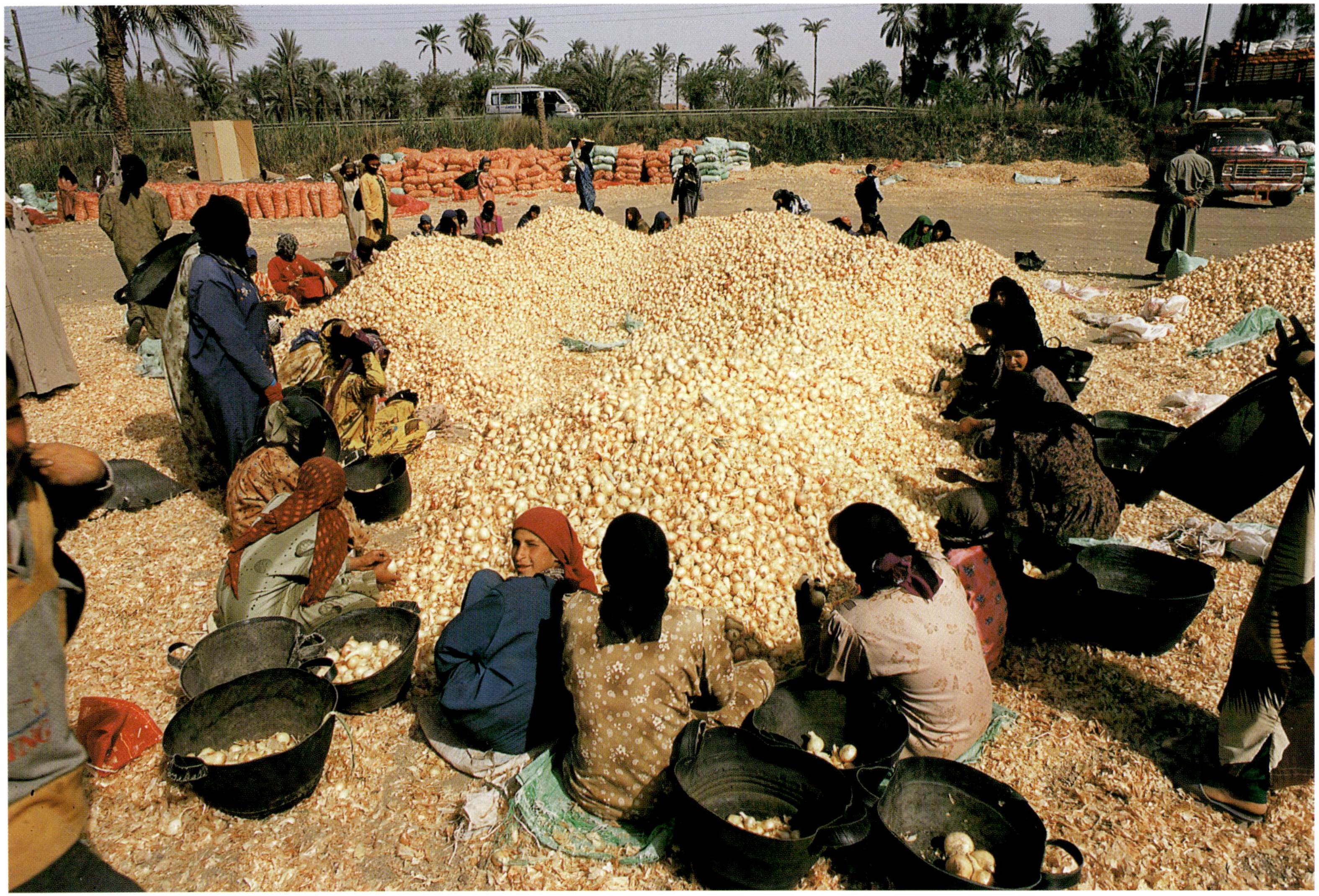

Le tri des oignons au village de Maghagha, entre Minya et le Fayoum.

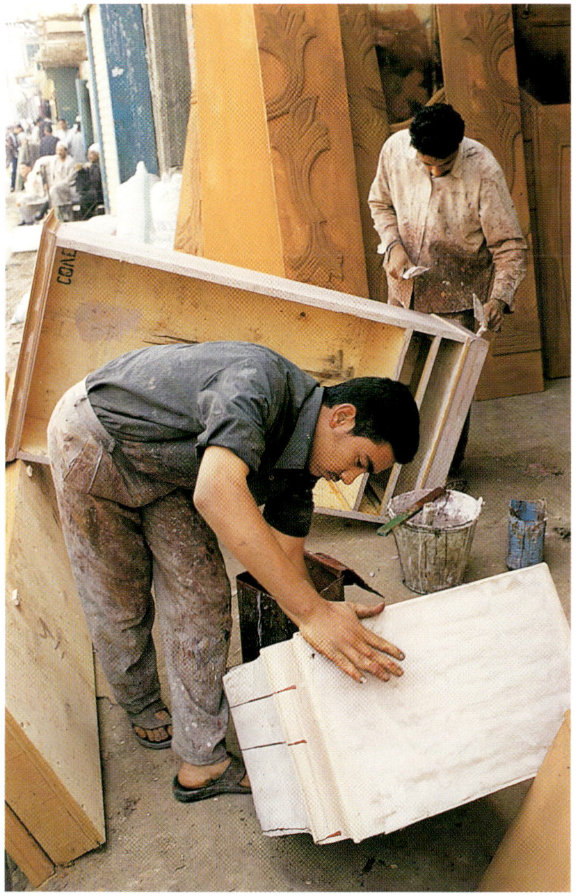

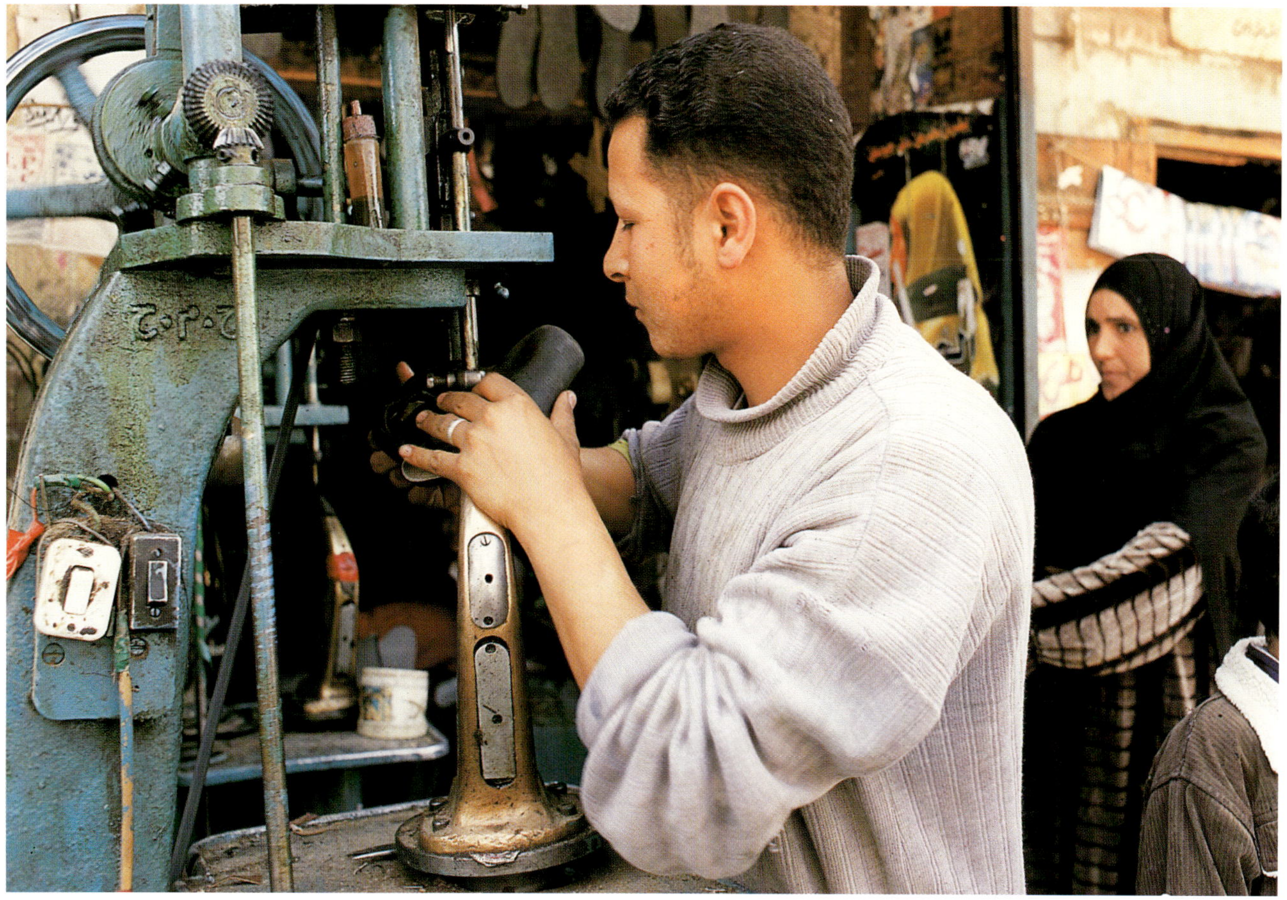

De nombreux artisans sont installés dans les rues de Médinet el-Fayoum, tels ces menuisiers et ce cordonnier.

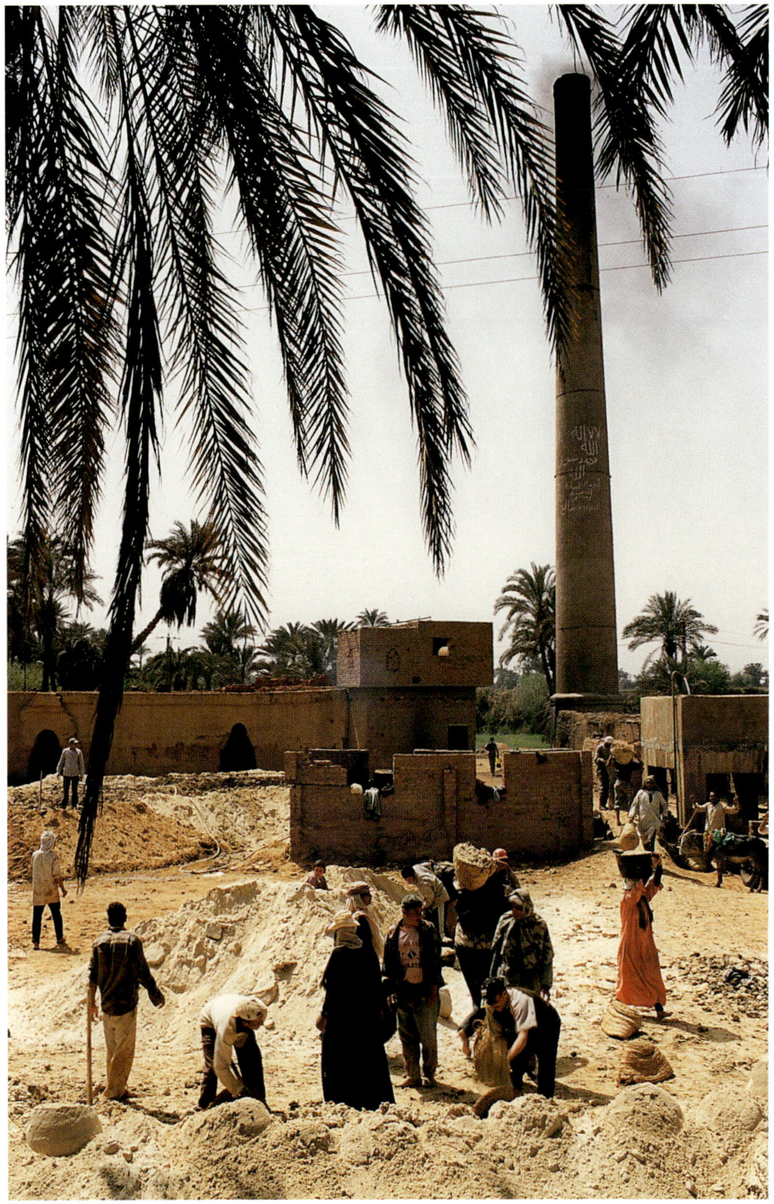

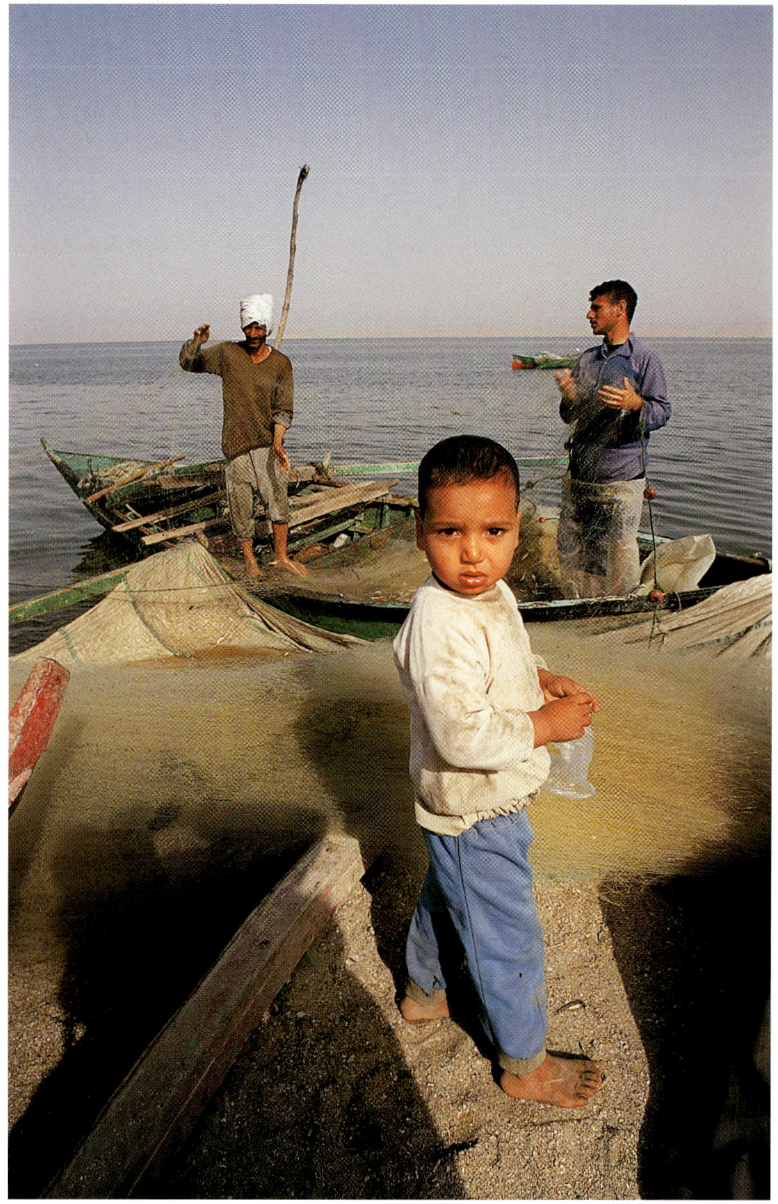

À GAUCHE : **Les briqueteries du Fayoum fournissent les chantiers de construction de la région, jusqu'au Caire.**

À DROITE : **Enfant de pêcheurs du lac Qaroun, qui borde au nord l'oasis du Fayoum.**

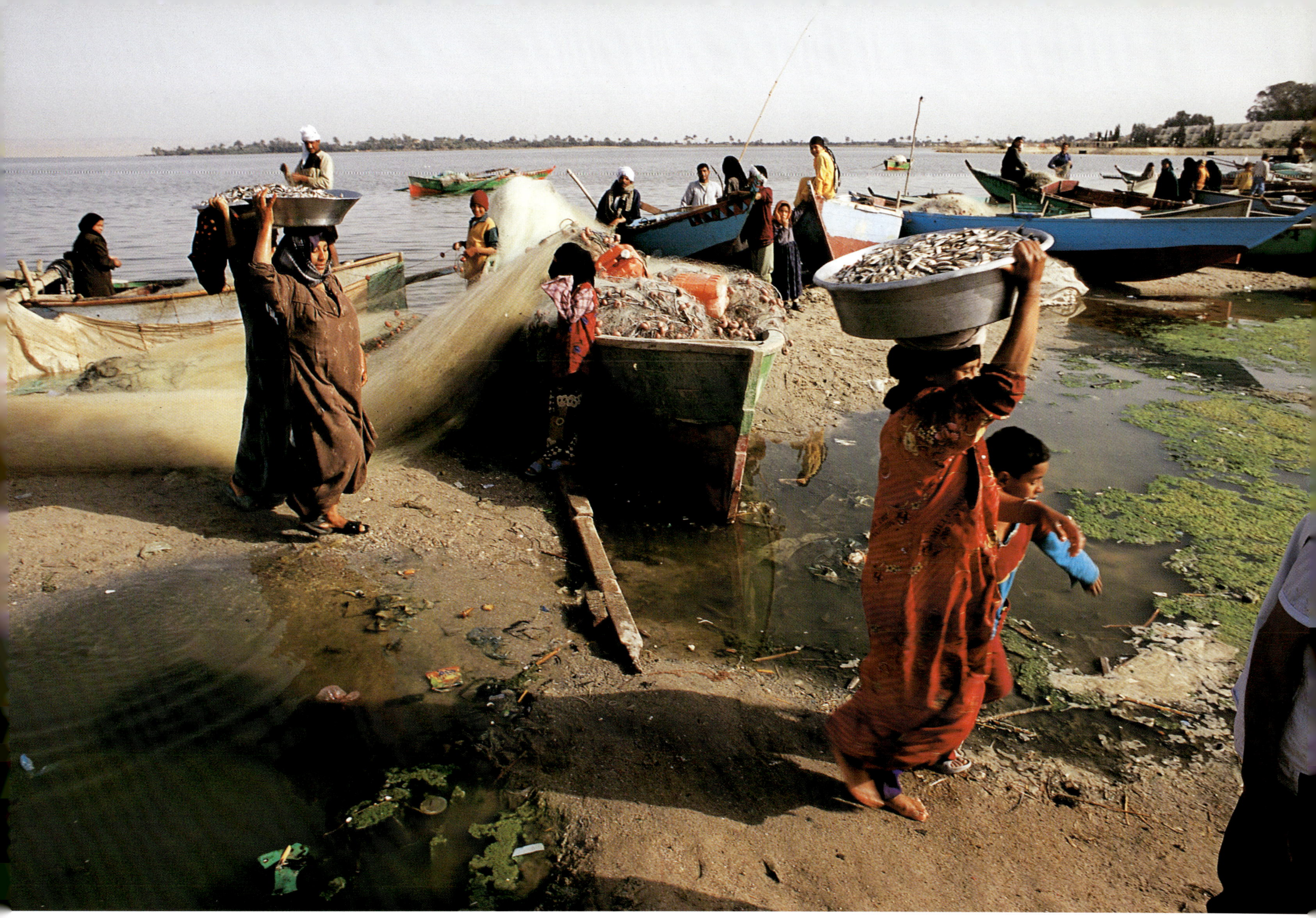

Les eaux poissonneuses du lac Qaroun font vivre de nombreuses familles de pêcheurs.

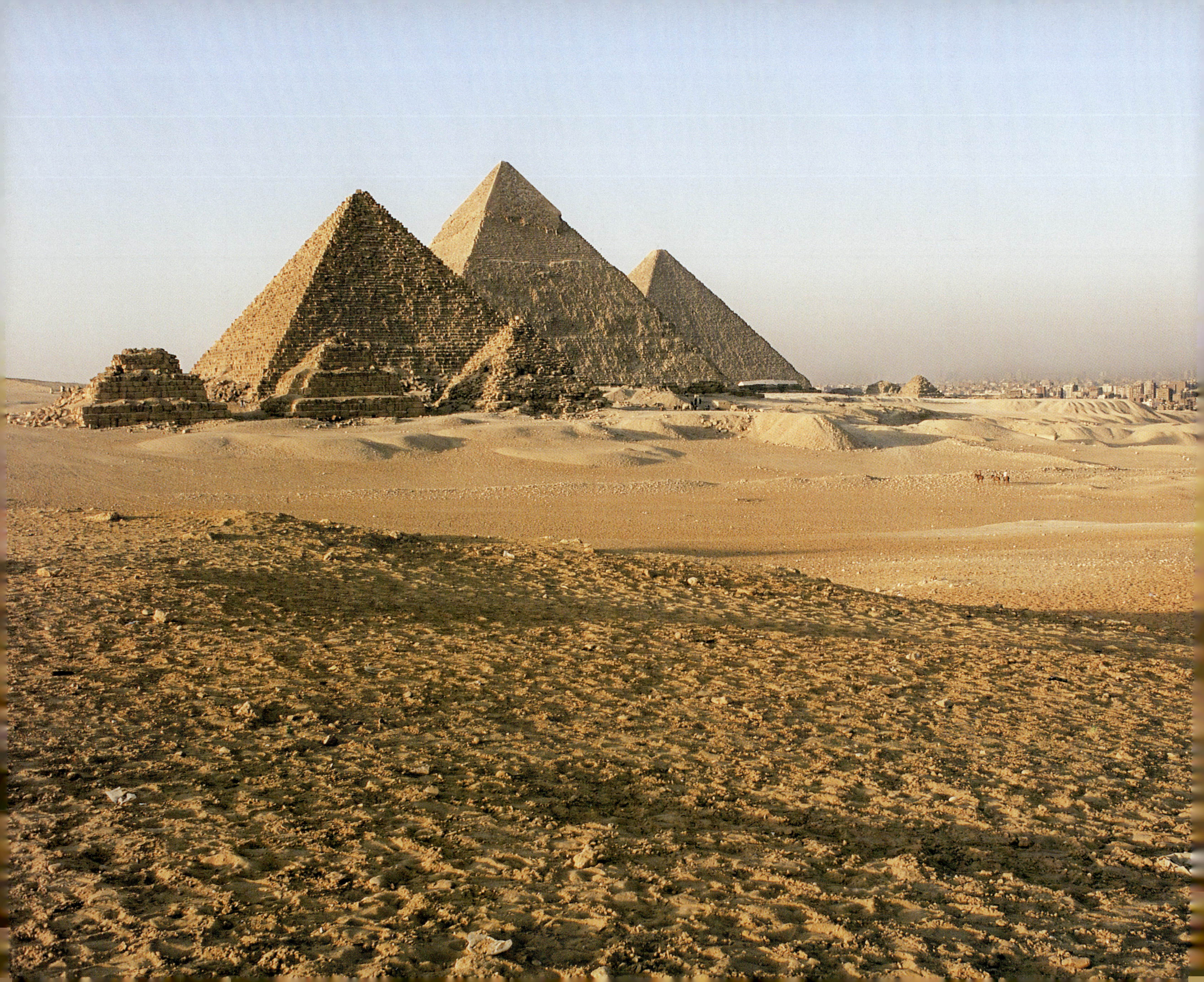

LE CAIRE,
la capitale éternelle

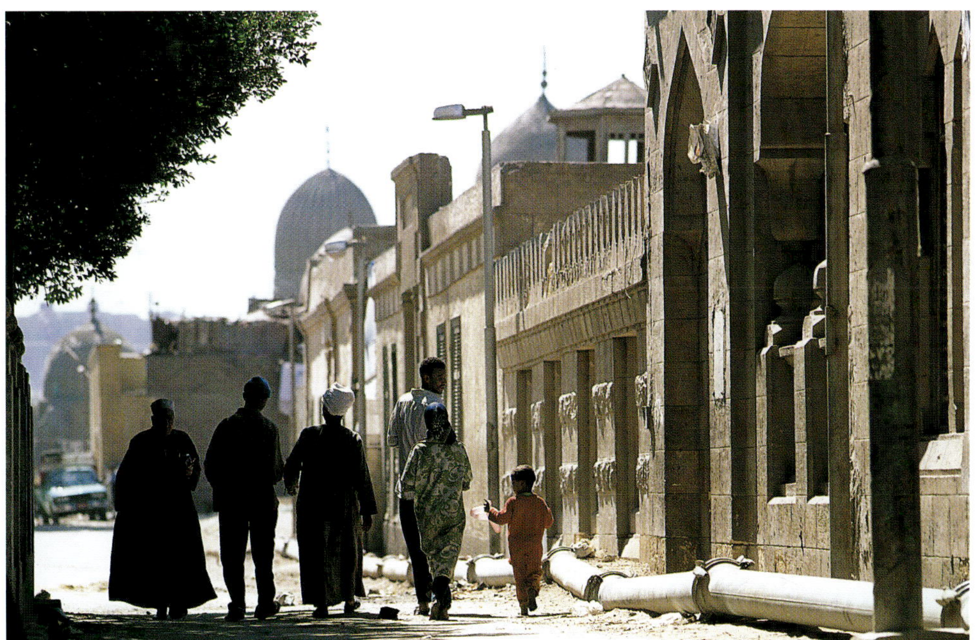

La Cité des Morts, au Caire, n'abrite pas seulement les défunts, c'est également un quartier habité.

PAGE DE GAUCHE : **Les pyramides du plateau de Gizeh, entre le désert et la capitale qui jouxte désormais l'extraordinaire nécropole.**

« Une lance se plante dans le sable. Elle déchire l'air et partage le désert.

D'un côté l'espace des hommes, de l'autre l'espace sacré.

Le travail et la vie ; la prière et l'adoration.

La lance s'enfonce d'un mouvement violent, et vibre encore.

Le bras et tout le corps participent.

Ainsi le geste humain est présent dès l'acte de fondation de la ville.

Car une ville vient de se fonder avec cette mise en ordre de l'espace. »

Nadjm oud-Dine BAMMATE. *Cités d'Islam*. Paris : Arthaud, 1987.

« Une rumeur grisante, un vaisseau qui vogue de tempête en tempête

et qui, parfois, fait naufrage, n'est-ce pas cela, une ville ? »

Amin MAALOUF. *Léon l'Africain*. Paris, p. 92.

Ces deux citations résument bien l'histoire d'une ville, depuis la fondation jusqu'à l'anarchie et même le naufrage. Les grandes villes sont tentaculaires et tyranniques, irrésistibles et anarchiques ; elles demeurent, au travers de leur histoire, le sujet de désespoir par excellence des urbanistes, des sociologues, voire même des tenants de l'ordre et l'objet perpétuel du culte de leurs admirateurs. Notre voyage à travers le Nil et à la rencontre des Égyptiens nous mène à la métropole du Caire, la capitale, aujourd'hui la plus grande ville du monde arabe et du continent africain et qui est assez représentative du magma contemporain des mégapoles planétaires. En un demi-siècle d'expansion, la métropole cairote a absorbé bien des lieux chargés d'histoire.

Le Caire figure parmi ces villes que rien n'empêcha jamais d'exister, de séduire, de s'étendre et de fronder. Située aux portes de l'Orient, reliée par le Nil tant à l'Afrique qu'à la Méditerranée et par là même à l'Occident, la ville du Caire jouit d'une situation géographique exceptionnelle et, bien qu'entourée de toutes parts de solitudes désertiques, elle est une ville de contacts et de confluences. Avec ses quelque 30 000 ha de superficie et ses 20 millions d'habitants, elle prend place parmi les mégapoles les plus importantes de la planète, au cœur du monde arabe. Fascinante en raison de sa longue histoire si mouvementée, étonnante par sa capacité de résistance aux contraintes d'un milieu difficile, elle sait s'adapter aux difficultés nouvelles qui résultent du poids énorme d'une démographie galopante. L'admiration que suscite la capitale égyptienne doit sans doute beaucoup au fait que la ville aux mille minarets garde les traces du labeur et du génie humains.

C'est indiscutablement ce que l'on appelle une capitale et pas seulement pour des raisons administratives et politiques, mais également et surtout pour ces mystérieuses raisons socioculturelles qui, de l'époque pharaonique à nos jours, président à l'éclosion de ces foyers culturels que sont les villes égyptiennes. Le destin de ces villes est impénétrable et surprenant. Contrairement à toute autre ville du monde arabo-musulman, Le Caire, a maintenu indiscutablement sa position comme capitale de l'Égypte musulmane quatorze siècles durant, sans interruption. À certaines périodes, il s'agissait seulement d'une capitale provinciale ; cependant, sous les Fatimides et les

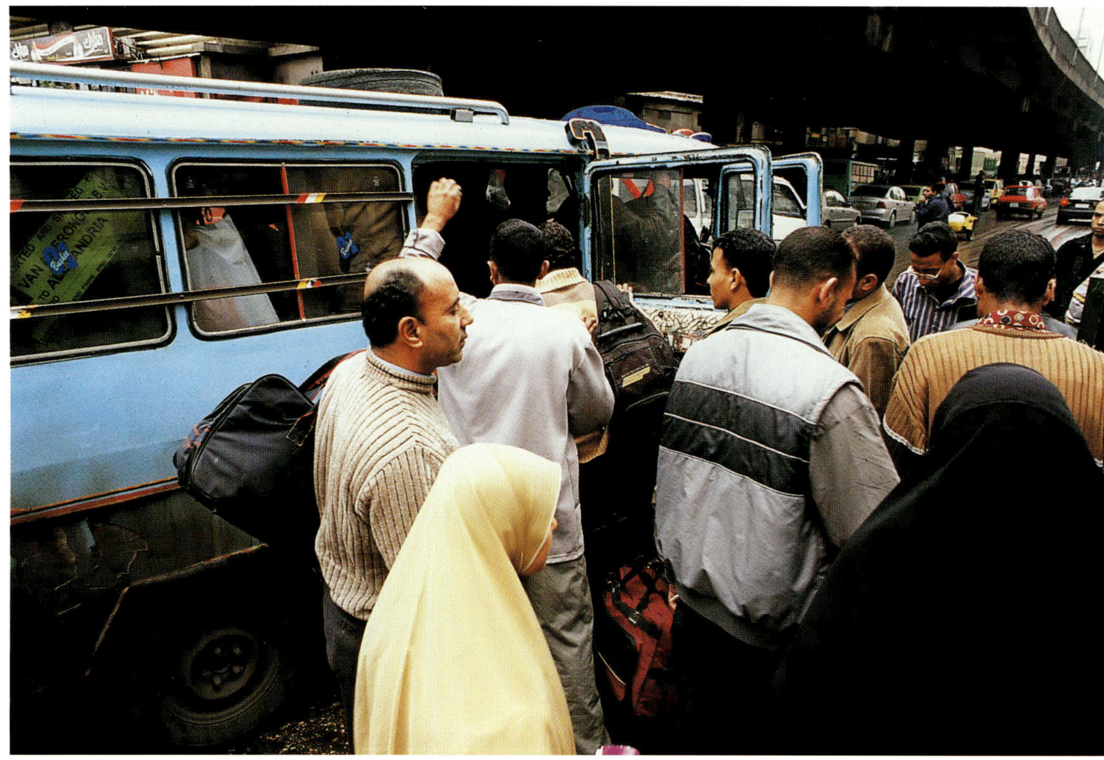

Au Caire, les taxis collectifs *(service)* sont pris d'assaut. C'est un moyen rapide et économique de se déplacer.

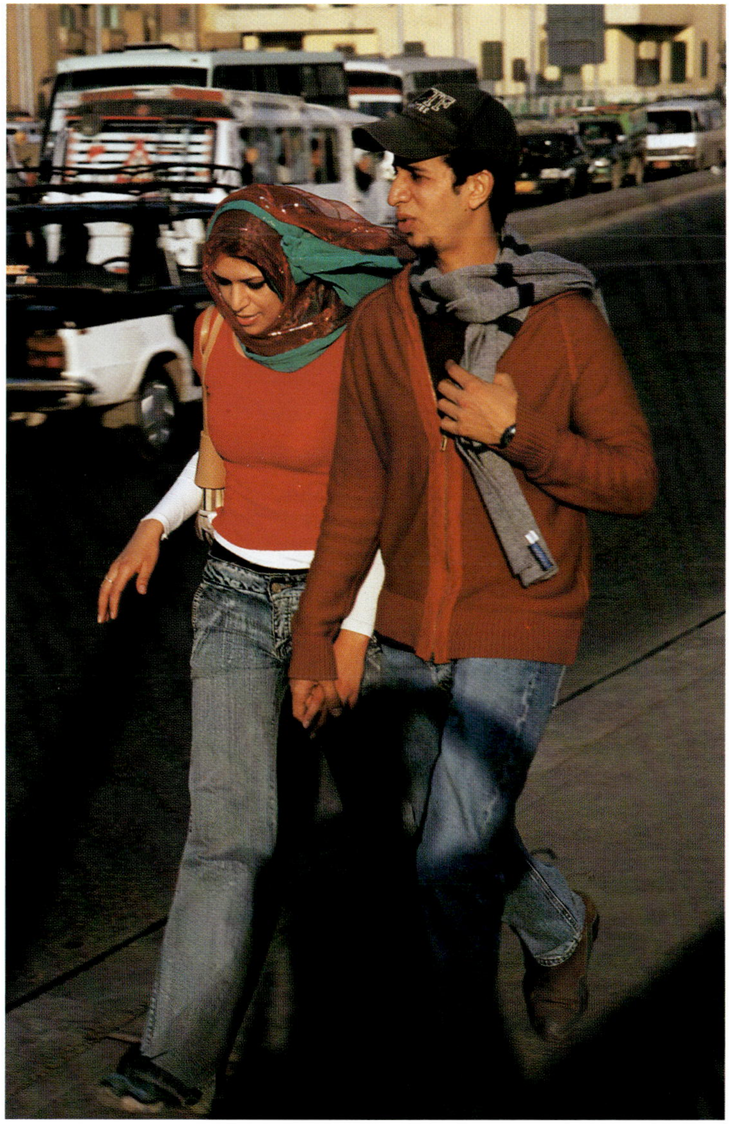

Zamalek est un quartier huppé du Caire, rendez-vous favori de la jeunesse cairote.

Mamelouks, c'était pour des siècles une capitale impériale. Et si l'on considère Memphis et Héliopolis, à 20 km au nord et au sud de la métropole, cet emplacement géographique fut la capitale de l'Égypte depuis toujours. C'est précisément ici que le Nil se divise en branches, forme son delta fertile et commence à rejoindre la Méditerranée.

Pour l'Égypte, Le Caire fut toujours la capitale. La plupart des autres pays islamiques ont eu au cours de leur histoire plus d'une capitale, avec d'autres villes rivalisant pour la suprématie. À l'inverse de la Syrie, de l'Andalousie, du Maroc, de la Perse, etc., où plus d'une ville affichait sa grandeur urbaine ou architecturale, en Égypte, Le Caire a toujours été le centre de tout, des arts comme des activités. Les nouvelles fondations urbaines des émirs, les sultans ou les khédives ont toujours été réalisées dans la région du Caire. Même Muhammad 'Ali, qui n'a pas hésité à changer les traditions locales et les règles esthétiques, ne voulut pas fonder une nouvelle capitale. Il préféra transformer Le Caire, comme l'ont fait ses successeurs. Appelée *Misr*, qui désigne aussi l'Égypte, elle est également *El-Qahira*, la « victorieuse » des Fatimides, et encore plus pour les Égyptiens d'aujourd'hui, *Oum-El Dounia*, « la Mère du monde ». Elle affiche l'une des plus fortes densités de la planète et règne toujours en capitale spirituelle et culturelle du monde arabe, malgré les crises qui ont ébranlé le pays et la région ces dernières décennies.

Le Caire est de ces villes qui ne peuvent laisser indifférent le voyageur, et de tout temps l'aspect de la ville a inspiré les images les plus diverses aux voyageurs et aux poètes. Certaines de ces images sont fort belles, d'autres beaucoup moins heureuses. Arrivant dans la ville en 1325, le voyageur marocain Ibn Battûta décrit Le Caire : « Maîtresse de régions étendues et de pays riches, atteignant les dernières limites du possible par la multitude de sa population et s'enorgueillissant de sa beauté et de son éclat. C'est le rendez-vous des voyageurs, la station des faibles et des puissants… » « Ce que l'on peut imaginer surpasse toujours ce que l'on voit car l'imagination déborde, à l'exception du Caire qui l'emporte sur tout ce que l'on peut concevoir. » Cette appréciation d'Ibn Khaldoun, historien du XIVe siècle, n'a sans doute jamais été aussi vraie. Aujourd'hui, elle apparaît avant tout comme une cité populeuse, cosmopolite, à l'atmosphère bruyante et toujours animée ; protéiforme, elle est l'héritage d'un passé prestigieux et sans cesse recomposé. Métropole dévorante sujette aux méfaits d'une pollution parfois accablante, menacée aussi par l'uniformisation accentuée d'un tissu urbain qui s'étend démesurément, elle est dynamisée depuis les récentes années par un étonnant développement économique ; poursuivant chaque jour sa croissance, elle s'étend actuellement au-delà même du Ring Road construit pour l'enserrer.

Ce qui reste de la ville ancienne ne représente plus guère qu'un pour cent de la surface urbanisée actuelle. Le site antique d'Héliopolis avait déjà été absorbé par l'entreprise d'un homme d'affaires belge, le baron Empain, qui, en 1906, paraissait un visionnaire, mais était en réalité un précurseur. Les « villes nouvelles », installées depuis une dizaine d'années dans un désert qui a longtemps paru indomptable, ont maintenant pris au piège, à distance respectueuse, les augustes monuments funéraires de Kheops, Khephren et Mykérinos. L'antique Memphis et les pyramides de Saqqarah font face, sur la rive occidentale du fleuve, aux hautes cheminées des usines de Hélouân et aux

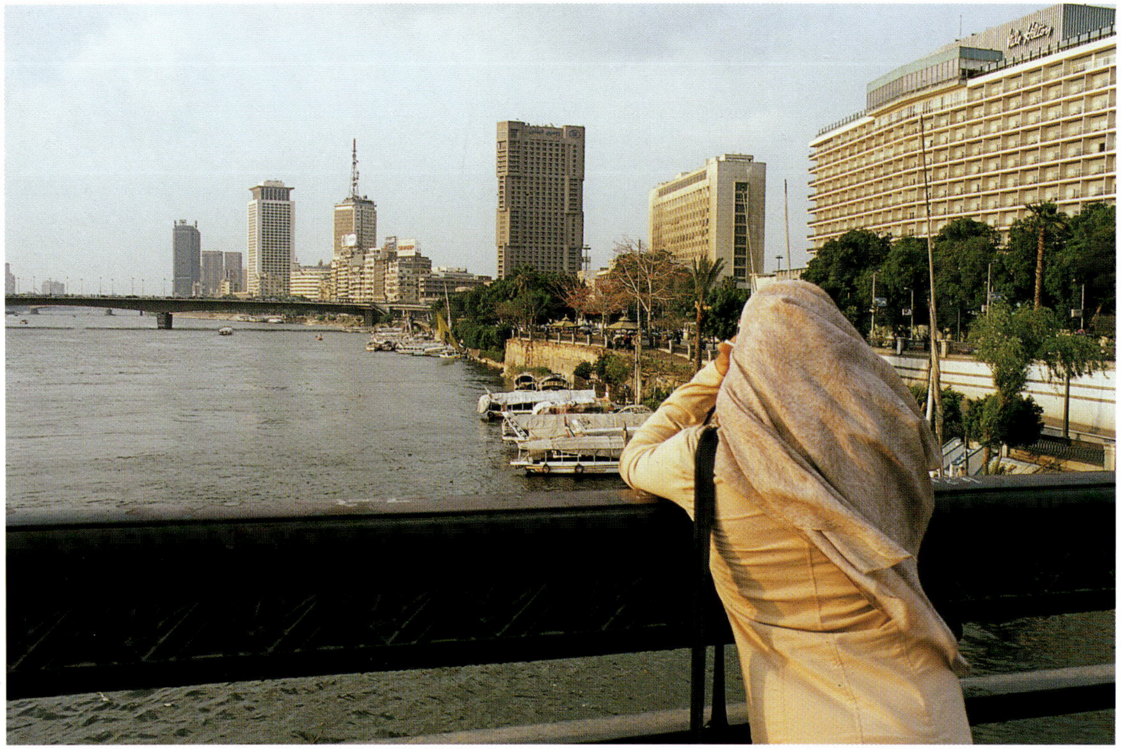

Les ponts qui enjambent le Nil offrent des points de vue dégagés sur les berges, de plus en plus occupées par des gratte-ciel.

massives tours de la ville du 15 Mai. Toute l'histoire égyptienne est ainsi présente dans une cité dont la véritable naissance ne remonte cependant qu'à 641 (fondation de Fustât par les conquérants arabes) et 969 (fondation de Qâhira par les Fatimides venus de Tunisie).

En parlant du centre de la mégapole cairote, le terme de *wast al-balad* (« centre-ville ») renvoie à un espace précis, la ville « moderne » du XIXe siècle, fondée par le khédive Ismaïl, qui constitue également le paysage le plus prestigieux sur le Nil avec les hôtels cinq étoiles les plus connus du monde, les tours administratives, banques, grands magasins et les magnifiques ponts qui traversent le fleuve, reliant ces deux rives aux deux grandes îles du centre du Caire, l'île de Zamalek et l'île de Rodah. C'est la fameuse corniche El-Nil qui s'étend sur des dizaines de kilomètres. Ce paysage est très séduisant, de jour comme de nuit, avec ses réclames au néon qui brillent et clignotent au faîte des immeubles, ses grandes salles de cinéma et de théâtre, ses avenues linéaires et ses places gigantesques comme la place centrale *Midan al-Tahrir* ou circulaire comme celle de *Talaat Harb* qui portait jadis le nom de Soliman Pacha, le nom égyptien du colonel Sève, l'officier français chargé de former l'armée égyptienne moderne au XIXe siècle.

La phase de modernisation du Caire a commencé avec le règne de Muhammad 'Alî, mais connut son apogée avec le règne du khédive Ismaïl. Le cadre de la seconde Exposition universelle de Paris, inaugurée par Napoléon III sur le Champ-de-Mars en avril 1867, fut la ville de Paris transformée par les grands travaux du préfet Haussmann (1809-1891). Elle fut l'occasion d'apprécier ce modèle urbain qui allait être imité dans d'autres capitales du monde. Ce fut le cas au Caire, avec une commande directe passée au baron Haussmann par le khédive. Ayant l'intention d'inaugurer le canal de Suez par des fêtes solennelles dont le monde entier se souviendrait, Ismaïl était déterminé à aller jusqu'au bout de son ambition pour éblouir le monde.

Le Caire en 1869 était une ville en pleine métamorphose. Épris de culture européenne – « mon pays n'est plus en Afrique. Nous faisons partie de l'Europe » –, Ismaïl rêvait de « donner de la grandeur » à l'Égypte. Poussé par la manie de tout « haussmanniser », il a décidé, pour éblouir les milliers d'invités, de faire table rase de la vieille architecture musulmane. Dans sa folie des grandeurs, il imagina de transformer les maisons orientales en palais vénitiens. Ses finances limitées et le délai très court ne lui permirent pas de détruire toutes les splendeurs du passé. Si une partie du Caire subissait une véritable révolution (on abattait les vieilles demeures, posait des trottoirs, plantait des becs de gaz venus de Paris, ouvrait des avenues bordées de façades turco-baroques aux allures de pâtisseries

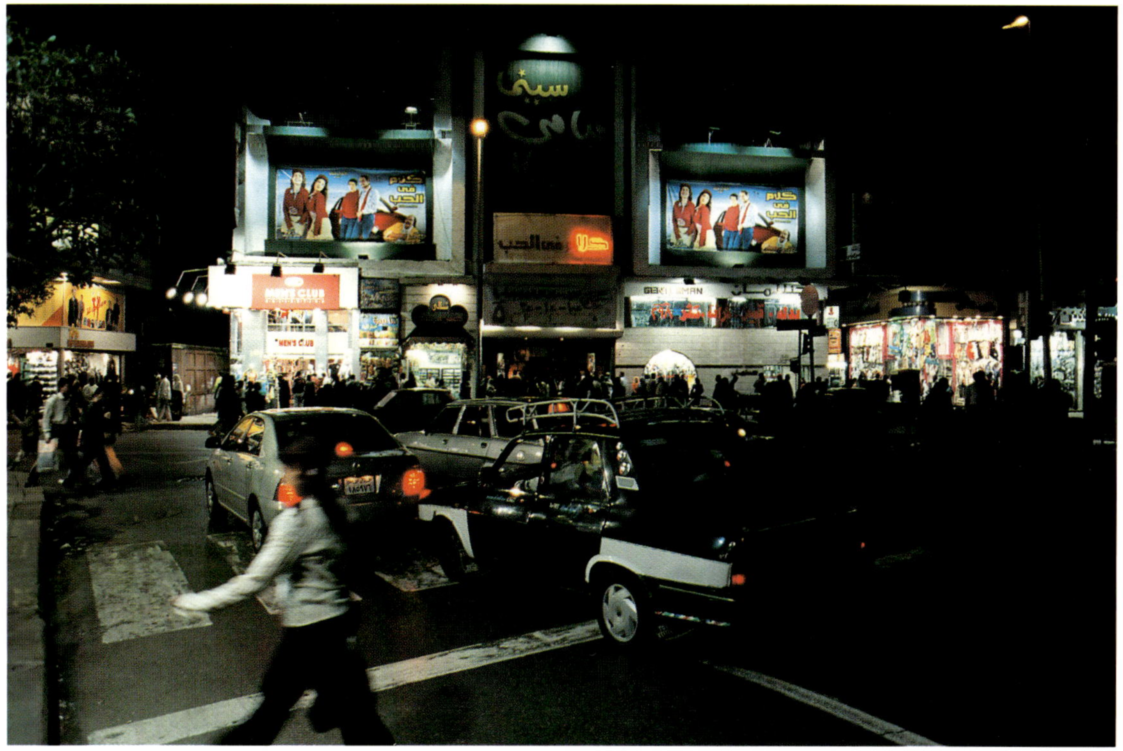

Dans le quartier de Talaat Harb, de nombreux cinémas témoignent de l'intense production cinématographique égyptienne. La vie nocturne y est animée.

orientales), l'autre partie de la ville, la plus ancienne, restait scrupuleusement arabe avec ses mosquées, ses oulémas et ses moucharabiehs.

Nous ne pouvons pas quitter ce centre-ville moderne sans parler du cinéma. Dès sa naissance, le septième art agit comme un coup de foudre sur les Égyptiens. Il est arrivé en Égypte un an seulement après son invention par les frères Lumière. Le premier film égyptien est projeté au cinéma Métropole du Caire le 16 novembre 1927. *Layla* fut réalisé par Stefan Rosti, Égyptien d'origine grecque. Très vite, des cinéastes égyptiens occupent le devant de la scène comme Youssef Chahine, Salah Abou Seif et Chadi Abdel Salam. Les films qu'ils réalisent remportent un certain succès, non seulement en Égypte, mais dans l'ensemble des pays arabes. Le Caire est même devenu, avec Bombay et Shanghai, un Hollywood de l'Orient, on l'appelle « Hollywood sur Nil ». Dans les années 1940-1950, la production cinématographique égyptienne était la troisième, voire parfois la deuxième, au niveau mondial et constituait la deuxième source de revenu national après le coton.

Quant à la ville dite « ancienne », elle continue à être désignée par des termes aussi divers que ville « orientale », « islamique », « médiévale », « fatimide », « historique », « Vieux-Caire » – bien que cette appellation se réfère plutôt au quartier copte, *Masr al-Qadîma* – ou « vieille ville ». Quant aux Cairotes, ils ne la désignent pas, au quotidien, par un nom générique, mais par des noms de monuments : « al-Azhar » ou « al-Husayn », le nom des deux grandes mosquées qui dominent le quartier, ou de lieux : « Khân al-Khalîlî », « al-Ghûriyya » ou encore « *akhir Mûski* » (« au bout de la rue du Mûski »). Déclaré « patrimoine culturel de l'humanité » par l'Unesco en 1979, Le Caire islamique, le noyau historique de la ville, présente deux aspects exceptionnels. Le premier est qu'aucune ville dans le monde musulman ne possède la richesse architecturale de ses monuments, et dans le monde seule Rome surpasse en variété, mais pas en nombre, cette richesse. Le second aspect est que, comme à Ispahan, Delhi ou Samarkand, les monuments du Caire rythment la ville. Ils servent de points focaux pour la perception et la prise de conscience de l'état de la ville et de son environnement urbain avant les changements physiques et sociaux du XIXe siècle. Parmi les centres urbains majeurs du monde musulman médiéval, seul Le Caire a fourni une multitude de conditions propices à l'investissement dans l'architecture et la construction à grande échelle.

Depuis le XIIIe siècle, l'architecture cairote a exploité et perfectionné, patiemment et avec imagination, des formes très traditionnelles de composition spatiale

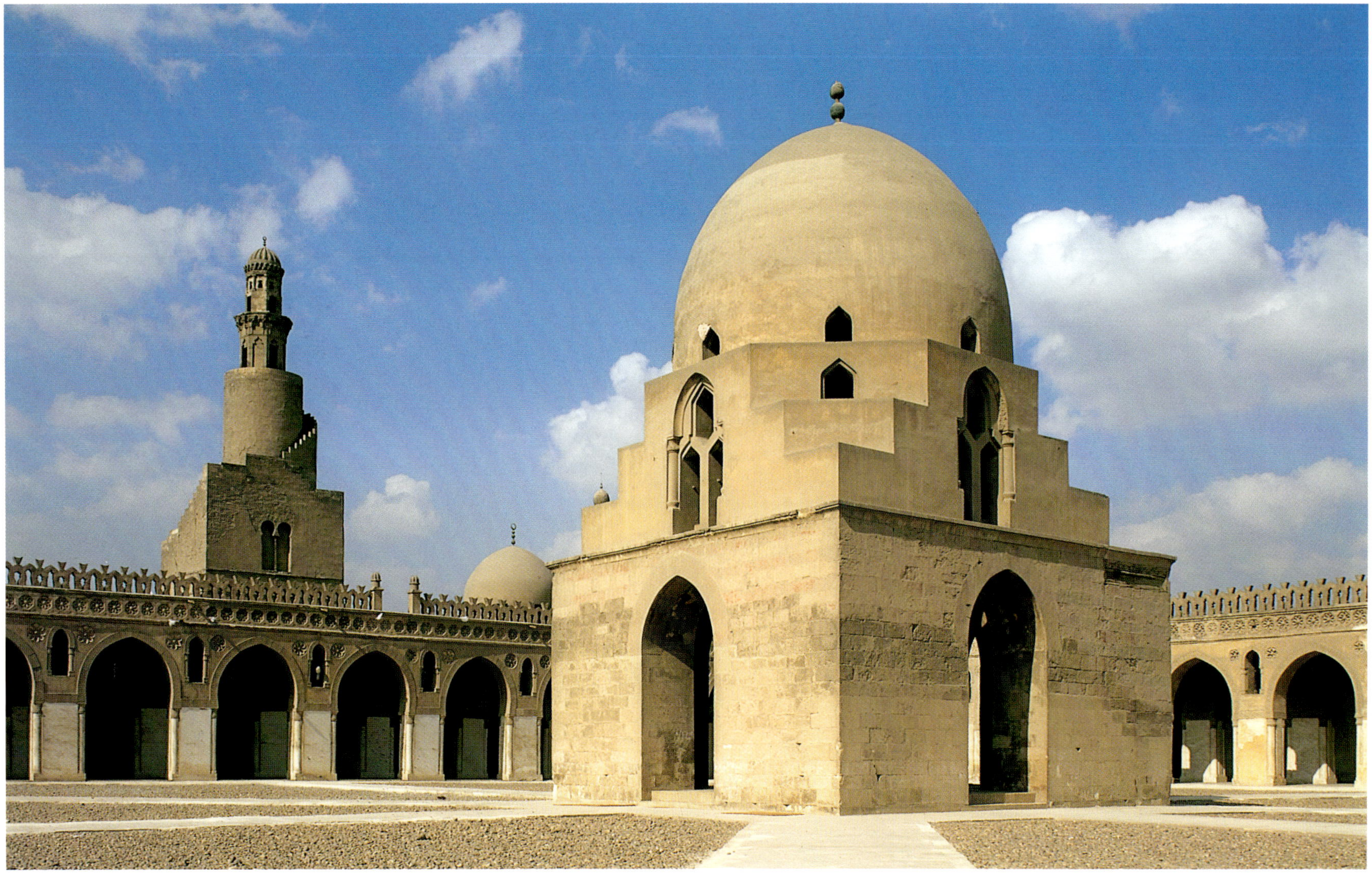

Harmonie et grâce de l'architecture islamique : la mosquée Ibn-Touloun, une des plus anciennes de la ville.

et des décors : cours, portiques, dômes, iwans, *muqarnas* (division en plusieurs niveaux d'un arc contenant une niche, moyennant une multitude de petits pendentifs ou niches qui forment une structure en alvéoles, à fonction purement décorative), entrelacs géométriques, grandes bandes de calligraphie… Les monuments mamelouks du Caire racontent encore et encore la même histoire dans un langage bien établi, car point n'était besoin de chercher un nouvel idiome architectural pour exprimer de nouvelles formes. Une culture, en paix apparente avec elle-même, qui a vu dans les proclamations des bâtiments le meilleur et le plus expressif moyen de se rappeler ses propres valeurs. Comme ses monuments se copiaient les uns les autres, rivalisaient, se remplaçaient parfois, mais rarement, ils entraient toujours en dialogue avec ceux qui les avaient précédés.

Parmi cette importante concentration de monuments dans Le Caire historique, nous trouvons des mosquées, des mausolées et des écoles religieuses, construites par des grands souverains, entre les VIIe

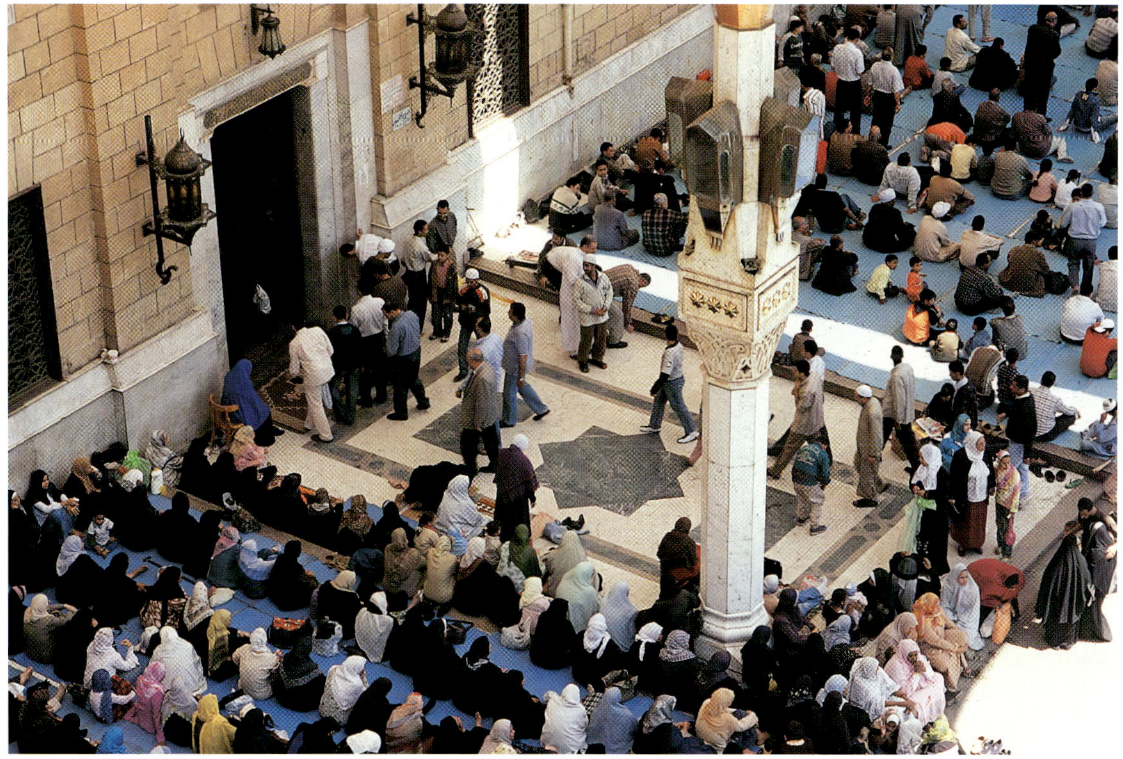

La prière du vendredi à la mosquée Sayyedna el-Hussein, dans le quartier d'al-Azhar.

et XIXe siècles. Il y a aussi des bains publics, des palais, des maisons, des portes de la ville, des *wakala* – caravansérail, mot le plus généralement utilisé en Égypte à l'époque ottomane – et des *sabil-kuttab*, type de bâtiment exclusif du Caire qui consiste en une fontaine publique d'eau au rez-de-chaussée et une école coranique pour les enfants à l'étage. Une promenade à travers le cœur médiéval du Caire représente aujourd'hui encore une expérience vivifiante, ainsi qu'elle pouvait l'être déjà dans les siècles passés. Cependant, la ville historique connaît un processus de transformation rapide qui affecte son tissu urbain et son caractère unique. Ses nombreux monuments s'abîment aussi à une vitesse alarmante. Avec des monuments qui se dégradent et l'intrusion de nouvelles constructions disgracieuses, il est difficile de prédire combien de temps encore ce quartier conservera sa spécificité.

L'amour des savants français de l'expédition de Bonaparte pour les antiquités et leur zèle à les documenter graphiquement marquèrent un premier pas en faveur de leur conservation. Une autre étape très importante fut le déchiffrement de la langue hiéroglyphique par Champollion, qui va ouvrir les portes de l'égyptologie savante et l'intérêt scientifique pour les antiquités égyptiennes. L'effort de Champollion et des gens de grande envergure comme Rifa'a at-Tahtawi, premier chef de mission de boursiers égyptiens en France au XIXe siècle, a aidé l'Égypte à prendre conscience de ses antiquités et à s'approprier son patrimoine antique. Mais un grand mérite revient, à l'évidence, à l'égyptologue français Auguste Mariette, fondateur du premier Service des antiquités en Égypte et du premier musée égyptien. L'autorité acquise par Mariette Pacha l'incita à reprendre les propositions déjà suggérées au vice-roi Muhammad 'Alî par Champollion, concernant la protection des antiquités pharaoniques, à une époque où Prosper Mérimée œuvrait avec tant d'efficacité pour le patrimoine français. Désormais, les antiquités pharaoniques étaient conservées et protégées pour l'Égypte, son histoire et son peuple.

Il a fallu attendre un autre architecte français amoureux de l'art et des monuments de l'Islam, Ambroise Baudry, pour fonder le Comité de conservation des monuments de l'Art arabe, qui marque une étape décisive dans le processus de conservation du patrimoine en Égypte. La majorité, sinon la totalité, des monuments du Caire historique qui sont parvenus jusqu'à nous sont le fruit du travail inlassable de conservation que le Comité avait entrepris durant les soixante-quinze années de son existence, avec un intérêt progressif qui s'était construit au fil des ans pour la ville ancienne tout entière, en d'autres termes pour le patrimoine urbain. « Posons donc comme axiome que

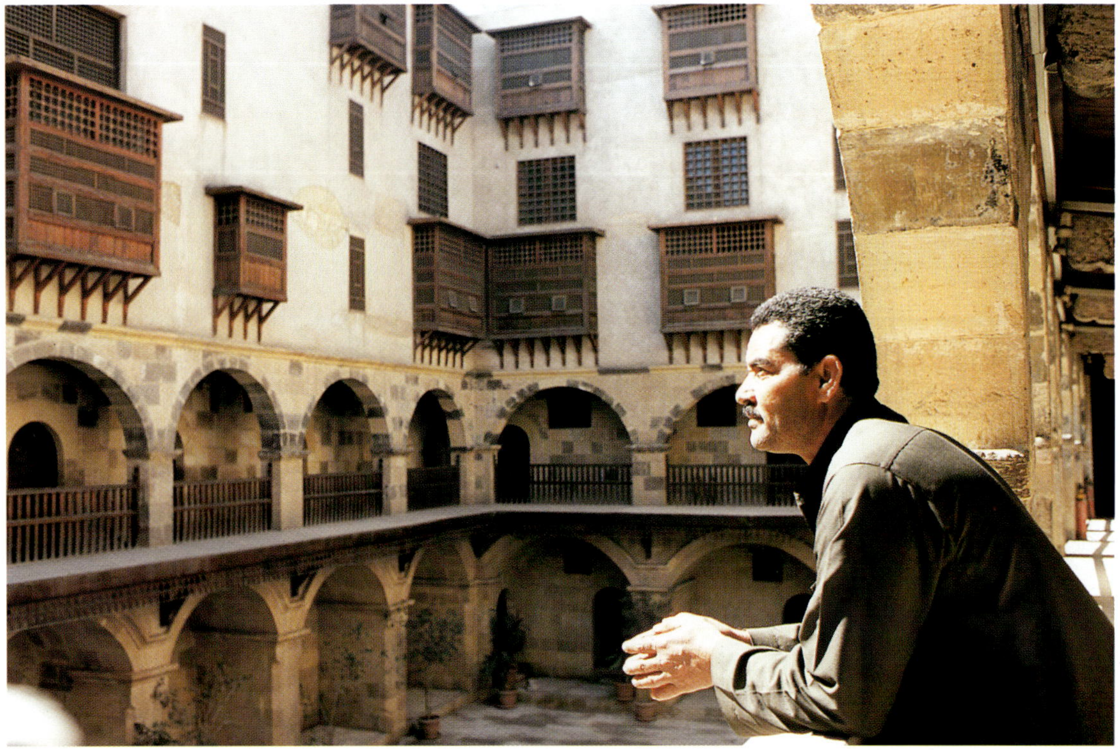

Le Wakalat Bazaar, un ancien caravansérail qui a fait l'objet d'une minutieuse restauration, comme une grande partie du Caire historique.

le premier monument historique du Caire est l'ancienne ville, toute l'ancienne ville [...]. Cette considération primordiale ne devrait jamais être perdue de vue par ceux qui, pour des buts divers, [...] viennent modifier l'aspect de la ville », écrivait Edmond Pauty, l'architecte français expert du Comité, dans son rapport adressé à Sa Majesté le Roi en février 1929 concernant la conservation de la ville ancienne. C'est un sommet de sensibilité envers le patrimoine urbain que de considérer toute la ville ancienne comme le premier et le plus important monument du Caire.

Si les grandes pyramides de Kheops, Khephren et Mykérinos, sont encore en place malgré le travail des carriers et des chaufourniers, il n'en a pas été de même pour toutes les pyramides, mais il est exceptionnel qu'elles aient presque complètement disparu comme celle d'Abû Ruwâch. De récentes fouilles ont montré que celle-ci, édifiée pour Rêdjedef, le successeur de Kheops, commença à être exploitée comme carrière en pleine époque romaine, au IIe siècle de notre ère, et l'on sait, par le témoignage de Flinders Petrie, qu'elle l'était encore à la fin du XIXe siècle. Mis à part le cas d'Abû Ruwâch, il est rare en effet, de Gîza à Dahchûr, que l'exploitation de chaque monument soit allée plus loin que l'enlèvement du parement de calcaire fin de Turâ.

Parfois, cependant, les carriers ont atteint le cœur de certaines constructions au point de pénétrer dans les appartements funéraires en crevant les énormes dalles du plafond du caveau royal. C'est ce qui s'est passé, à Saqqarah, pour la pyramide de Pépi Ier, qui n'était plus qu'une sorte de colline éventrée émergeant à peine du sable lorsque la Mission archéologique française en commença le déblaiement dans le but de recueillir les fragments des fameux *Textes des pyramides,* tombés des parois des salles et des couloirs : témoignages modestes, mais précieux pour situer dans le temps l'activité des carriers qui y travaillèrent au mépris de tout danger d'éboulement, on y a retrouvé, parmi les débris qui jonchaient le sol, plusieurs lampes à huile en céramique verte d'un type utilisé du milieu du XIe à la fin du XIVe siècle. Les témoignages des voyageurs suggèrent que Gîza et Abûsîr furent, au moins pendant quelques années, exploités en même temps pour la construction de la citadelle de Saladin, à partir de 1176. Ces habitudes de récupération de matériaux des anciens monuments n'ont pas cessé d'exister durant toute l'époque arabo-musulmane. Les Ayyubides et les Mamelouks ont construit une grande quantité de leurs monuments sur les ruines et les fondations des palais et grandes maisons fatimides ; c'est le cas de la madrasa d'al-Salih Ayyub et des complexes de Qalawun.

Avec la construction du Centre des affaires au cours de la seconde moitié du XIXe siècle, le centre his-

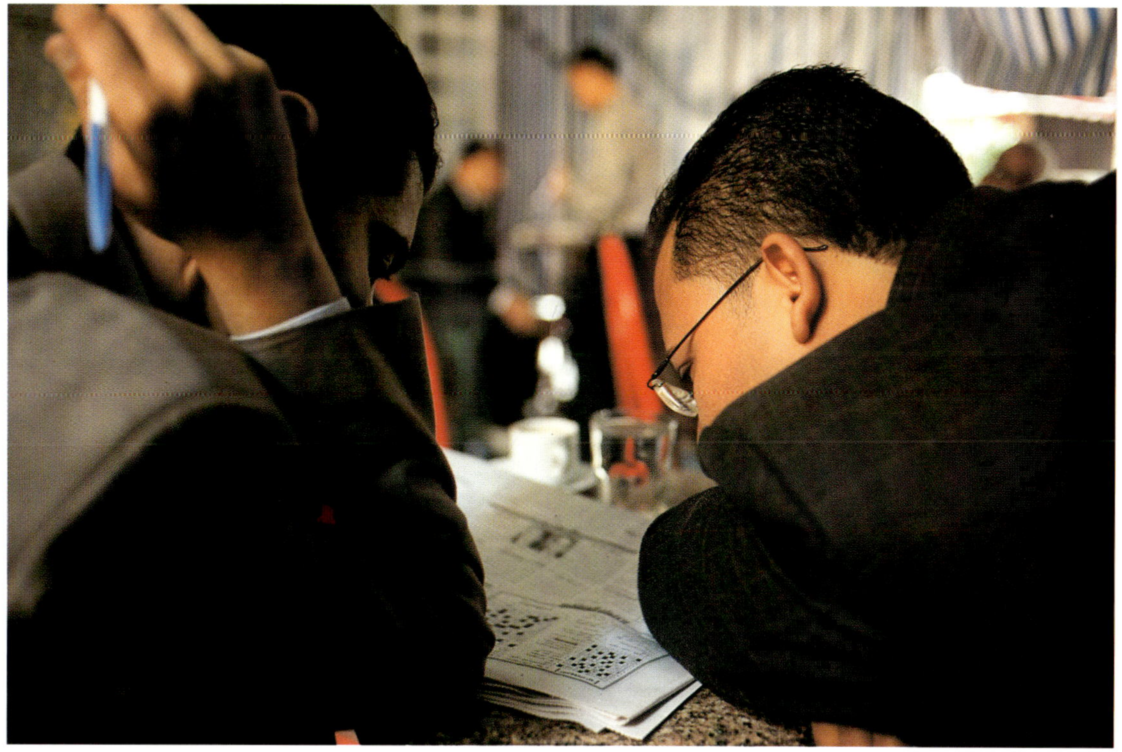

À la pause de midi, des employés travaillant dans le quartier de la rue du 26-Juillet.

torique a commencé à être vidé de ses habitants d'origine, surtout de la haute bourgeoisie, des chefs religieux et des dirigeants politiques. Dans les années 1950, presque toute la population appartenant à ces classes et la plupart de leurs logements ont été remplacés par des ateliers, de petites usines et de l'artisanat, sans compter l'arrivée de nombreux immigrants ruraux. À la même époque, l'État a commencé à contrôler les loyers avec une loi mal venue qui les a stabilisés à un niveau économiquement trop bas pour permettre aux propriétaires l'entretien de ces anciennes maisons de la ville historique.

L'impression qui domine est celle de la misère qu'aggrave la négligence des services publics dans ce Caire oublié. Des immeubles modernes, vite dégradés, remplacent les constructions anciennes, prématurément usées par un entretien insuffisant et une occupation trop dense. Les activités traditionnelles qui avaient assuré l'équilibre de la ville ancienne (commerce et artisanat) déclinent ou ne subsistent que dans les environs du Khân al-Khalîlî, plébiscités par les touristes. Quand un tremblement de terre de puissance 7 sur l'échelle de Richter frappa Le Caire en octobre 1992, plus de 60 % des dégâts et des bâtiments endommagés se sont concentrés dans la ville ancienne. Ce fut une alerte aux autorités nationales et aux organismes internationaux, et depuis les chantiers de restauration des monuments classés et la réhabilitation des quartiers ne cessent de se développer.

Lieu d'animation, d'échange, de rencontre, territoire du festif, des célébrations, du sacré, de l'histoire, du consensus, centre aux référents multiples, la ville ancienne existe autant par ses réalités que par ses représentations. Elle présente toujours des aspects identitaire, religieux et culturel au sein de la mégapole, pour ses habitants ainsi que pour tous les Cairotes. Son patrimoine, omniprésent, façonne la représentation de l'espace ; les monuments qui le ponctuent, caractérisés par leur multitude et leur diversité, sont autant de signes, de repères et de référents identitaires. La ville ancienne reste toujours le lieu privilégié de l'expression des pratiques religieuses collectives, comme les *mouled* qui, à travers le culte d'un saint, mettent en scène un quartier selon un rituel où la pratique codifiée de l'espace joue un rôle majeur. Le *mouled* est aussi une interface : entre Le Caire et la province, entre le quartier et la ville. Les principaux *mouled*, ceux d'al-Husayn, de Sayyida Zaynab et du Prophète, peuvent accueillir chacun environ un million de personnes. Si les Cairotes s'y rendent nombreux, les pèlerins viennent de toute l'Égypte, essentiellement sous la bannière des diverses confréries soufies, et nombre d'entre eux restent pendant la dernière semaine de la fête. Facette primordiale de sa personnalité, la « sacralisation » de la vieille ville, où chaque quartier est placé sous l'aura d'un saint, est déterminante dans la perception qu'en ont tant ses habitants que les autres Cairotes.

Cette figuration de la ville ancienne fait de sa représentation un espace consensuel, celui des valeurs culturelles traditionnelles autour desquelles la société tout entière peut se reconnaître et se retrouver. Les éléments qui symbolisent la vieille ville ont tellement d'attractivité que l'on cherche à les reproduire dans d'autres lieux. Ainsi, durant le mois de Ramadan, plusieurs grands hôtels et *malls* commerciaux aménagent des espaces baptisés de noms d'œuvres de Naguib Mahfouz, notre prix Nobel de littérature originaire du Caire islamique, où sont constituées en décors des ruelles imaginaires de la ville ancienne (minarets et moucharabiehs, accessoires et figurants, charrettes de vendeurs ambulants, boutique d'artisanat, café oriental et restaurant où l'on pouvait consommer boissons et plats populaires du Ramadan) dans un cadre et une ambiance *baladi* (local ou indigène). Malgré ce pastiche et cette folklorisation dans un cadre plus confortable que celui de la ville ancienne, les Cairotes continuent toujours à affluer par milliers dans la vieille ville toutes les nuits du Ramadan pour retrouver l'ambiance authentique des lieux.

Le rôle économique et commercial de la vieille ville, avec ses activités artisanales uniques, est très important au sein de la mégapole. Les environs des grandes mosquées et le Khân al-Khalîli sont des espaces d'activités nobles, l'apprentissage y est réputé. Le Khân al-Khalîli est le souk de référence en Égypte : il rassemble environ un millier de boutiques dont certaines ont des annexes dans les grands hôtels, les quartiers chics ou d'autres villes d'Égypte ; il est également un

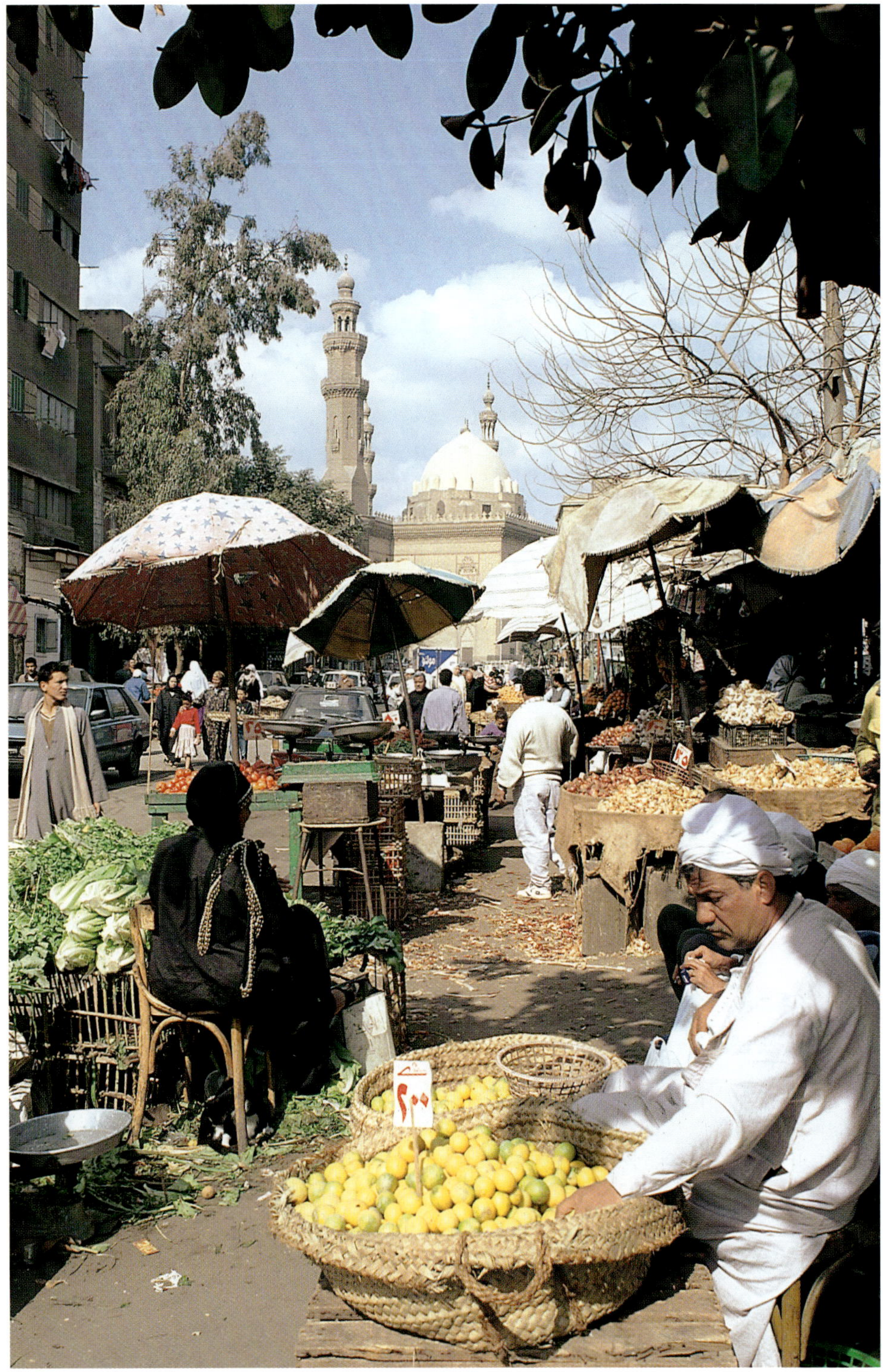

Le marché de la rue Cheikhou, dans le quartier d'Ibn Touloun.

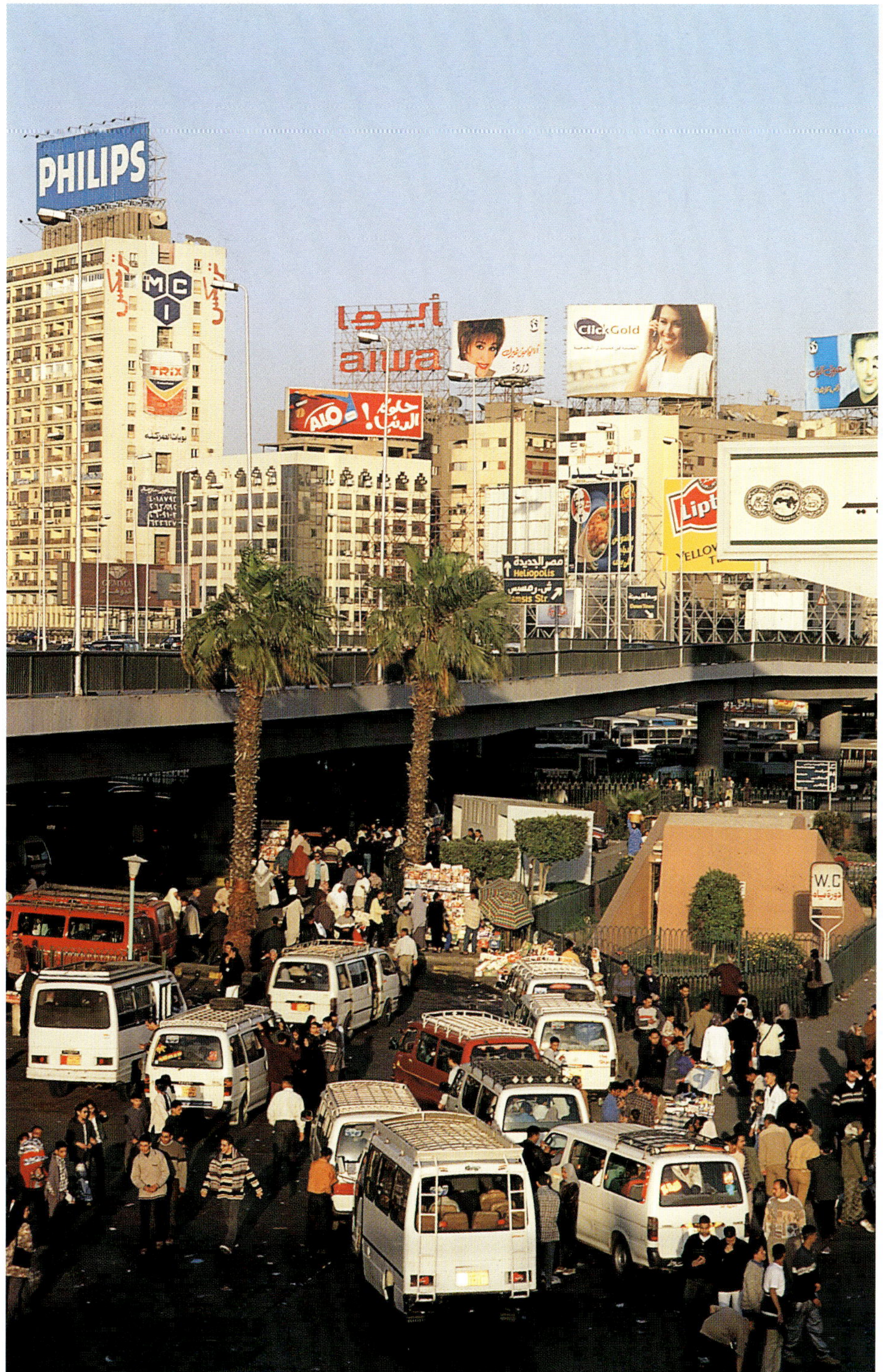

La gare de taxis collectifs de l'immense place Tahrir, cœur trépidant de la ville.

lieu de passage obligé pour les touristes. Dans ce rôle commercial, centre-ville et vieille ville se complètent. Nous trouvons des marchés installés et couverts comme ceux de *Midan el-Attaba* ou *Bab el-Louk*, réguliers en plein air comme ceux d'*el-Itnin* (lundi) ou *el-Gomaa* (vendredi) ou hebdomadaires comme les marchés aux puces et aux oiseaux d'*al-Imam*. Ces marchés populaires, bazars et souks en tout genre rythment le quotidien des Cairotes, sans parler de plus de 600 000 vendeurs ambulants. Les marchands dans ces souks ne sont pas tous originaires du Caire, la plupart sont venus il y a des années des campagnes égyptiennes pour gagner leur vie.

Avant de quitter ces quartiers populaires, parlons un peu de la cuisine égyptienne qui n'a rien de léger. Tout bon Égyptien qui se respecte aime dans un même repas avoir du riz et des patates ou du riz et des pâtes ou des pâtes et des patates. Les restaurants abondent en Égypte, et surtout dans les grandes villes comme Le Caire et Alexandrie, des plus populaires au plus luxueux. Le choix, de ce côté-là est infini. Les plats les moins chers sont ceux à base de fèves cuites : il s'agit du *foul* ou du *taamiya*, sorte de *falafel* où la fève remplace les pois chiches. Le *foul* est le petit déjeuner favori des Égyptiens. Le riz est également un féculent très répandu. Il accompagne presque toutes les viandes, mais on le mange aussi sous forme de *kouchary* : mélange de riz, pâtes, lentilles, pois chiches, le tout relevé d'une légère sauce tomate et de beaucoup d'oignons grillés. Les plats les plus chers sont composés de *Kabab* ou de pigeons farcis. Les plats les plus traditionnels garnissent la table familiale où tous les plats arriveront en même temps, chauds ou froids, ou sur un grand plateau. Ces repas en famille se terminent toujours par un thé rouge, le *shai*, parfois à la menthe comme au Maghreb.

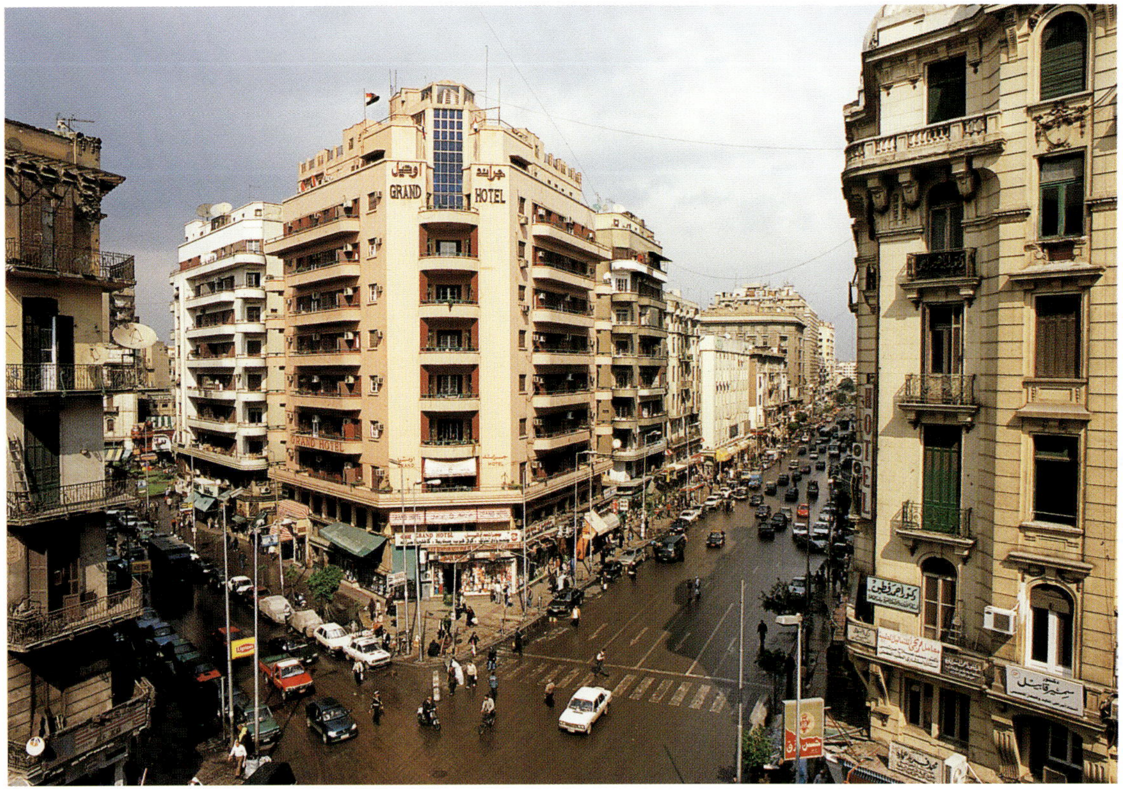

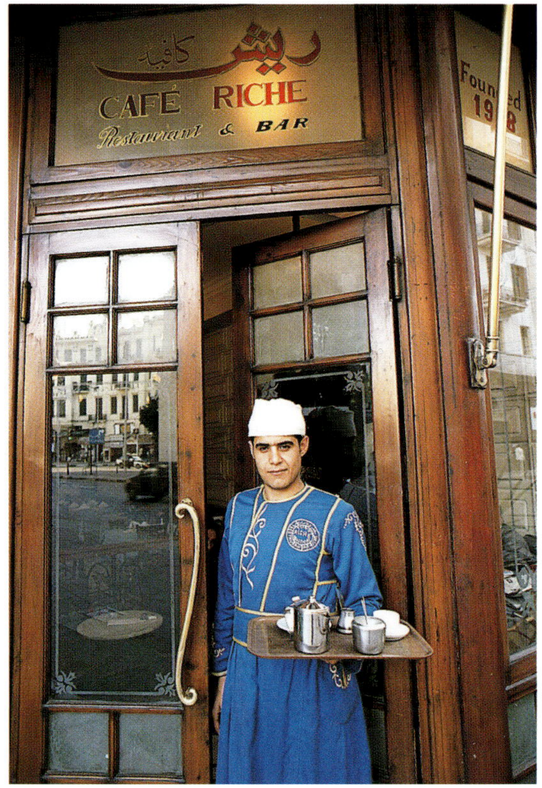

À GAUCHE : **La rue du 26-Juillet, caractéristique des quartiers construits à la fin du XIXe siècle, avec ses larges avenues.**

À DROITE : **Situé dans la rue Talaat Harb, le café Riche a longtemps été le rendez-vous des écrivains et intellectuels égyptiens ; il est proche du fameux immeuble Yacoubian.**

Nous terminons notre visite de la mégapole cairote en évoquant sa croissance. Comment la ville a-t-elle atteint ce gigantisme ? La croissance du Caire avait connu une première accélération entre 1897 et 1927 : la population avait doublé et atteint le million d'habitants, tandis que le développement continu des faubourgs, en direction du nord et de l'est, étirait la surface urbanisée dans une proportion semblable. Entre 1947 et 1966, avec un taux d'accroissement annuel de plus de 4 %, la population doubla une nouvelle fois en l'espace de vingt ans et passa d'un peu plus de 2 millions en 1947 à 4,2 millions en 1966. Les zones de plus forte croissance se concentraient le long d'un arc qui bordait la ville au nord et à l'est, de Bûlâq à Chubrâ en direction du delta, et d'Abbâsiyya à Héliopolis le long du canal d'Ismâ'îliyya. L'occupation se densifiait également le long du Nil avec, autour de Helwân, la création d'un énorme complexe industriel dont les vastes surfaces étaient gagnées sur les terres désertiques. Malheureusement, cette création a détruit au fur et à mesure tous les effets bienfaisants et sanitaires de cette cité thermale qui en 1960 comptait déjà 94 000 habitants. Selon un rapport de l'United States Agency for International Development (USAID), les cimenteries d'Helwân sont responsables à 93 % de la pollution industrielle qui s'abat sur Le Caire. La capitale est ainsi couverte d'une sorte de *smog* jaune, qui contient la plus haute concentration de poussières au monde et possède des teneurs en plomb et en dioxyde de soufre qui dépassent de loin les seuils admis par l'Organisation mondiale de la santé (OMS).

Cette explosion démographique était due pour une large part à des mouvements migratoires en provenance des provinces, et singulièrement du monde rural, dont l'apogée se situe autour de 1960. L'ampleur du phénomène et son accélération soudaine engendraient ces banlieues « informelles », non planifiées et illégales, qui entouraient l'agglomération d'une ceinture de constructions denses et disparates, prises en

Sur l'île de Roda, lieu de détente pour la jeunesse cairote, entre tradition et modernité.

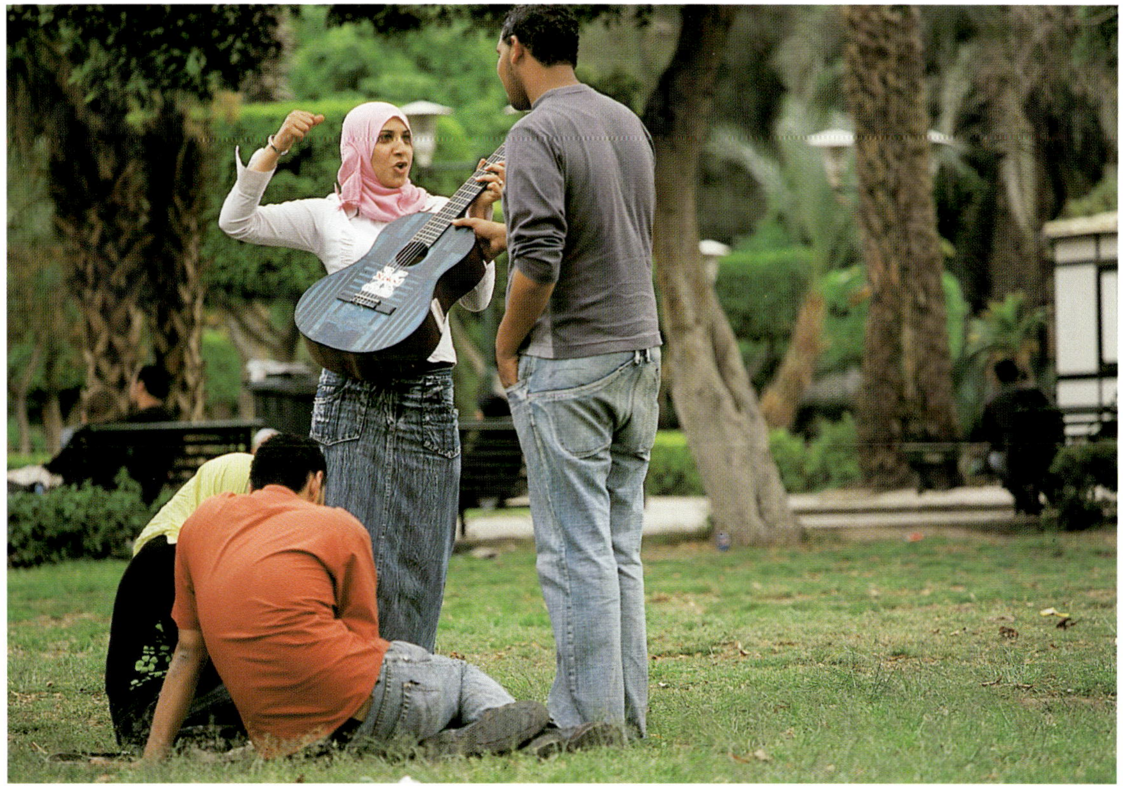

part croissante sur les terres agricoles. Leur développement a mis en échec les politiques de planification urbaine et les efforts, pourtant réels, faits en faveur de l'habitat populaire. La croissance de la périphérie et le dépeuplement du centre s'accentuent de 1976 à 1996, jusqu'à gagner les lotissements les plus anciens de la rive ouest (Duqqi, 'Agûza, Gîza) et une partie de la ville ancienne (Gamâliyya, Mûskî, Bûlâq). À l'opposé, la croissance est très forte dans les fondations récentes (Madînat Nasr, 9 % par an) et plus encore dans les extensions périphériques (al-Salâm, 14 %) qui en viennent à former des villes de plusieurs centaines de milliers d'habitants.

À l'orée du troisième millénaire, les villes nouvelles et cités satellites de la région du Grand Caire attirent de plus en plus d'habitants, et n'ont en outre rien de modeste : la quasi-totalité des opérations immobilières menées à bien ont été de standing intermédiaire, voire haut de gamme. Royal Hills, dont Gardenia Park, Carnaval, Mina Garden City, Dream Park, Green Land, Beverly Hills, etc., c'est par dizaines que se comptent les lotissements privés haut de gamme (groupements de villas avec jardin, piscine dans certains cas, autour de services communs, dénommés *compounds*) en cours de construction en 1999 dans la nouvelle ville de Six-Octobre. Dans un contexte de déréglementation progressive des loyers depuis le début des années 1990, ce type d'opération se retrouve dans la plupart des autres villes nouvelles tandis que la promotion immobilière tend à devenir l'un des tout premiers secteurs d'investissement en Égypte, et en particulier dans le Grand Caire. L'ère Moubarak restera comme celle, avant tout, de la réfection des infrastructures de la métropole avec une rénovation de grande envergure des principaux réseaux : voirie, transports, télécommunications, égouts, etc. À l'étude depuis de longues années, le métro est devenu réalité, avec deux lignes en service depuis 1987 et une troisième en chantier. Rendus quasi impraticables par deux décennies d'abandon, les chaussées et trottoirs ont été refaits dans la plupart des quartiers centraux et sont désormais entretenus. Il en est allé de même pour le réseau d'assainissement. La ville a été couverte d'autoponts de grande portée, parfois superposés, d'un effet esthétiquement déplorable, mais d'une efficacité incontestable pour la fluidité de la circulation, qu'est encore venue améliorer la longue rocade permettant, depuis 1991, de contourner l'agglomération, ainsi que divers nouveaux axes.

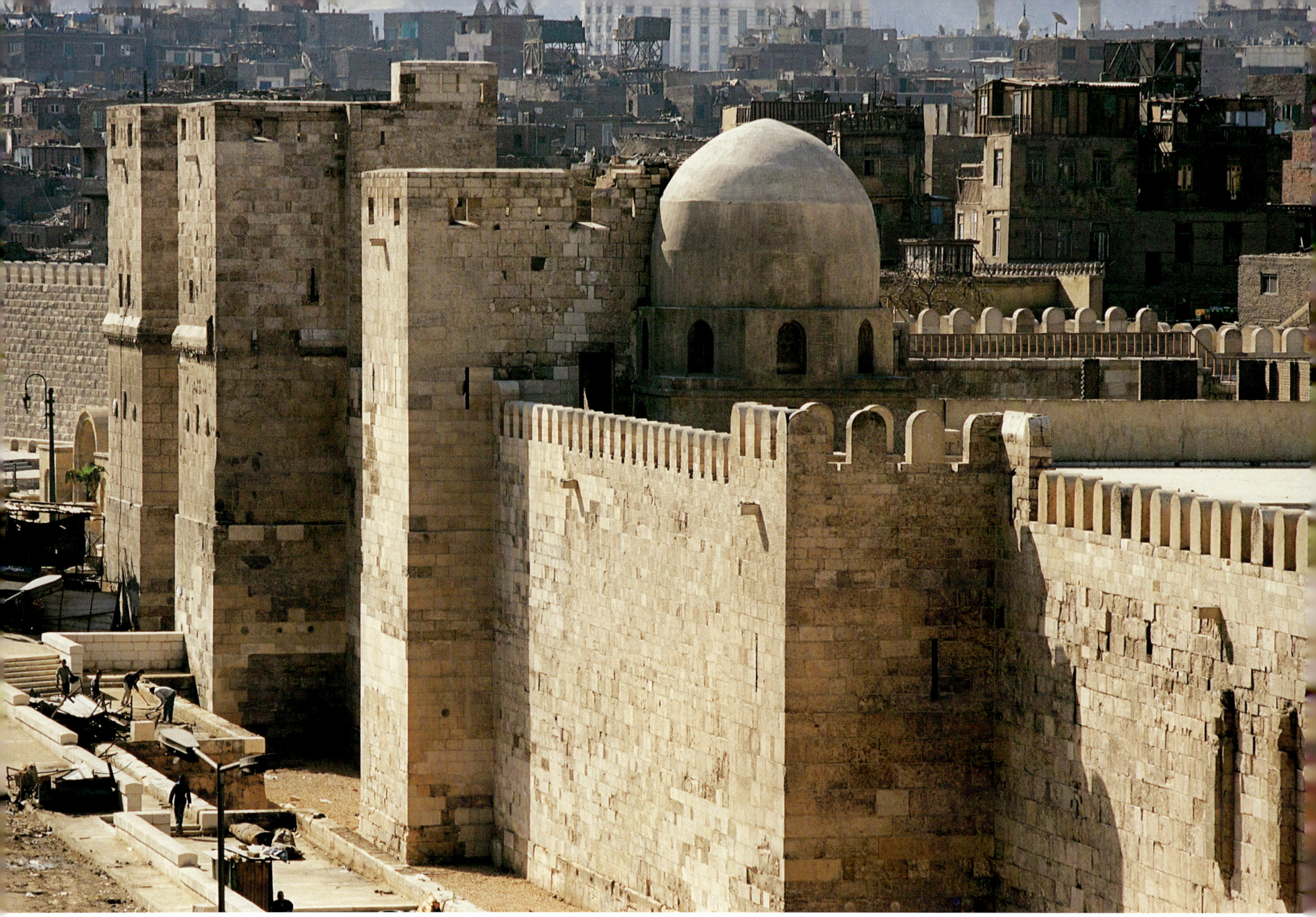

La porte de la Victoire *(Bab el-Nasr)*, inspirée de l'architecture antique, fait partie avec la porte voisine *(Bab el-Foutouh)* de l'enceinte élevée au XIe siècle.

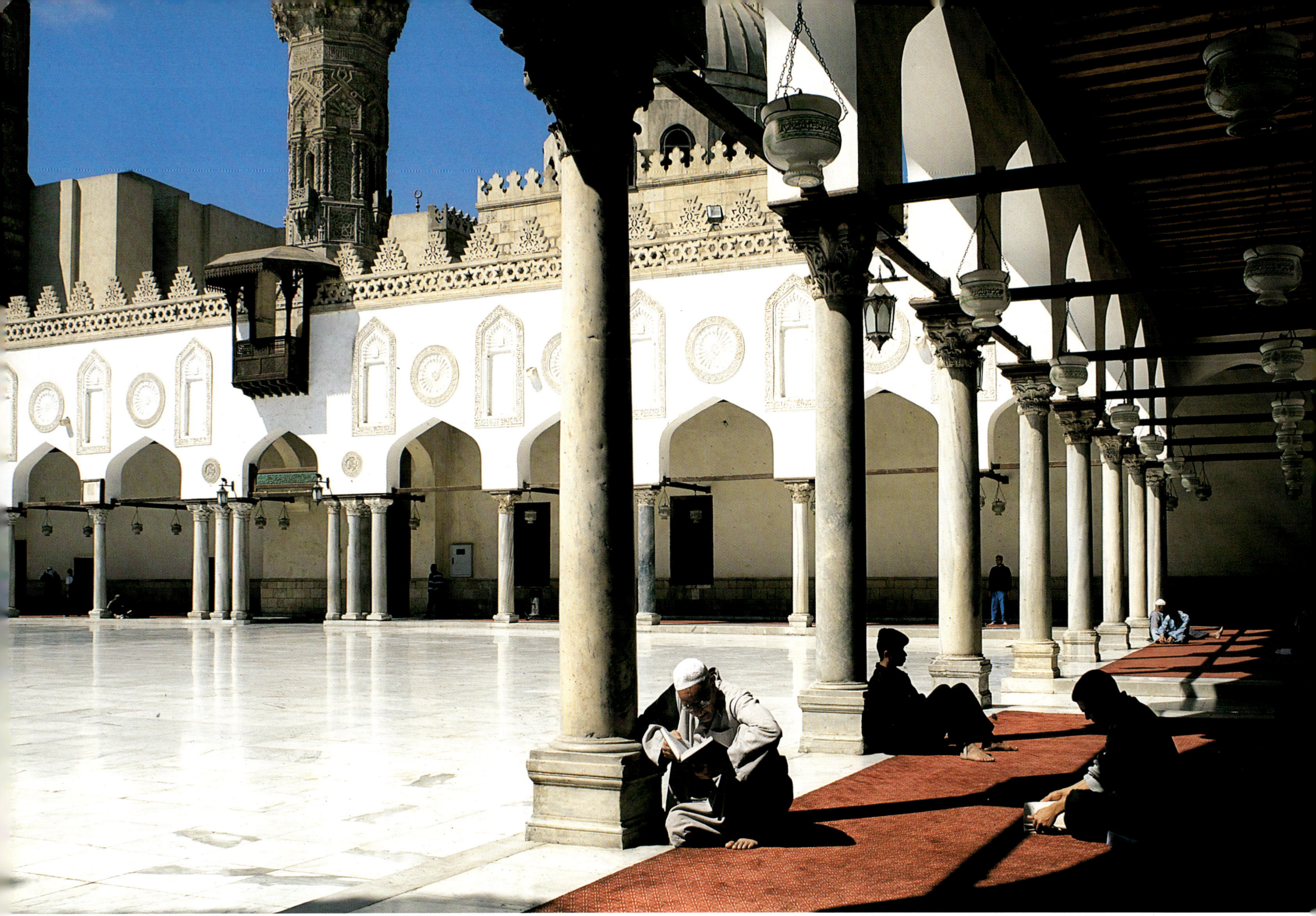

La cour centrale de la mosquée El-Azhar, propice à la méditation loin de l'agitation urbaine.

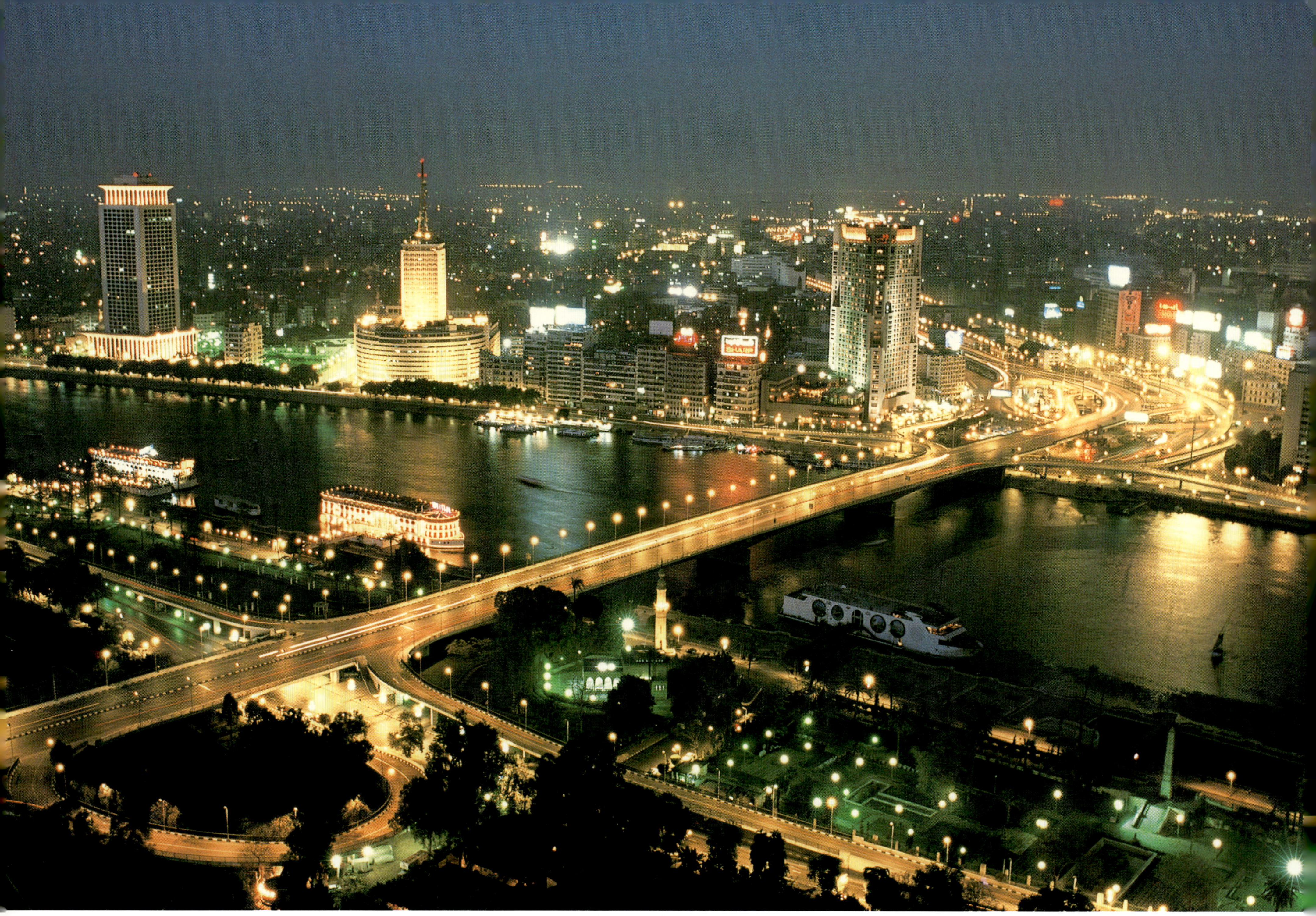

Panorama sur la capitale, « la ville qui ne dort jamais », depuis la tour du Caire (185 m), élevée en 1961 dans l'île de Gezira.

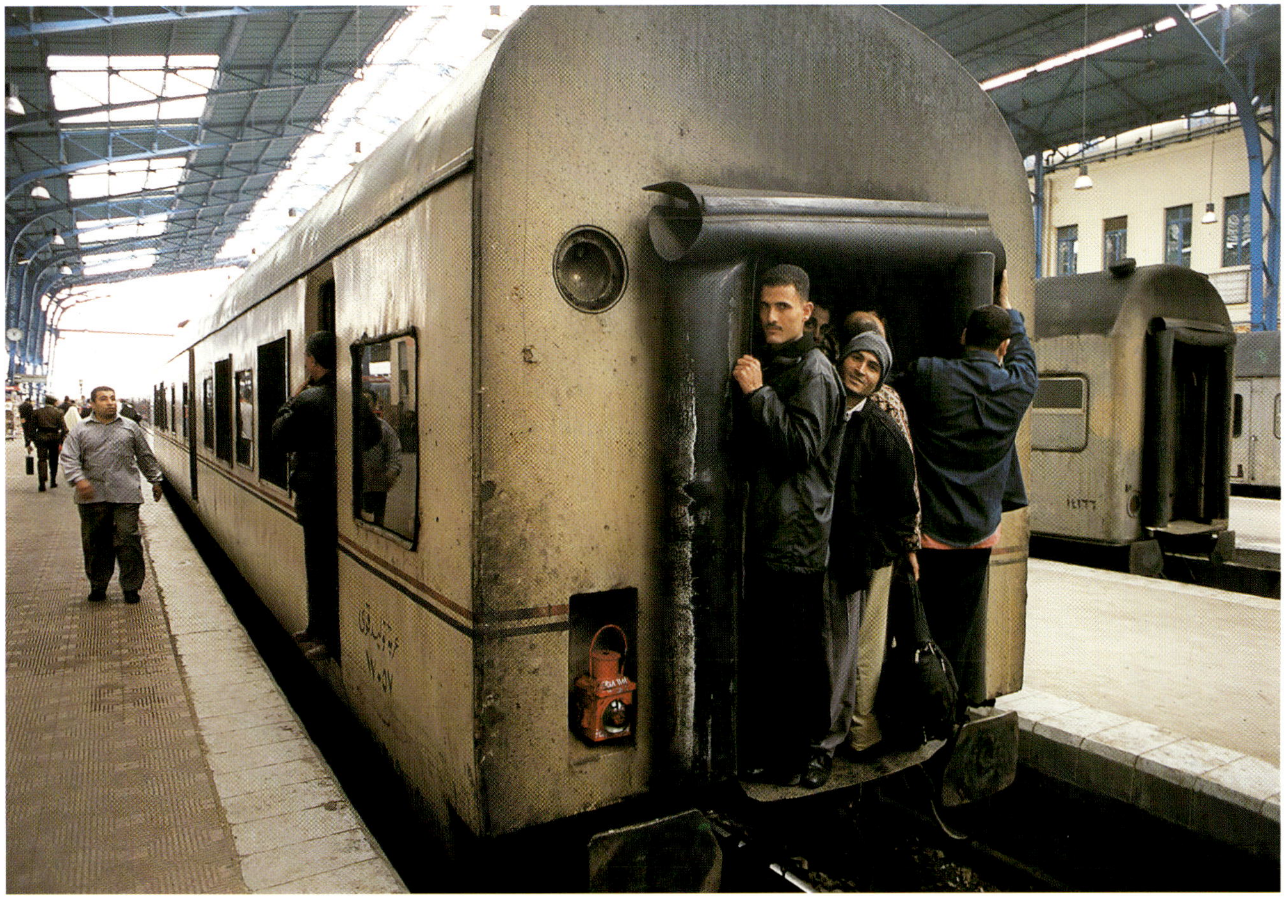

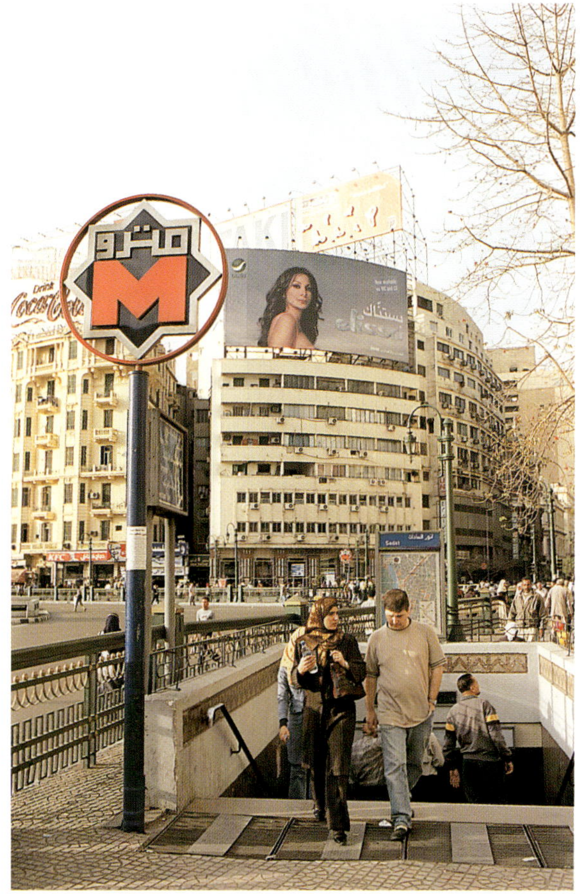

À GAUCHE : **La gare du Caire, où Kenaoui vendait ses journaux, dans le film de Youssef Chahine « Gare centrale ».**
À DROITE : **Le métro (ici la station Sadat à Midan al-Tahrir) a grandement facilité les déplacements dans la capitale.**

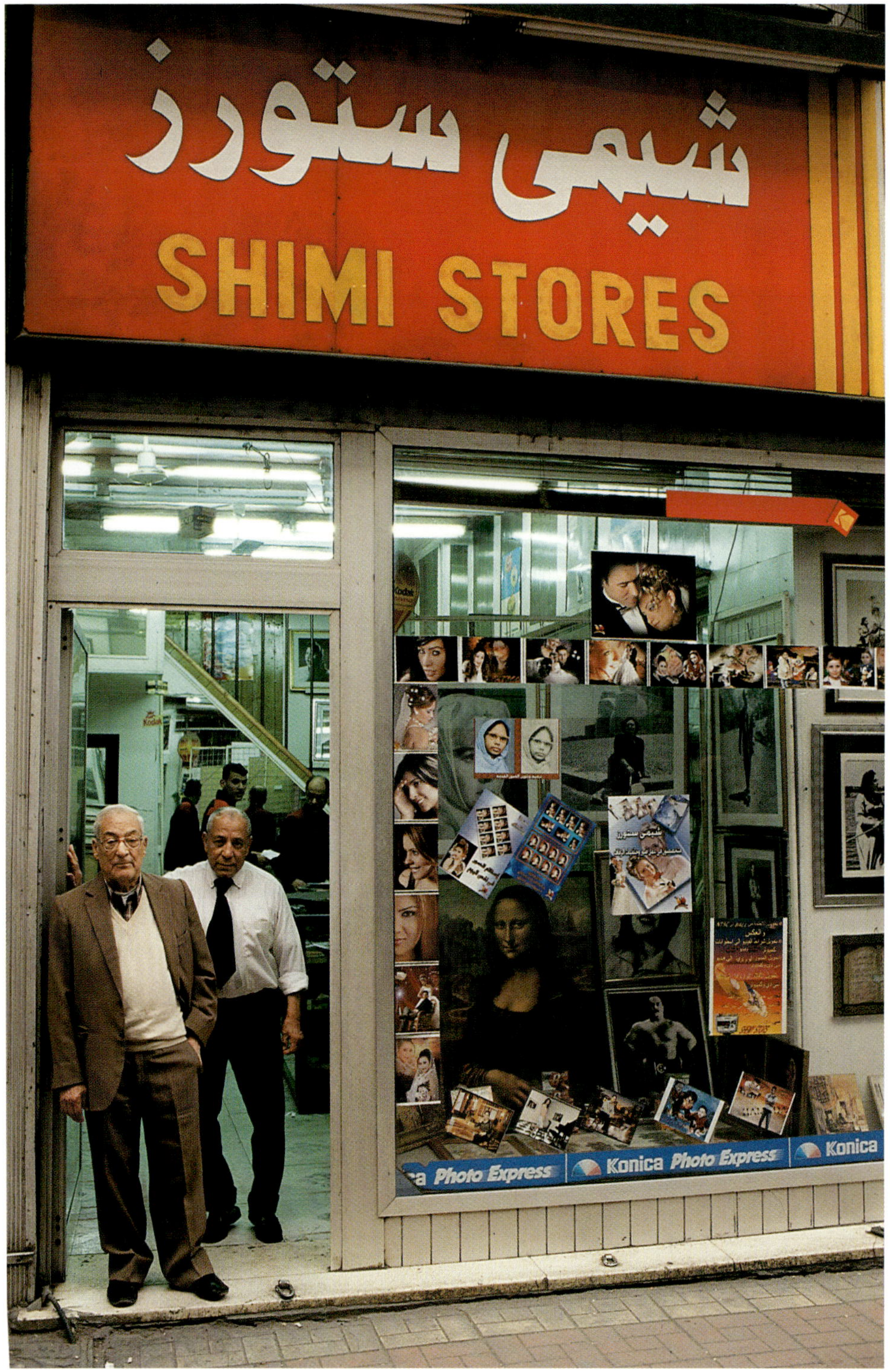

Mohamed et Kamal El-Shimi, devant leur magasin de photographie, près de Qasr el-Nil.

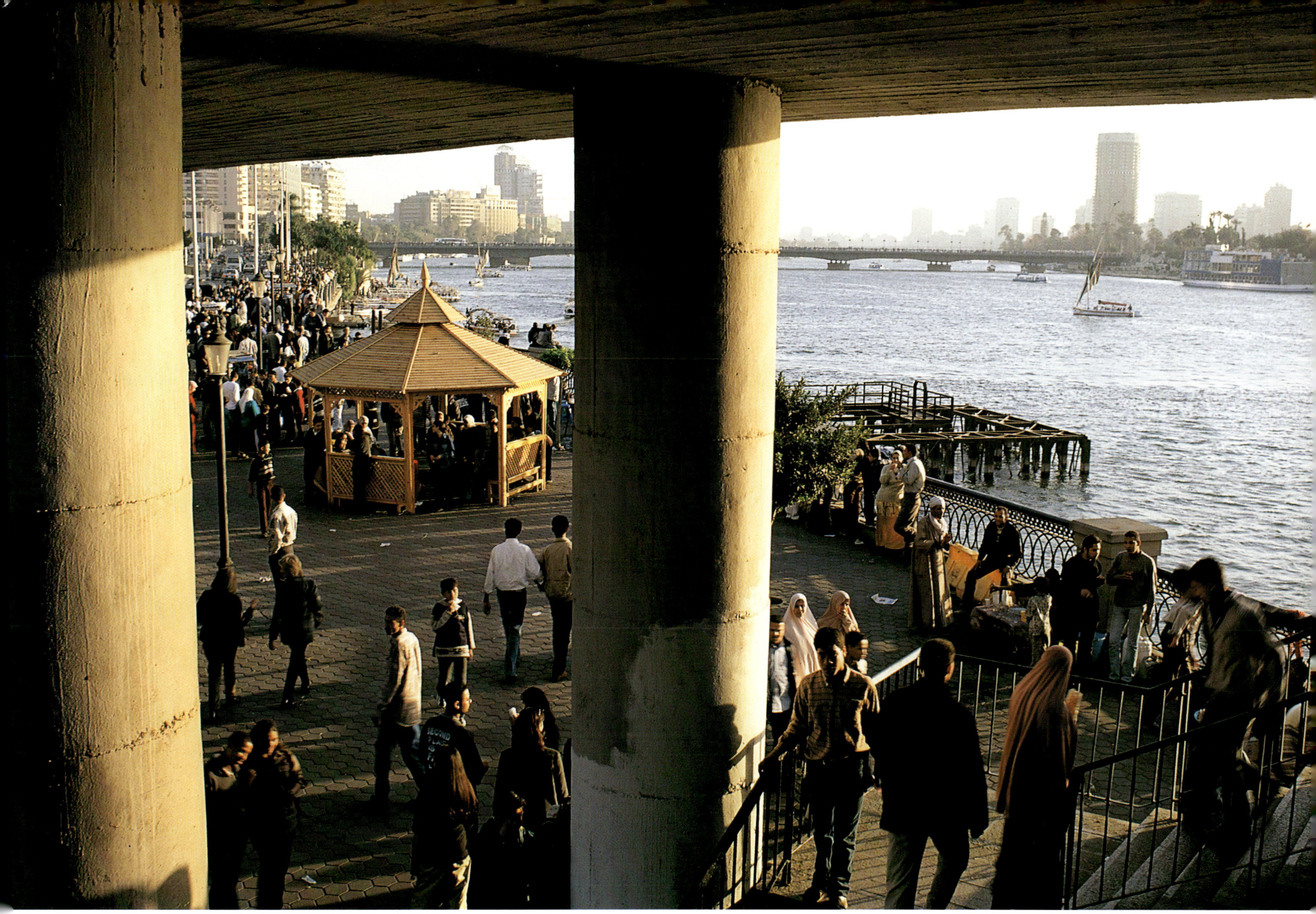

La corniche du Nil est un endroit très fréquenté, où les Cairotes viennent se détendre et les touristes admirer le fleuve.

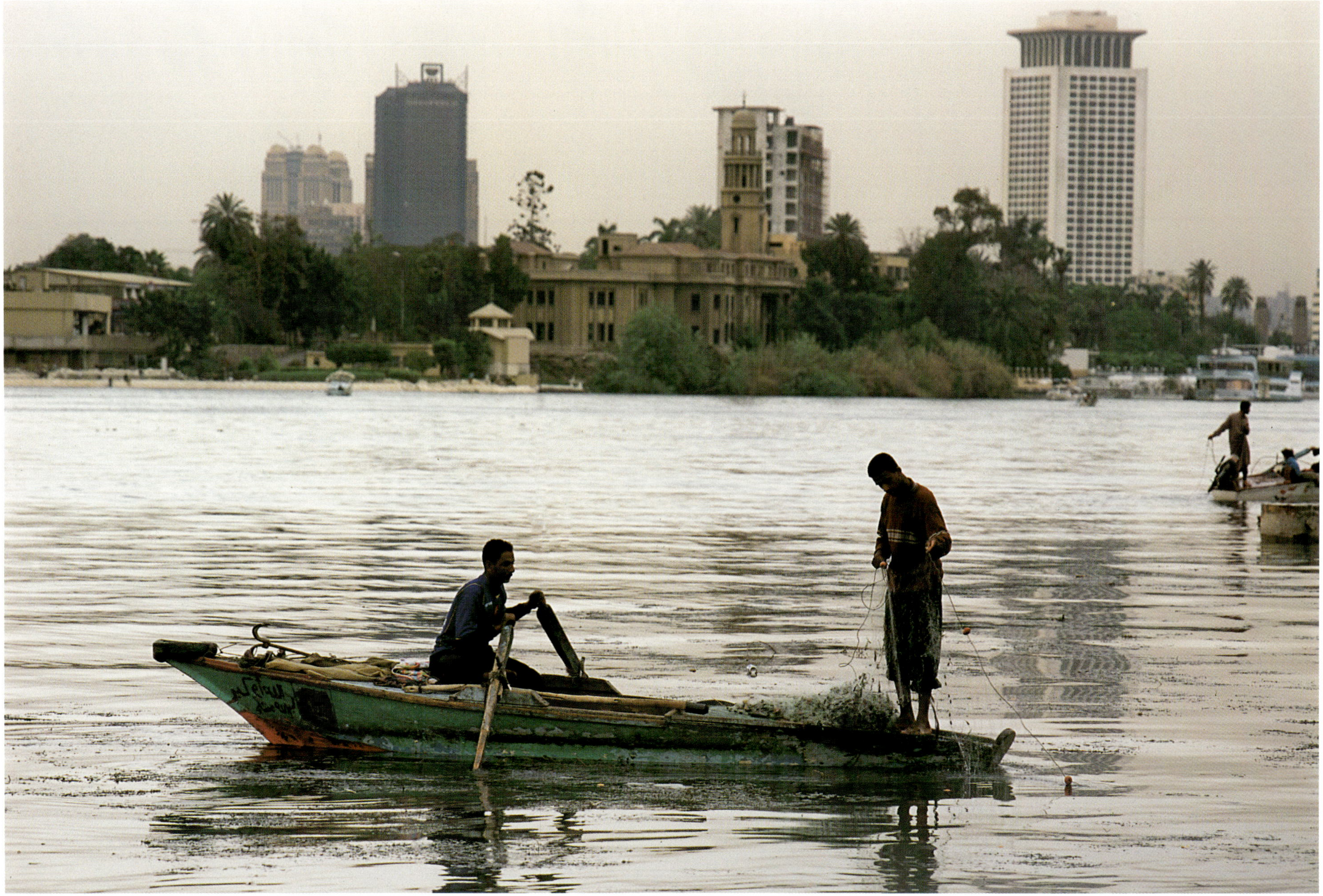

Les pêcheurs poursuivent leurs activités en pleine ville, jusqu'au pied des gratte-ciel. Pour combien de temps ?

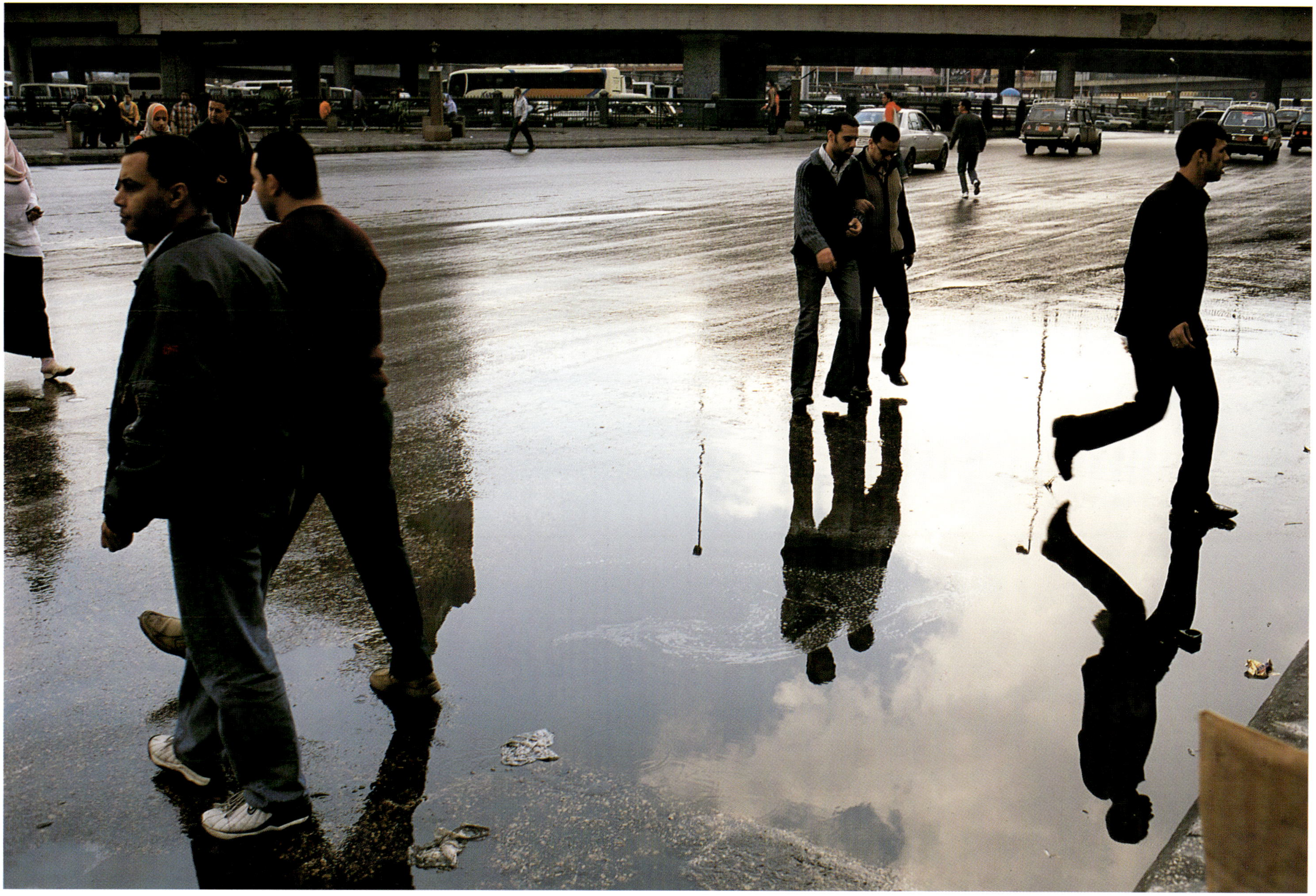

Au printemps, des pluies brèves et violentes inondent la ville, venant à bout du réseau d'égouts…

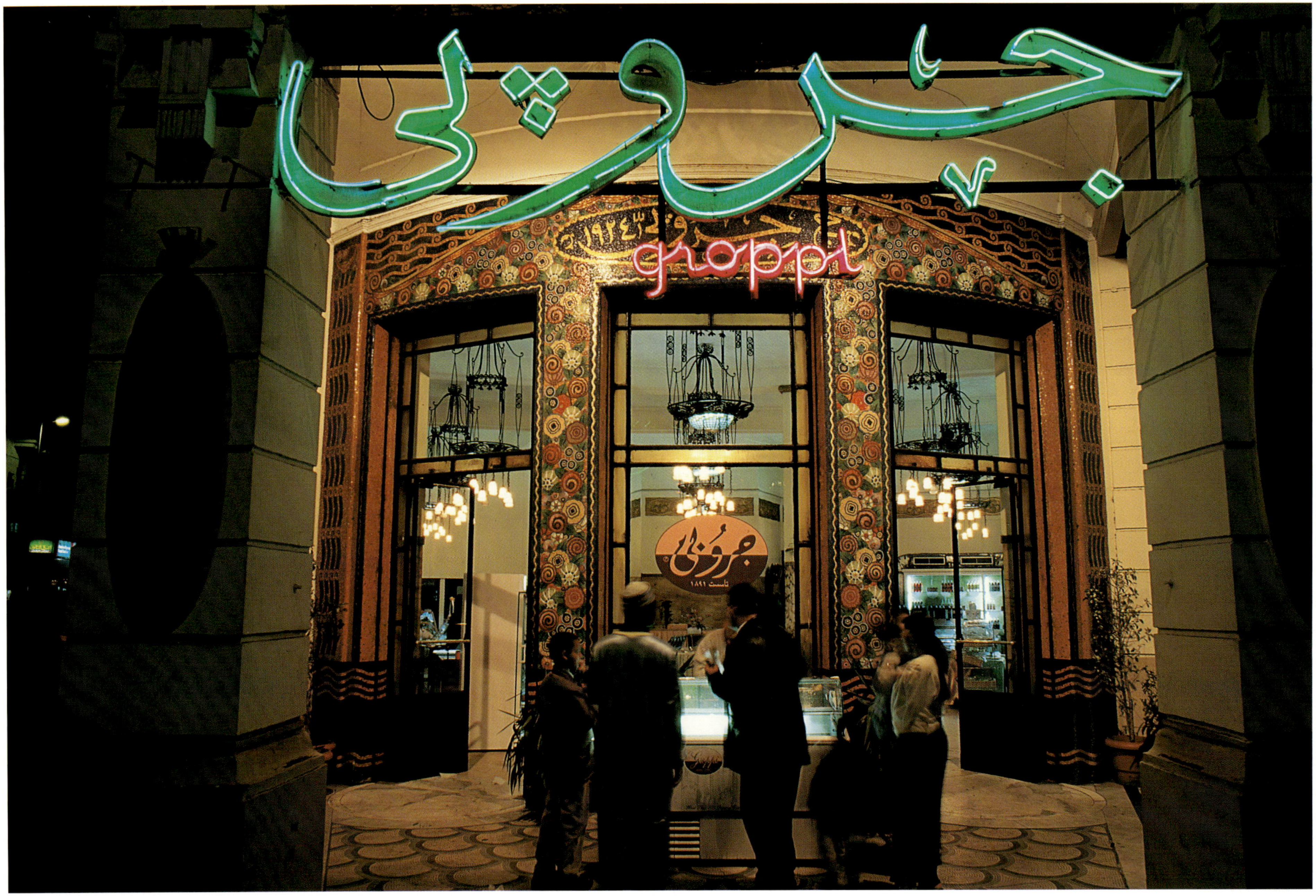

Sur la place Talaat Harb, la pâtisserie Groppi, où affluait dès les années 1920 la haute société cairote.

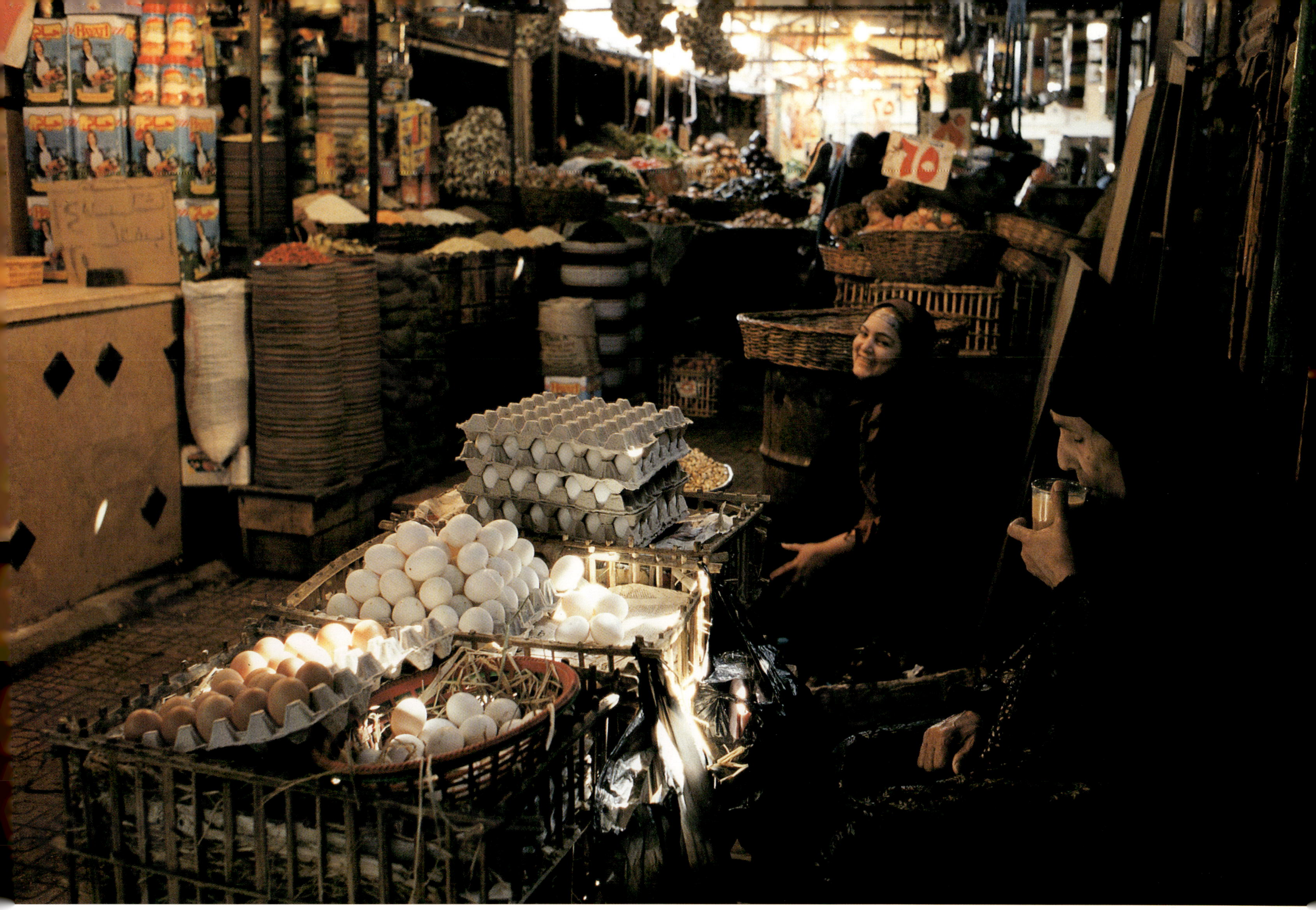

Sourire de la marchande d'œufs, dans le marché couvert du quartier d'Ibn Touloun.

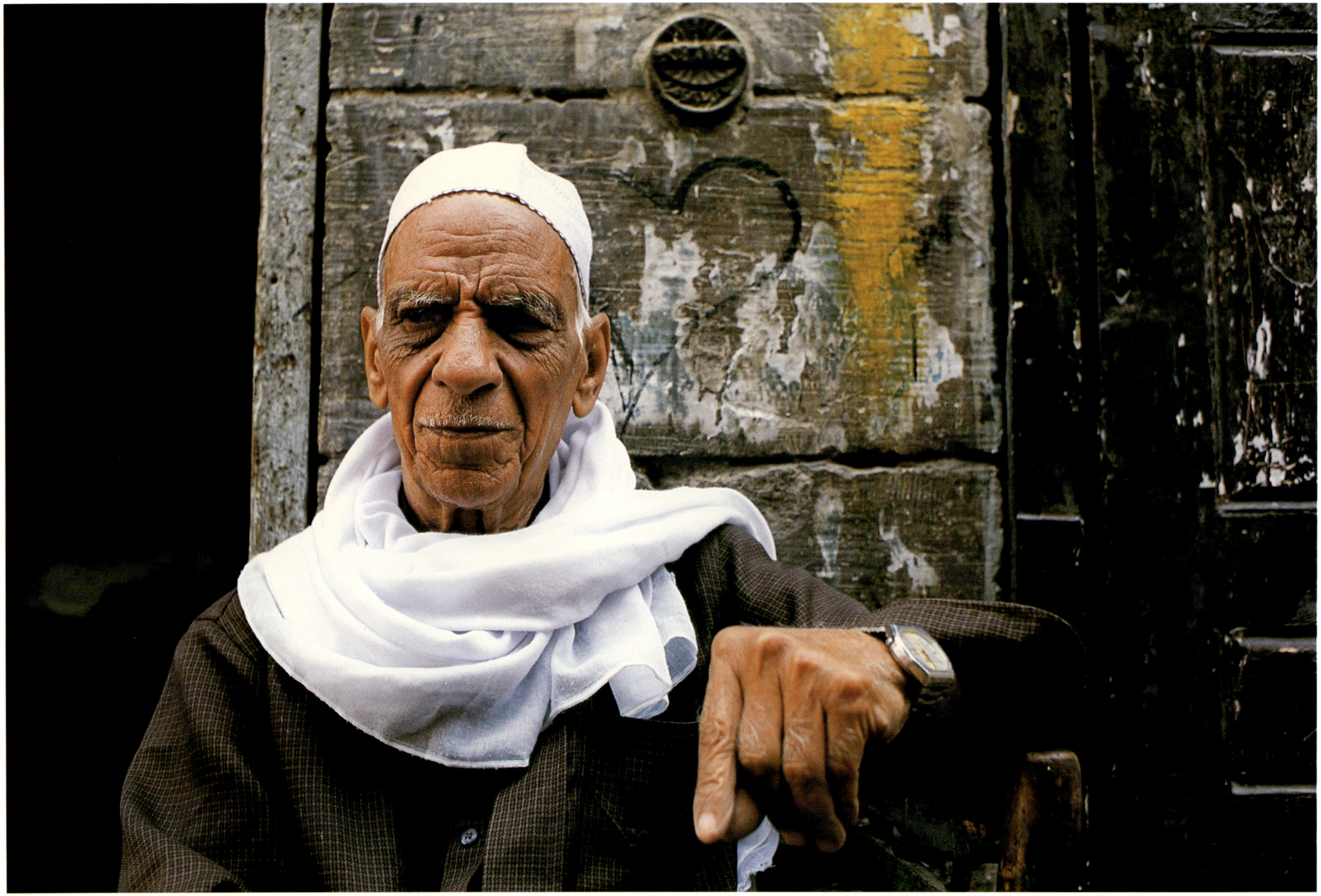

Un Cairote du quartier de Darb Al-Ahmar, témoin de plusieurs décennies de l'histoire égyptienne du siècle dernier.

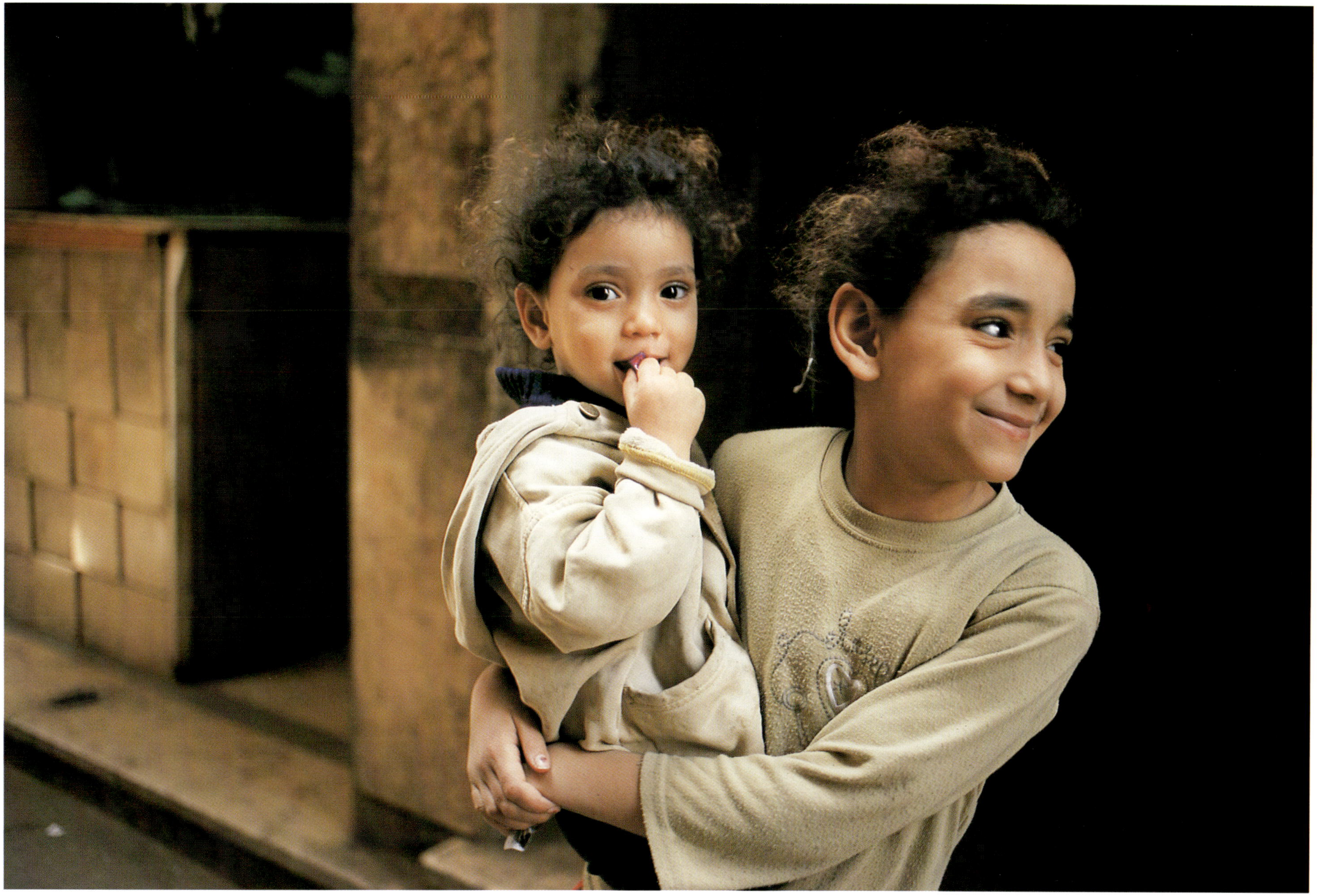

Deux sœurs de ce même quartier, qui feront les décennies du siècle présent.

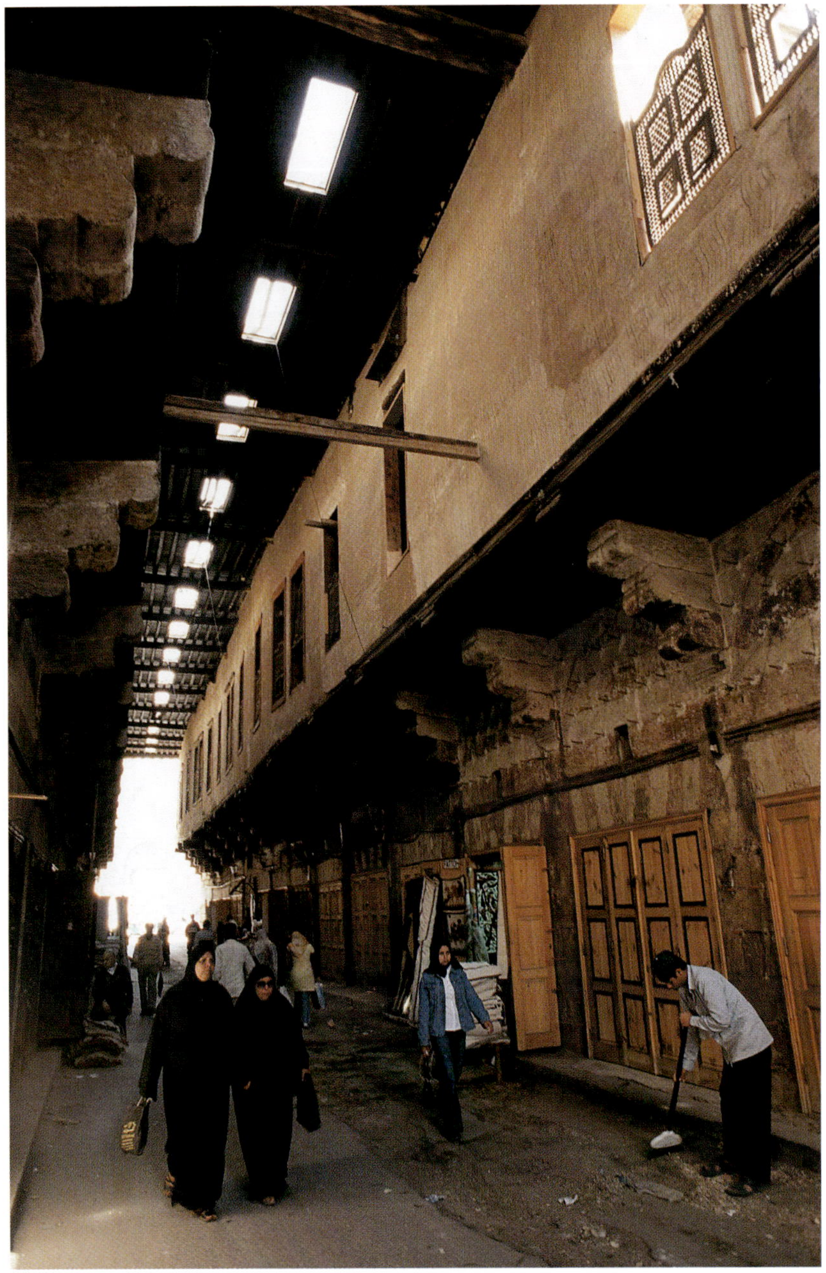

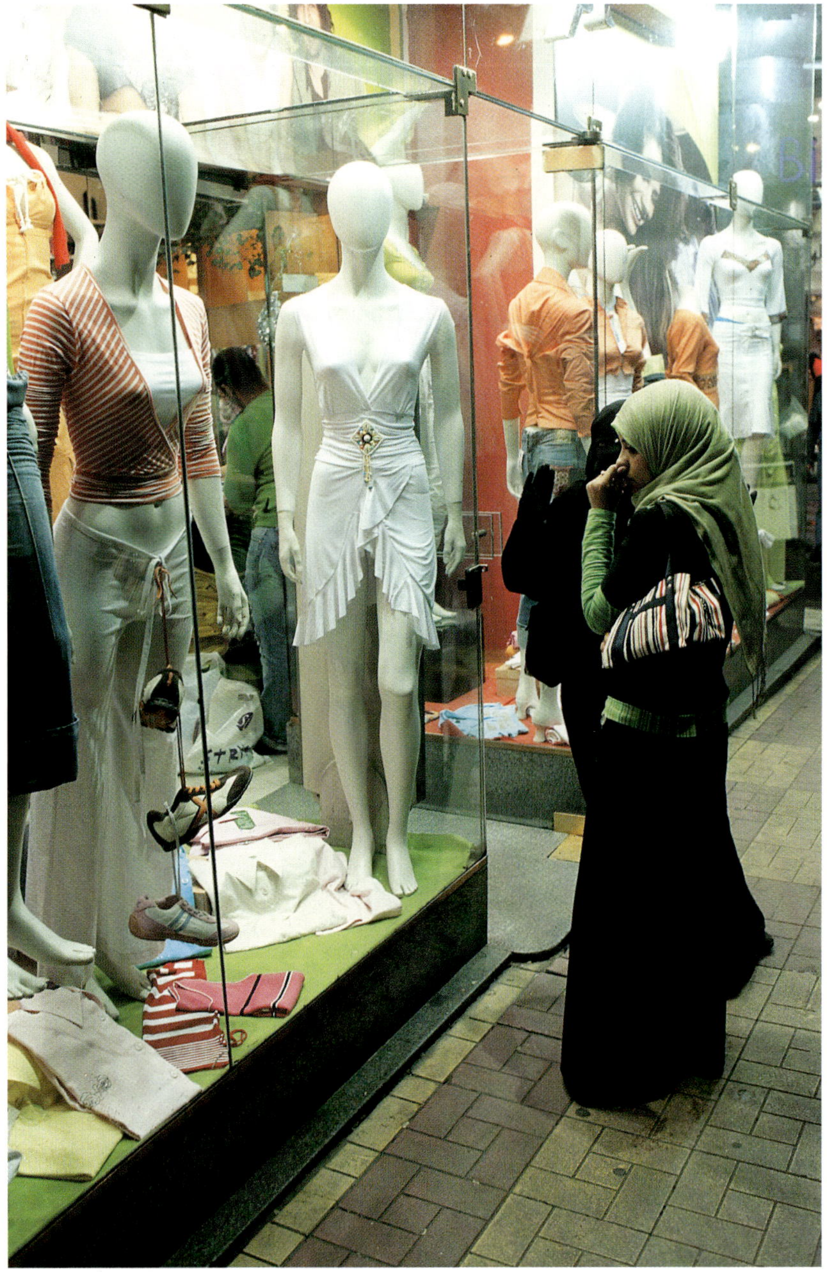

À GAUCHE : **Le passage couvert de la rue Al-Khayamiya avec ses échoppes traditionnelles, non loin de Bab Zuweila.**
À DROITE : **Les vitrines éclatantes de l'avenue Qasr el-Nil, dont les magasins restent ouverts tard le soir.**

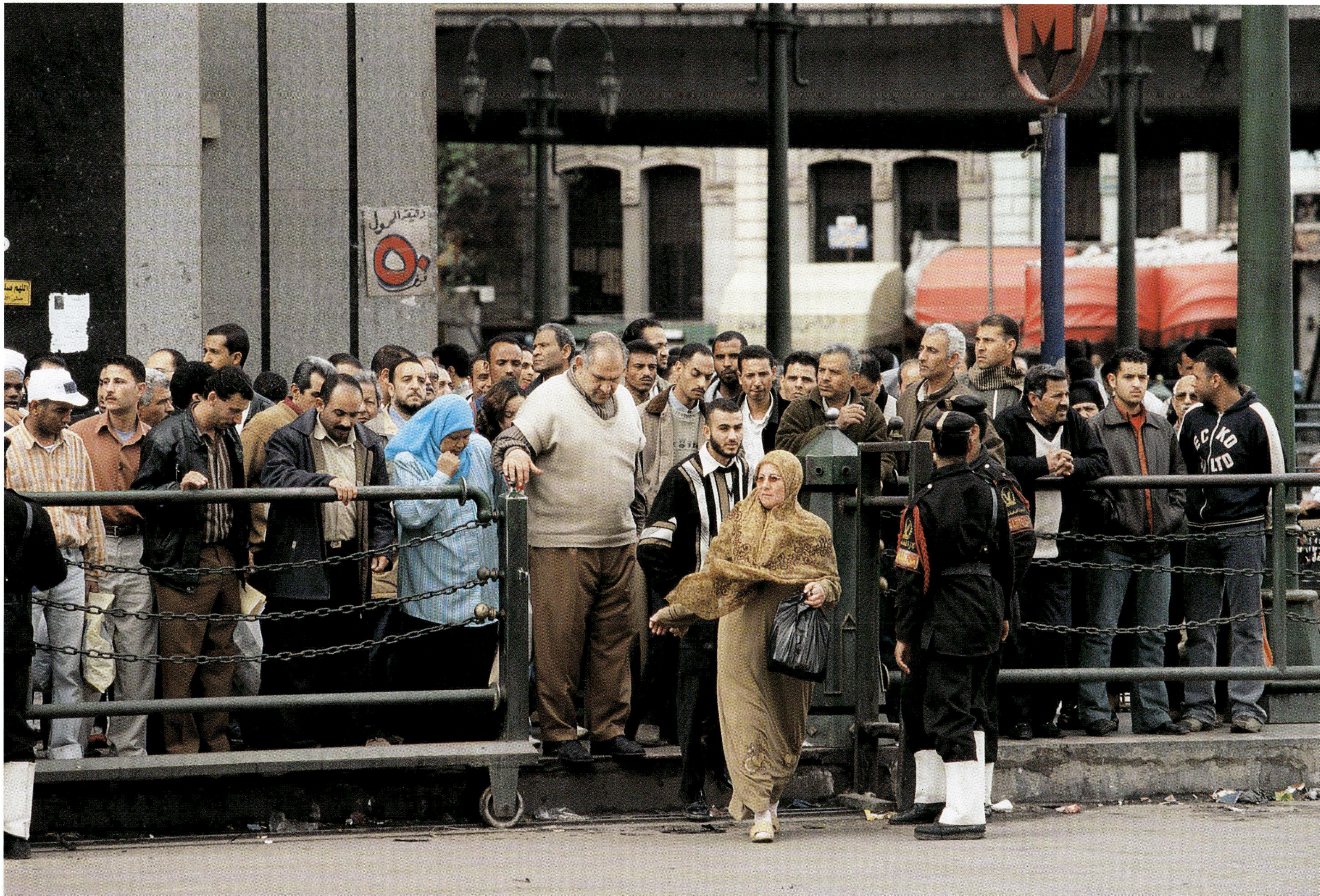

La circulation très dense et parfois chaotique rend la traversée des avenues périlleuses, hors des barrières de régulation.

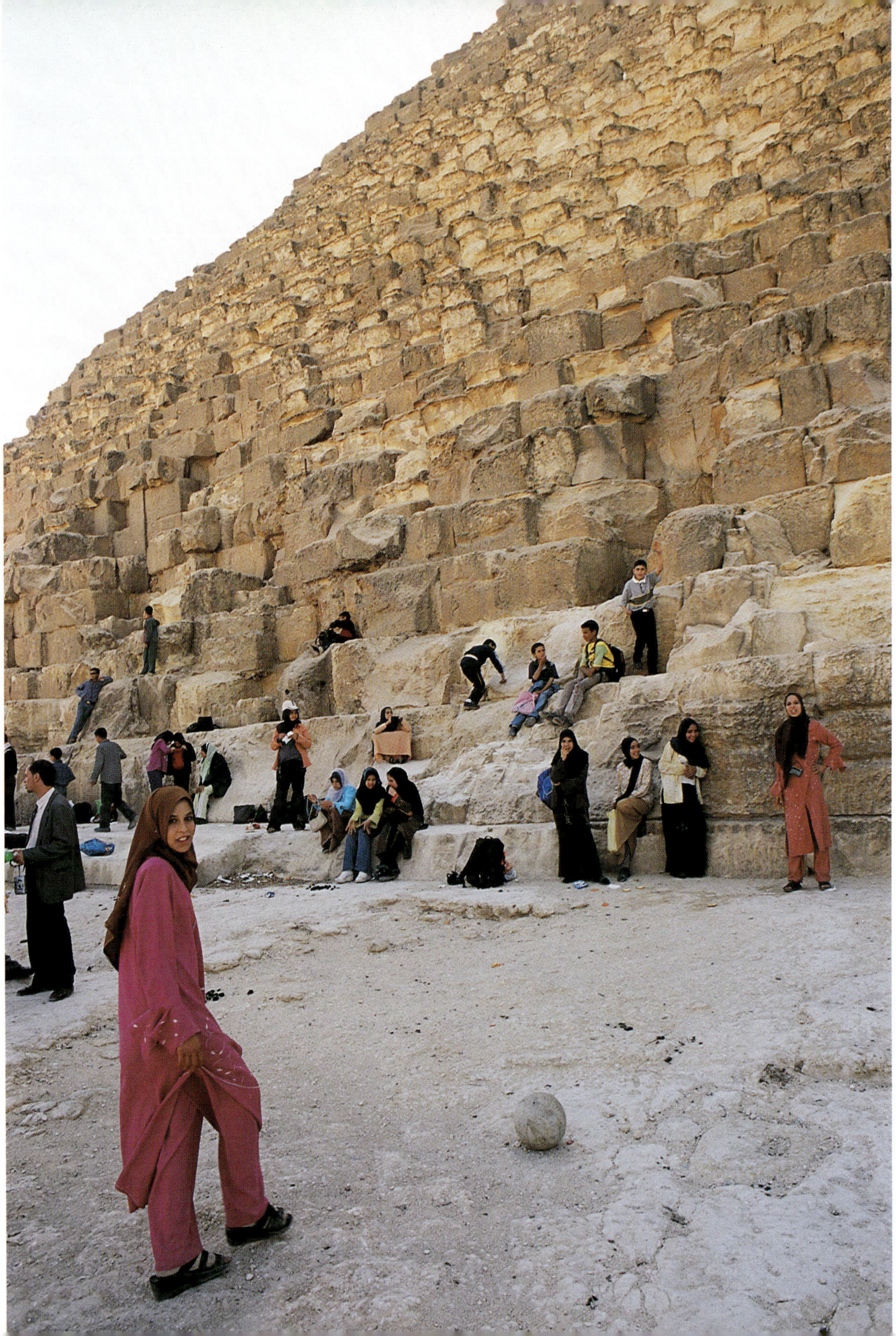

Les jours de repos, les Cairotes investissent les pyramides, comme ces jeunes filles qui s'essayent au football.

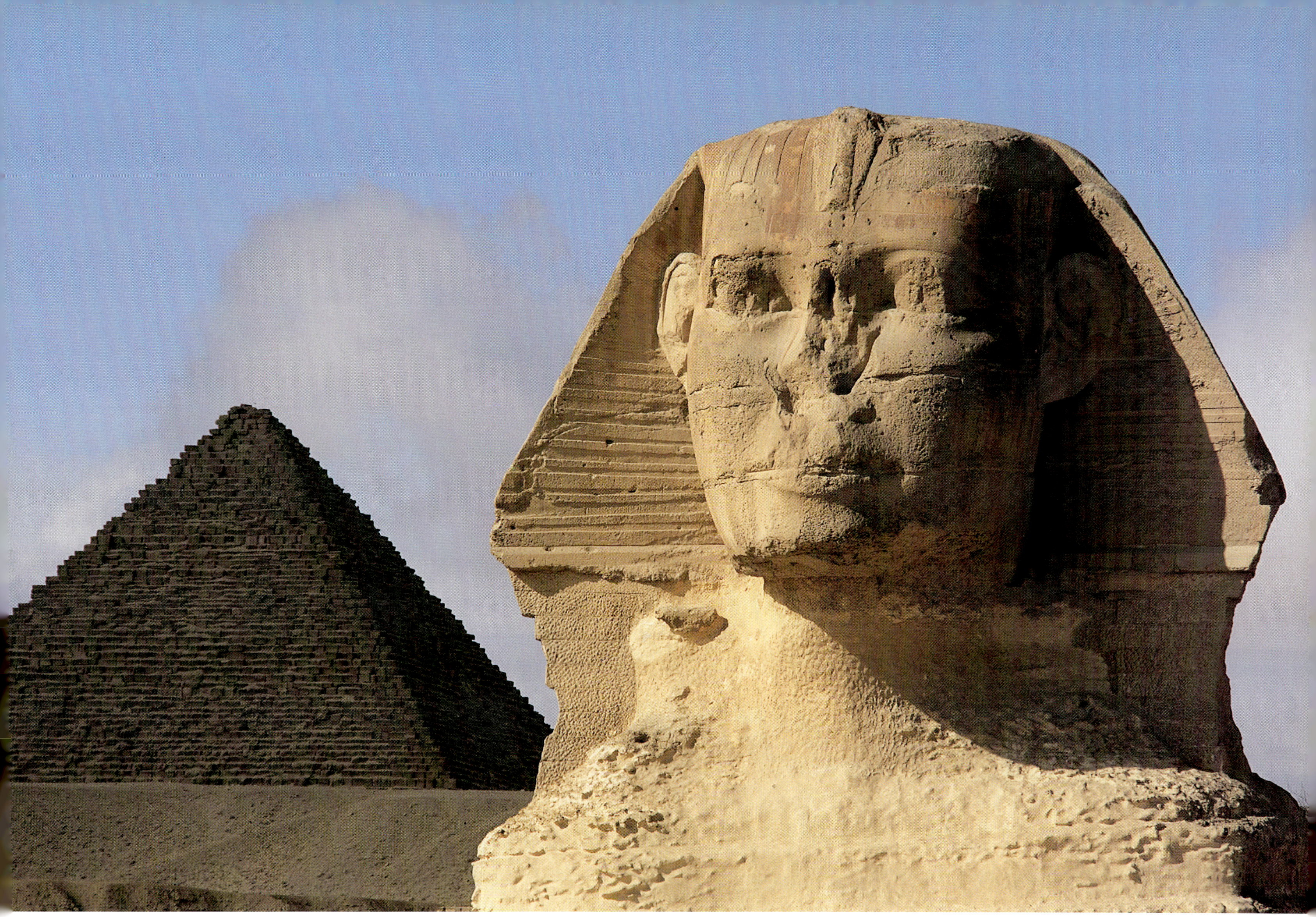

À deux pas de la capitale trépidante, la placidité du Sphinx et la majesté de la pyramide de Mykérinos.

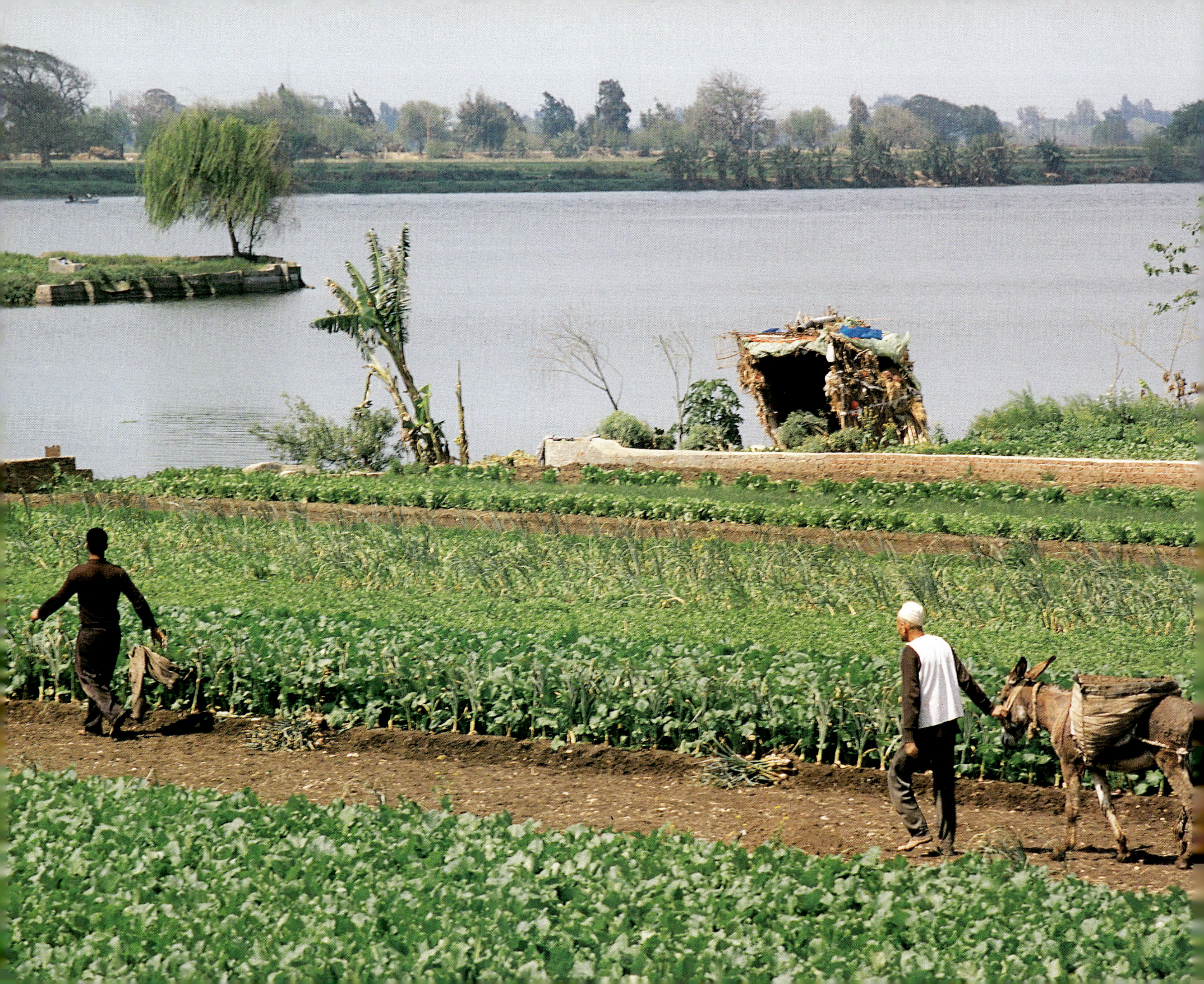

Du DELTA *à* ALEXANDRIE

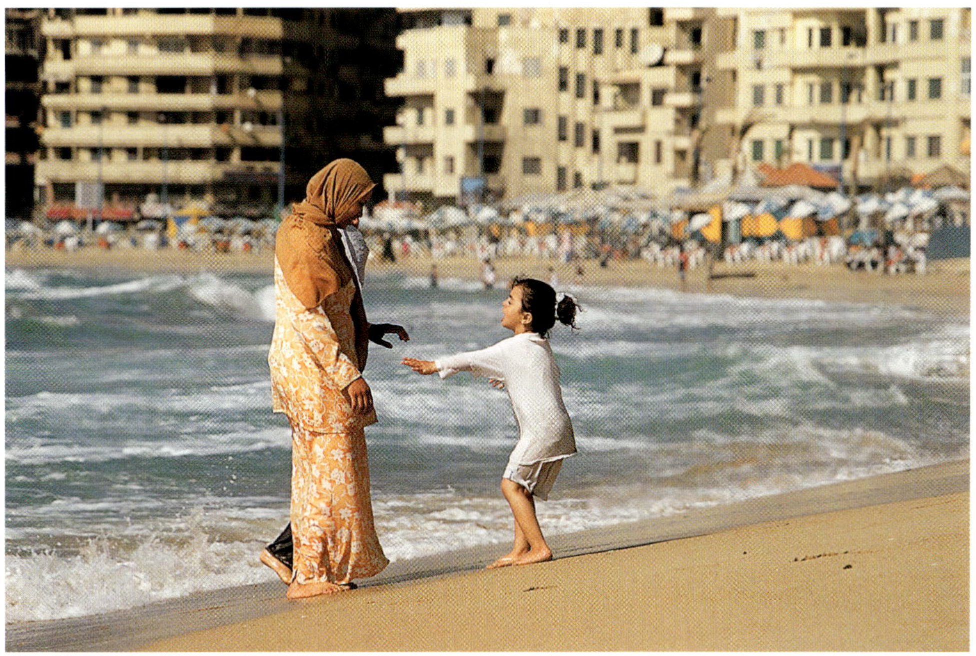

La partie orientale d'Alexandrie possède un front de mer de plusieurs kilomètres, bordée de plages.

PAGE DE GAUCHE : **Le delta est une immense étendue de cultures. Ce paysan de Basyun traverse une zone maraîchère baignée par le bras de Rosette.**

Quittant la grande mégapole égyptienne vers le nord, nous entamons la dernière étape de notre voyage à travers le Nil, en pénétrant en Basse-Égypte, occupée par le delta ; ce triangle fertile couronne le fleuve majestueux et constitue le poumon agricole de l'Égypte. Autrefois, Diodore de Sicile parlait des sept bras du Nil, Hérodote en comptait cinq, mais de nos jours, il n'y en a plus que deux qui se jettent en Méditerranée, à Rosette et à Damiette. Il y a plusieurs raisons géologiques à la disparition des branches du Nil, dont le mouvement et le basculement du delta. Suez s'élève pendant qu'Alexandrie s'affaisse. Ce territoire où l'eau et les marécages sont omniprésents joua un rôle aussi important, pendant la préhistoire et l'Antiquité, que celui de la Haute-Égypte.

Dans son grand projet de modernisation de l'Égypte, Mohammed Ali fit construire une des plus grandes retenues d'eaux du XIXe siècle, les barrages *El-Qanatir El-Khayriya*, établis à la pointe méridionale du delta, une vingtaine de kilomètres en aval du Caire, pour assurer la régulation hydraulique de la Basse-Égypte. Ce projet fut conçu pour la première fois en 1833 avec une étude confiée à Linant de Bellefonds

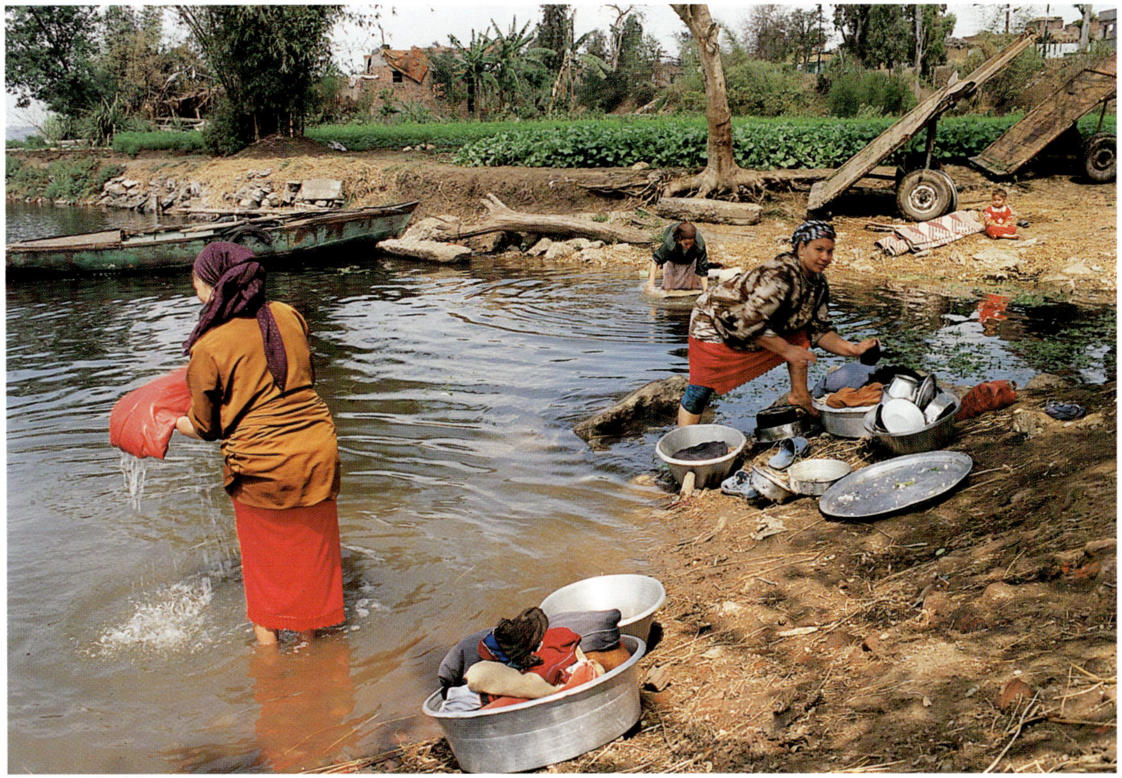

Une scène qui devient de plus en plus rare : la grande lessive sur le bras de Rosette, dans les environs de Basyun.

(1799-1883), un officier de marine français passé au service de Mohammed Ali. En 1842, les travaux sont confiés à un autre ingénieur français, Dieudonné-Eugène Mougel. La construction va durer près de vingt ans et traverser les règnes de trois khédives. Il est terminé en 1863, mais les erreurs de conception sont telles qu'il doit être constamment réparé. En 1883, il était question de l'abandonner au travail de sape du fleuve, mais il fut sauvé par intérêt historique, car, à cette époque, le barrage du delta était encore le plus grand ouvrage hydraulique au monde. Ce barrage est entouré par une forteresse, *El-Qalaa El-Saïdiya*, construite d'après des plans du même Mougel entre 1856 et 1859, à la demande de Saïd Pacha, qui régna de 1854 à 1863. Le parc et le jardin d'acclimatation qui l'entourent, et qui représentent aujourd'hui un lieu de promenade et de pique-nique privilégié des Cairotes, surtout durant les fêtes, ont été créés à la fin du XIXe siècle par Willcocks, un ingénieur anglais passionné de botanique.

En élevant le niveau du fleuve, Mohammed Ali a ainsi régulé à la fois le cours du Nil et l'agriculture. Le delta fut aussi plus le grand producteur au monde de coton et, en outre, d'un coton exceptionnel. Ce fut également Mohammed Ali qui l'introduisit au XIXe siècle. Le khédive Ismaïl, grand réformateur, a su, de plus, tirer parti de la guerre civile aux États-Unis. Incapables de faire face à la demande, les États-Unis perdirent le monopole de cette industrie en faveur de l'Égypte. Toutes les grandes fortunes égyptiennes datent d'ailleurs de cette période. On l'a ainsi nommé l'or blanc du delta. L'âge d'or du coton perdura cent cinquante ans, mais s'arrêta avec l'arrivée d'un autre réformateur, Nasser, qui expropria les grands propriétaires pour distribuer les terres aux petits paysans. Comme le coton est la fierté du pays, sa culture est étroitement surveillée et contrôlée par l'État, ce qui malheureusement entrave sa modernisation. L'exploitation de ce trésor fait toujours l'objet de débat en Égypte.

Comme nous l'avons mentionné dans notre étape d'Assouan, les inconvénients du Haut-Barrage se répercutent jusqu'au delta. Menacé par l'érosion — la Méditerranée avance à l'intérieur des terres —, le delta est en péril. Le barrage d'Assouan retient des mètres cubes

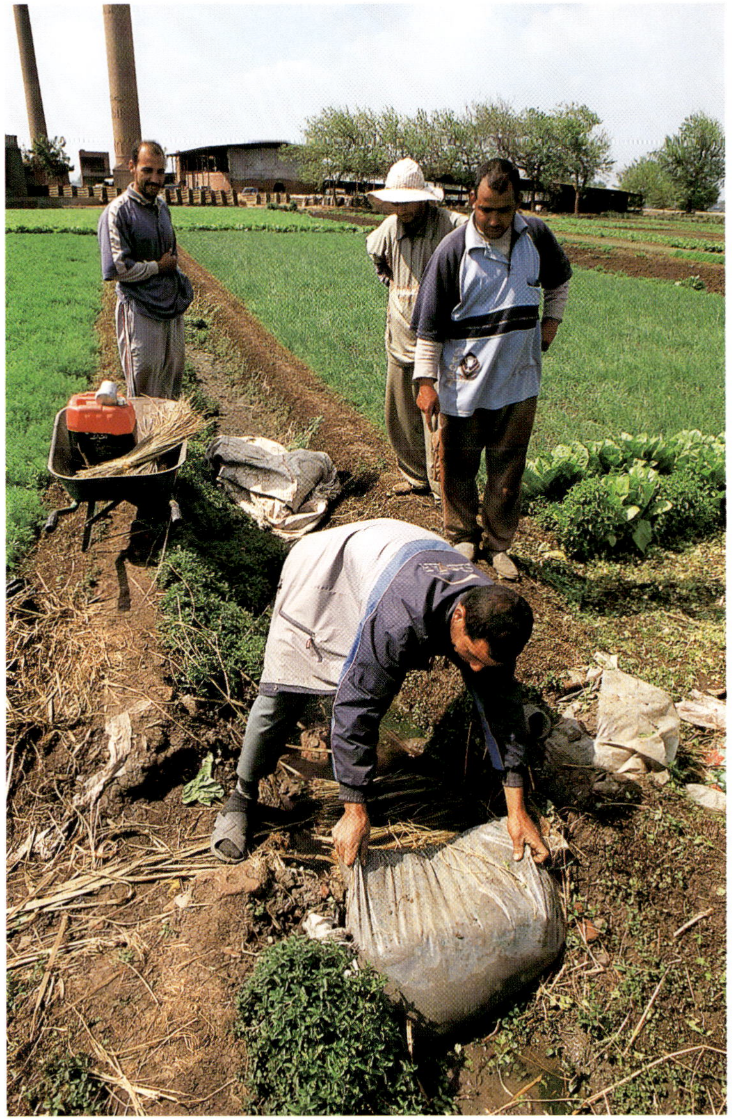

Les bras du Nil alimentent un dense réseau de canaux, dont la gestion est assurée par la communauté.

d'alluvions, obligeant le paysan à employer une quantité importante d'engrais chimique pour compenser. De plus, le Nil, qui traverse neuf pays, arrive dans le delta déjà pollué et parsemé de déchets de toutes sortes. Les terres s'appauvrissent et la teneur en sel y augmente de jour en jour. Autre conséquence très nocive pour l'environnement, oiseaux et insectes y survivent difficilement aujourd'hui. Nous pouvons ainsi légitimement nous demander si les hérons, les cygnes, les flamants et les pélicans disparaîtront un jour, comme l'ibis et le papyrus ? Un autre fléau s'ajoute à la dégradation de cette région, la jacinthe d'eau. Elle fut importée au XIXe siècle pour décorer les bassins et les plans d'eau des établissements de luxe de l'époque. Se reproduisant rapidement, elle étouffe aujourd'hui le delta. Son abondant tapis vert pompe l'eau d'une manière alarmante et, de plus, abrite l'escargot, vecteur de la bilharziose.

Dans le delta, nul répit. L'homme doit constamment élever l'eau, la canaliser, soigner ses canaux et ses rigoles, irriguer et puis drainer, enfin curer les canaux. Ici, il n'est point de saisons. L'homme est condamné, par un ciel parfaitement serein, une température toujours propice, une eau abondante, au labeur perpétuel. Dans les champs du coton, des milliers d'enfants travaillent, filles et garçons, de six à douze ans. Ils sont agiles, résistants. Ils vont à l'école de temps en temps, quand le coton laisse quelque répit. C'est une plante luxueuse qui demande autant de soins qu'un rosier. Sur des hectares, les enfants, à peine plus hauts que les cotonniers, avancent en ligne sous la surveillance du gardien drapé dans sa *galabieh* (djellaba) bleue, sous son ombrelle. Il faut surveiller la feuille, enlever les vers, puis, plus tard, cueillir la capsule mûre et égrener le coton. Dix heures de travail par jour, mais aucune machine ne peut suppléer leur intelligence, leur habileté. Les enfants sont la richesse de l'Égypte… Quand il n'y a pas le coton, il y a la *gamousse* à garder, l'âne à conduire, les mille travaux quotidiens.

Si les *Saïdi*, gens de Haute-Égypte, sont connus pour leur dignité, leur générosité et leur impétuosité, leurs cousins du delta sont sobres, parcimonieux et vifs d'esprit. Les maisons traditionnelles du delta, qui deviennent de plus en plus rares à cause des constructions modernes en béton armé, sont belles. Grises comme l'argile dont elles sont bâties, elles s'élèvent sur plusieurs étages le long de ruelles étroites : il ne faut rien perdre du sol précieux. Autrefois, le fellah fabriquait lui-même ses briques crues. Près du canal, il dressait une couronne d'argile avec en son centre de la paille hachée. Il ajoutait petit à petit de l'eau à ce mélange qu'il foulait avec ses pieds. De cette boue, il façonnait des briques qui séchaient au soleil. C'est la même procédure depuis le temps des pharaons. Les villages sont parfois énormes, dépassant souvent 30 000 habitants, ce qui a créé une extraordinaire densité de vie dans le delta, presque unique au monde. Le delta compte des centaines de villages et une demi-douzaine de villes (dont *Mahalla el-Koubra*, la troisième ville d'Égypte par la population après Le Caire et Alexandrie), souvent nées du développement de l'industrie et du commerce des textiles.

Les présidents Sadate et Moubarak sont natifs de Menoufiya, une province de riches vergers. Chaque partie du delta a sa propre personnalité. Mansoura, la ville de la Victoire, fut fondée sur l'emplacement de la défaite des croisés de Saint Louis devant les mamelouks. Elle est considérée comme la reine du delta avec ses villas élégantes construites au bord du Nil et

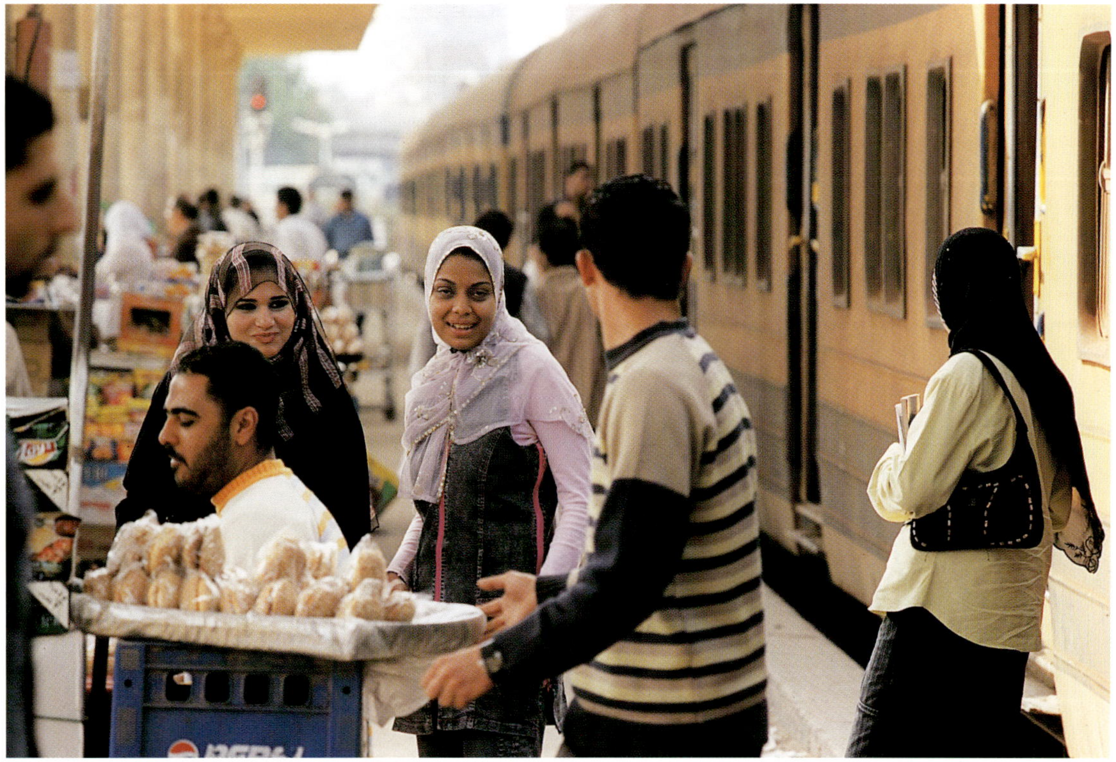

Étudiantes dans la gare de Tantah, grande ville au centre du delta, dont l'université est réputée.

ses habitants à la peau claire et aux cheveux blonds. Les femmes de Zagazig, chef-lieu de la province de Charkieh et ville universitaire, sont renommées pour leur beauté bédouine et leurs yeux de gazelle, et les hommes pour leur générosité. Damiette, vieux port rival d'Alexandrie au Moyen Âge, est le centre de l'industrie du meuble en Égypte et ses habitants sont réputés pour leur sens des investissements financiers.

Tanta est l'une de ces grandes villes. À 44 km du Caire, chef-lieu de la province de Gharbieh, elle compte quelque 600 000 habitants. Siège d'un évêché depuis l'époque byzantine, elle est aujourd'hui un gros centre agricole réputé pour ses foires. Elle abrite le mausolée du plus grand saint musulman du pays, Al-Sayyid Ahmed El-Badaoui. Trois *mouled* sont célébrés chaque année en son honneur, qui attirent plus de 2 millions de personnes. D'origine marocaine et de retour du pèlerinage de La Mecque au XIe siècle, il fut considéré comme un saint homme, réputé pour ses guérisons miraculeuses. À sa mort, le 24 août 1276, jour anniversaire du Prophète, il fut enterré dans la demeure où il avait vécu. Une mosquée lui est consacrée, et il est de tradition de grignoter lors de sa fête des gâteaux traditionnels et la « graine du Prophète », *habb el-Aziz*. La région est également réputée pour sa culture du jasmin, dont la récolte est faite de nuit par les enfants.

Malheureusement, l'humidité du delta, l'apport continu de limon et l'intense occupation des sols ont fait disparaître les cités antiques de la région. De Bouto, Léontopolis, Mendès, Naucratis, Piramsès et Athribis, il ne reste que des fragments épars en ruines. Bubastis, près de Zagazig, ancienne ville de la déesse chatte Bastet, est réduite à quelques blocs de pierre rongés par les sels. Le temple dédié à cette déesse avait son propre élevage de chats sacrés. On en faisait offrande à la déesse, ils étaient embaumés, momifiés et inhumés. Au XVIe siècle en France, les apothicaires vendaient une drogue provenant de la combustion des momies appelée « mummie ». En 1888, trois cent mille momies furent vendues aux enchères en Angleterre et furent transformées en engrais. Le plus important site de tout le delta reste celui de Tanis. Situés à 70 km au nord-est de Zagazig, les vestiges de l'antique Tanis émergent à l'orée du désert, au pied du village de San el-Haggar. Capitale de l'Égypte sous les XXIe et XXIIe dynasties, Djâne, en égyptien ancien, rivalisait en taille et en beauté avec Thèbes : Psousennès Ier y fit construire un grand temple d'Amon (dont il ne reste qu'un amoncellement de granite) et ses successeurs des sanctuaires aux divinités thébaines Khonsou et Mout. Agrandie à l'époque ptolémaïque, la ville prend alors le nom de Tanis, avant que la submersion de la région n'entraîne son déclin à l'époque romaine. S'étendant sur plus de 4 km^2, le site conserve une multitude de statues et de colonnes. À l'intérieur de l'enceinte, une grande nécropole contenant notamment quelques tombeaux royaux (Psousennès Ier, Chéchonq III, Orsokon) a été mise au jour par l'archéologue français Pierre Montet au début du XXe siècle. Ce fut une découverte comparable à celle de Toutankhamon à l'époque.

Nous allons suivre le bras occidental du Nil qui porte le nom de la ville vers laquelle nous nous dirigeons, *Rashid*, l'ancienne Rosette, qui se trouve à 65 km à l'est d'Alexandrie. Là, le Nil se jette dans la

Témoin de la grande campagne de la scolarisation des enfants : la sortie des classes à Rosette.

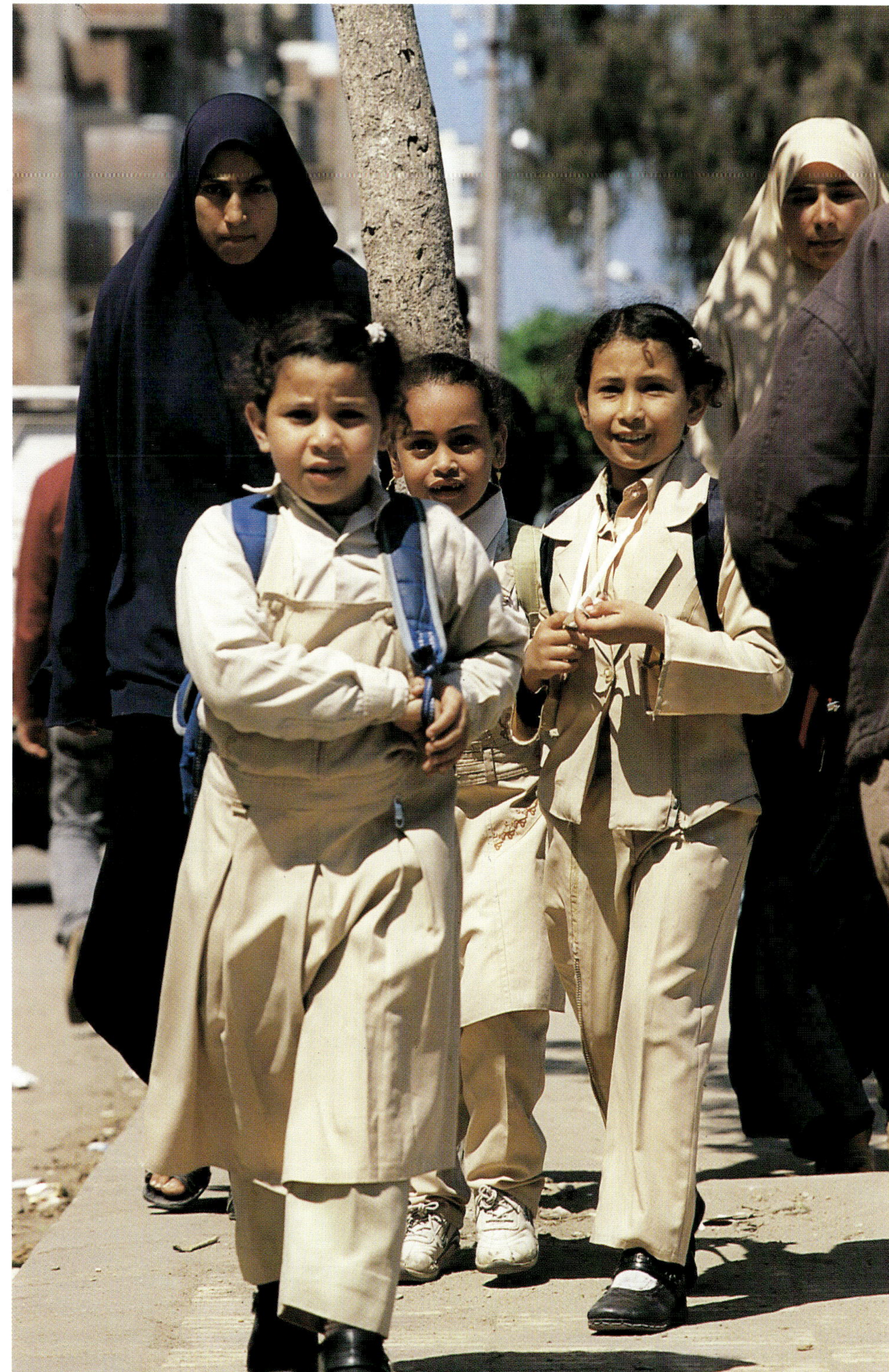

Méditerranée, à quelque 6680 km du lac Victoria, où il prend sa source. Fondée au Xe siècle, la ville fut le principal port égyptien aux XVIIe et XVIIIe siècles. Avec le règne de Mohammed Ali au XIXe siècle, Alexandrie amorça son retour au premier plan et Rosette entama son déclin, pour n'être plus aujourd'hui qu'une petite ville provinciale vivant de la pêche et des dattes. On croise plus de chevaux et de carrioles à âne dans les rues que de voitures. La corniche, ponctuée de petits chantiers navals, longe le Nil, particulièrement large et abondant à son embouchure, tandis que de gracieux palmiers frangent la rive opposée.

Une des caractéristiques de Rosette est la présence d'un grand nombre d'anciennes maisons de marchands de l'époque ottomane. Elles sont construites dans un style typique du delta, avec une alternance de petites briques plates rouges et noires séparées par des lignes blanches. Elles comportent généralement trois étages en encorbellement et s'ornent de moucharabiehs. C'est dans l'une de ces maisons que Menou, le dernier chef de l'Expédition d'Égypte, s'est marié avec une fille d'un des grands notables de la ville. Nous retrouvons également à Rosette plusieurs mosquées dans le style du delta et des hammams qui fonctionnaient jusqu'à une période relativement récente, mais ont presque tous cessé leur activité depuis que la plupart des foyers égyptiens sont équipés d'une salle d'eau.

Mais Rosette doit surtout sa notoriété à la découverte sur son territoire de la pierre dite de Rosette, la stèle qui fournit à Champollion la clé du déchiffrement des hiéroglyphes. Mise au jour en 1799 par un des soldats français de l'Expédition de Bonaparte lorsqu'ils fortifiaient d'anciens remparts près de Rosette, elle appartient à une grande stèle noire datant du règne de Ptolémée V (vers 196 av. J.-C.). Œuvre probable des prêtres de Memphis, elle commémore l'accession au trône du souverain, et le texte est gravé en trois langues : l'égyptien, le démotique (une forme cursive de hiéroglyphes) et le grec. Les spécialistes comprirent rapidement que la comparaison de ces textes pouvait fournir la clé des écrits indéchiffrables retrouvés sur les murs des temples et des tombeaux.

Quittant Rosette vers l'ouest, nous nous dirigeons vers Alexandrie, seconde capitale du pays, ultime étape de notre long voyage le long du Nil. Depuis sa fondation par Alexandre le Grand, jusqu'à Durrell et Cavafy au XXe siècle, cette ville n'a jamais cessé d'enchanter la Méditerranée et le monde. Il y a cinquante ans, on n'aurait pas imaginé un voyage en Égypte sans une halte à Alexandrie. La cité de Cléopâtre a été le symbole et le foyer d'une Égypte cosmopolite, anglo-grecque et judéo-arménienne, un de ces havres méditerranéens frémissant d'une vie plus proche à vrai dire de celle de Naples, de Smyrne ou de Beyrouth que de celle d'Assiout ou de Tanta, villes de la vallée et du delta.

Il n'est pas indifférent que les deux créateurs contemporains qui ont le plus profondément senti et le plus brillamment exprimé le charme exubérant d'Alexandrie soient un Grec, Cavafy, et un Irlandais, beaucoup plus imprégné d'hellénisme que d'arabisme : Lawrence Durrell. L'un et l'autre voient dans la grande cité un univers autonome, accolé à l'Égypte sans lui appartenir en propre. Nous pouvons dire qu'Alexandrie n'a jamais été réellement la capitale de l'Égypte ; elle est la capitale de la Méditerranée, ou sa bien-aimée, comme disent les Égyptiens. Seule cité visitée par les trois conquérants, Alexandre, César, Napoléon Bonaparte, incomparable foyer de culture, gymnase pour les géomètres, les grammairiens, les philosophes, et toutes sortes d'hérétiques et de saintes, excellent cadre de la tragédie classique, porte de l'Égypte vers l'Europe, bourse, marché, caravansérail, plage, champ de batailles, sanctuaire originel de l'Église copte-orthodoxe, c'est la « capitale de la mémoire ».

De l'Alexandrie antique, il ne reste que très peu de vestiges pour témoigner de la longue et vibrante histoire de ce port de la côte méditerranéenne, mais il est pratiquement impossible de réduire et de simplifier son histoire car toute la ville, dans ses moindres recoins, en est imprégnée. À quelques rues d'un cinéma populaire bondé, nous pouvons voir un théâtre

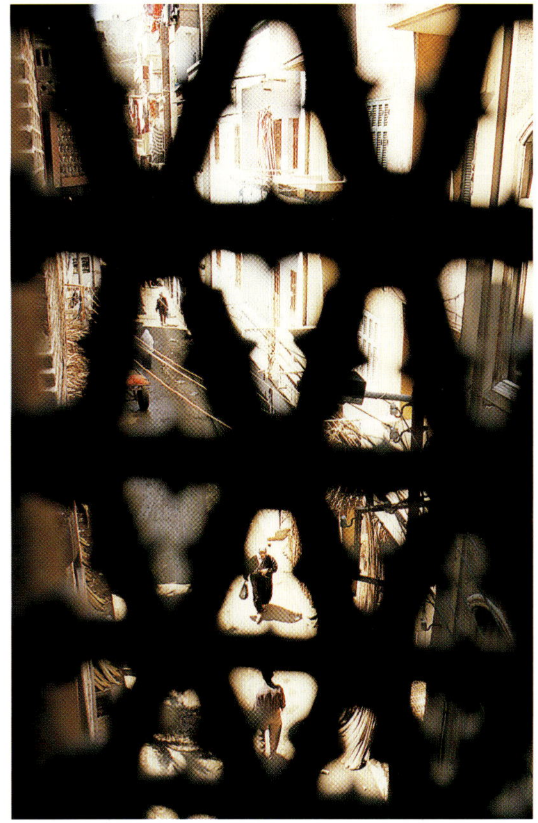

Une rue de Rosette, entrevue à travers les interstices du moucharabieh de la maison ottomane d'Al-Maizouni.

La pierre de Rosette

En 1801, lors du départ de l'armée française d'Égypte, la pierre de Rosette fut cédée aux Britanniques, qui entreprirent de l'étudier. C'est d'abord le savant anglais Thomas Young qui détermina le sens de lecture des hiéroglyphes et découvrit que certains, présentés sous forme de cartouches, correspondaient au nom du pharaon. Cependant, il fallut attendre 1822 pour que Jean-François Champollion, ce jeune Français, véritable génie des langues, réalise la transcription des hiéroglyphes égyptiens et établisse une liste complète des signes avec leurs équivalents grecs. Champollion découvrit le premier que ces signes pouvaient être alphabétiques, syllabiques ou déterminatifs, et que les hiéroglyphes gravés sur la pierre constituaient une traduction du grec et non l'inverse. Son travail acharné permit non seulement de lever le mystère de l'écriture hiéroglyphique mais aussi de mieux comprendre la civilisation de l'Égypte ancienne. C'est véritablement grâce à lui, puis à ses successeurs qui continuèrent son œuvre après sa mort prématurée, qu'une nouvelle science est née, l'égyptologie.

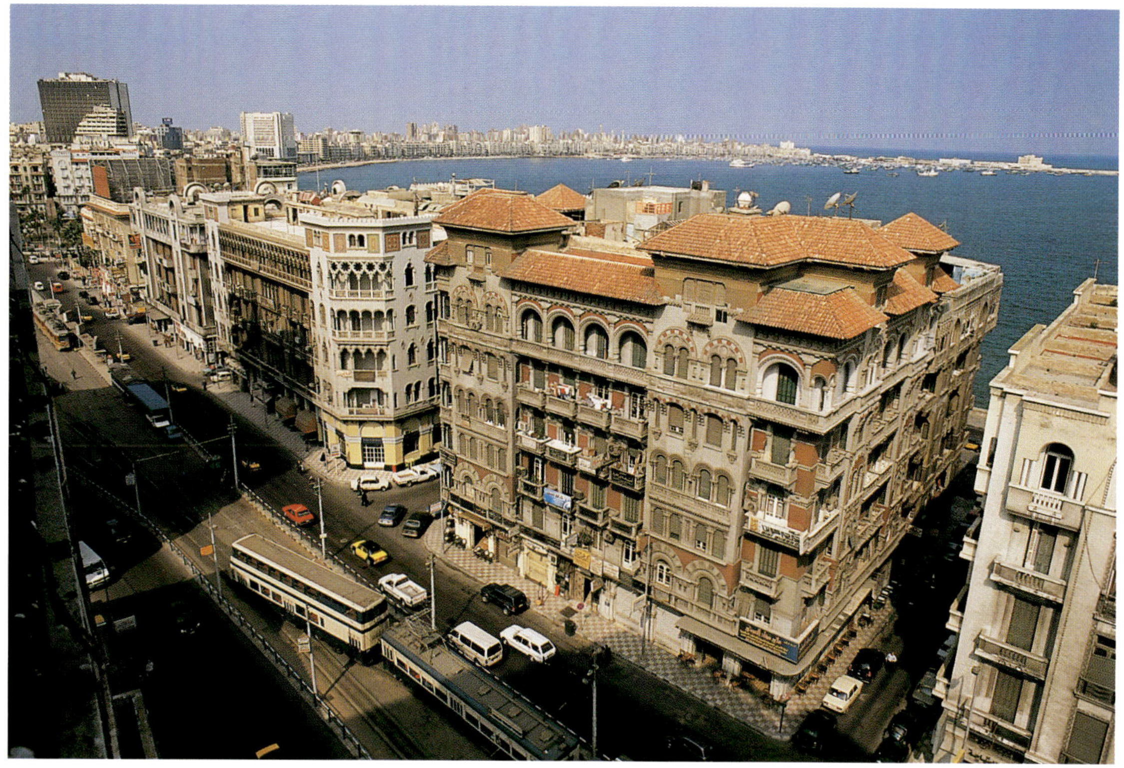

Une des principales artères d'Alexandrie, l'avenue Al-Eskandar, parcourue par le tramway.

Saint Marc

Lorsque l'évangéliste saint Marc vint à Alexandrie pour christianiser l'Égypte en 43-48, il trouva rapidement de nombreux adeptes. Mais la majorité de la population, restée païenne, se sentit menacée par ce nouvel « évêché » d'Alexandrie. En 67, ils tendirent une embuscade à saint Marc, alors qu'il célébrait une messe, et traînèrent le martyr dans les rues de la ville jusqu'à sa mort. En 829, des marchands vénitiens volèrent ses reliques afin de les enterrer dans la basilique Saint-Marc de Venise. Néanmoins, la tête du saint demeura en Égypte mais fut transférée dans l'église Saint-Georges du Caire. Aujourd'hui encore, le chef de l'Église copte orthodoxe, le pape Shenouda III, se considère comme le cent dix-septième patriarche du siège de saint Marc. En 1968, Paul VI, pape de Rome, restitua une partie des reliques au pape Cyrille VI, patriarche d'Alexandrie. En 1997, lors du sommet des évêchés, Jean-Paul II rendit l'un des doigts de saint Marc au pape Shenouda III. Ces symboles de réconciliation entre les deux Églises reposent désormais dans la grande cathédrale Saint-Marc (la Morqossieh) du quartier de l'Abbassieh au Caire et au patriarcat copte orthodoxe d'Alexandrie.

romain au flanc une colline. Du grand phare à l'origine du développement économique et culturel de la ville, il ne reste rien d'apparent (hors de l'eau) et le fort de Qaïtbay a été construit à son emplacement. La célèbre et immense bibliothèque qui fit d'Alexandrie le centre intellectuel du monde antique a été détruite lors de conquête de la région par les Romains. L'incendie qui ravagea en grande partie l'édifice reste un mystère et l'on ignore encore quelle en était l'origine. Ce qui restait de la grande bibliothèque fut définitivement détruit en 391 apr. J.-C. par l'évêque Théophile qui exhorta le peuple à raser le bâtiment au nom de la chrétienté.

Les rares endroits où les fondations de la ville sont encore visibles donnent un aperçu fascinant d'un passé riche d'événements historiques et d'influences culturelles. Depuis quelques années se multiplient les fouilles « express » dans la cité d'Alexandrie. En effet, les nécessités de l'urbanisme galopant engagent régulièrement les autorités sur des projets d'aménagement et de construction dont les travaux de sondage et de fondations révèlent régulièrement la présence de fabuleux vestiges (nécropoles, citernes...). L'équipe la plus active dans ces fouilles terrestres est celle du Centre des Études alexandrines, fondé en 1990 par l'archéologue français Jean-Yves Empereur. Les archéologues du Centre sont autorisés à entamer des fouilles pendant quelque temps avant de continuer les travaux sur les chantiers. C'est également Jean-Yves Empereur qui organise les chantiers de fouilles sous-marines, notamment celles du port, qui ont permis de retrouver des traces de l'ancien phare.

Le signe le plus distingué de l'architecture et de l'urbanisme de la ville est son cosmopolitisme, témoignage

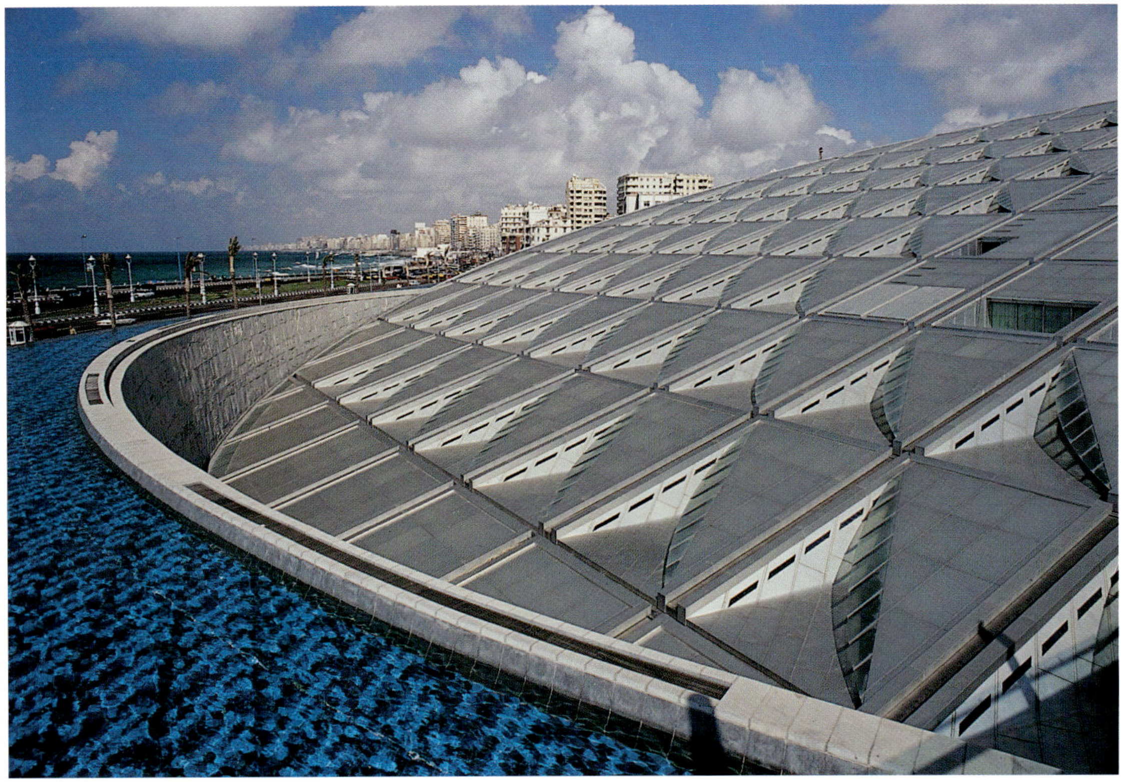

La bibliothèque d'Alexandrie

Le projet architectural est exceptionnel, tant par son caractère symbolique que par sa réussite esthétique. Un bâtiment circulaire de 502 m de circonférence, qui descend à 12 m au-dessous du niveau de la mer toute proche, prend la forme du soleil levant. À toute heure du jour, le soleil accroche les caractères gravés des écritures du monde entier dans l'enceinte de granite gris. À l'intérieur du bâtiment, nous trouvons plusieurs espaces et services, mais le plus majestueux reste la gigantesque salle de lecture étagée en plusieurs plateformes, bénéficiant d'un éclairage naturel indirect et de nombreux points de vue sur la Méditerranée.

La Bibliotheca Alexandrina, large bâtiment en forme de disque solaire incliné vers la Méditerranée.

de son passé récent. Les bâtiments d'architecture européenne, aux ornements rococo chargés, se concentrent sur la très belle et très longue corniche du côté du centre-ville, mais tombent peu à peu en décrépitude, tandis que de nouveaux édifices sont peu à peu érigés pour les remplacer. Même si certains des prestigieux immeubles d'Alexandrie se sont en partie effondrés et si le rayonnement de la cité a perdu de sa force, les gens qui ont un jour vécu à Alexandrie restent à jamais attachés à cet endroit. Lawrence Durrell écrivit dans *Le Quatuor d'Alexandrie* : « Cinq races, cinq langues, une douzaine de religions ; cinq flottes croisant devant les eaux grasses de son port. Mais il y avait plus de cinq sexes, et il n'y avait que le grec démotique, la langue populaire qui semble pouvoir les distinguer. On ne peut pas la confondre avec un lieu de plaisir cependant. Je me rappelle Nessim disant un jour qu'Alexandrie était le grand pressoir de l'amour. »

Les descendants des communautés d'Alexandrie ont vieilli comme ces immeubles. Grecs, Italiens, Arméniens et Juifs n'ont pas totalement déserté la cité, mais ils sont de plus en plus discrets. Toutefois, Alexandrie demeure un important foyer de francophonie en Égypte confirmé par l'implantation récente de l'université francophone Léopold-Sédar-Senghor sur la corniche. L'écrivain britannique E. M. Forster aimait tellement Alexandrie qu'il lui consacra un livre et qu'il donna à l'un des personnages le nom de Cecil, hommage au prestigieux Cecil Hotel. Siroter un café aux élégantes terrasses de Midan Saad Zaghloul ou dans les cafés de la corniche, manger une pâtisserie française chez Athineos, prendre le tramway à deux étages, autre signe distinctif de la ville, sont des héritages de l'Alexandrie cosmopolite qui restent toujours d'actualité.

Le fort attachement des Alexandrins aux symboles de leur passé grandiose a poussé deux professeurs de l'université d'Alexandrie, en 1974, à chercher le moyen de redonner un peu d'éclat à leur bien-aimée cité. Ils ont formulé l'idée de la renaissance de la grande bibliothèque d'Alexandrie. Leur ténacité leur a valu d'être peu à peu entendus des autorités et, en 1988, un accord fut signé entre l'Égypte et l'Unesco dans ce sens et la première pierre fut posée. En 1989, des architectes norvégiens de la société Snohetta sortaient vainqueurs d'un concours international grâce un projet original et, en 1990, l'Égypte organisait une réunion fondatrice à Assouan pour réunir les premiers fonds nécessaires. Les pays arabes du Golfe et l'Irak furent parmi les plus généreux donateurs et 65 millions de dollars furent

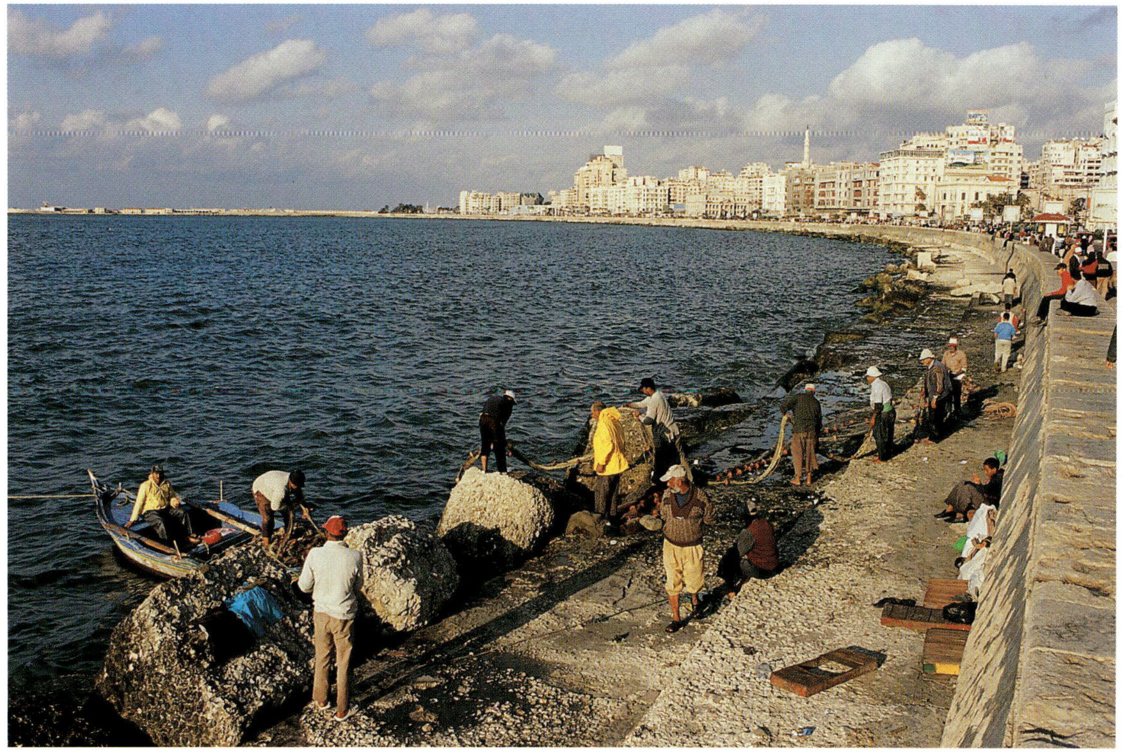

Retour des pêcheurs sur la corniche d'Alexandrie au soleil couchant.

collectés. Le nouveau bâtiment, baptisé Bibliotheca Alexandrina, s'élève sur le site des palais des Ptolémées, non loin de l'endroit où s'élevait la grande bibliothèque antique. Le symbole du lien avec le passé ne fut jamais plus évident et la nouvelle bibliothèque est vue comme un nouveau soleil de savoir qui va rayonner sur le monde.

Il n'y a pas vraiment de rivalité entre les habitants du Caire et d'Alexandrie. La jeunesse alexandrine est la même que dans le reste de l'Égypte. Nous retrouvons à Alexandrie la poussière, la foule et le vacarme du Caire, mais l'atmosphère y est néanmoins sensiblement différente. Le Caire est une ville difficile à vivre pendant l'été en raison de ses rues encombrées et bruyantes. À la même période Alexandrie devient le refuge de vacanciers venu du pays du golfe Persique, d'Afrique ou des grandes villes du delta ou encore de la vallée du Nil. Ces ambiances mélangées sont comme une survivance du cosmopolitisme d'antan. Les plages publiques et semi-publiques, qui ponctuent le littoral entre le port est et le palais Montazah, sont alors surpeuplées et la population de la ville passe de 4 à 8 millions dans ces mois d'été.

Avec ses plats délicieux de poissons grillés et ses fruits de mer, fournis par les pêcheurs locaux dont la production alimente la ville et une partie importante de toute l'Égypte, Alexandrie se vante d'être la ville qui a inventé les fallafels.

C'est également la ville qui a donné beaucoup d'artistes dans tous les domaines à l'Égypte, dont le célèbre compositeur révolutionnaire de la musique arabe Sayed Darouich et le fameux réalisateur de cinéma Youssef Chahine, qui a consacré à la ville une trilogie de ses films. C'est lui qui justement disait : « Quand je suis un peu lucide, je dis "non, il vaut mieux qu'Alexandrie ne soit plus exactement comme elle était", parce que, telle qu'elle était, elle n'était pas la chose la plus brillante du monde. Non, ce qui était bien, c'était cette conglomération de nationalités. Elle ne peut plus exister aujourd'hui, on essaie... Mais il y a beaucoup de choses à Alexandrie qui sont excessivement positives. Je voudrais participer à la nouvelle Alexandrie, et non pas à l'ancienne. Chez moi, il n'y a pas de rupture. »

Avec cette étape alexandrine, notre périple au fil du Nil s'achève, et la Méditerranée nous ouvre ses bras pour partir vers d'autres horizons, avec la tristesse de quitter un pays captivant et la volonté de revenir pour découvrir d'autres facettes de sa culture, à la fois récente et plusieurs fois millénaire, et pour retrouver l'émotion et le respect qu'inspirent ses édifices, l'hospitalité et la bonté qu'exprime son peuple.

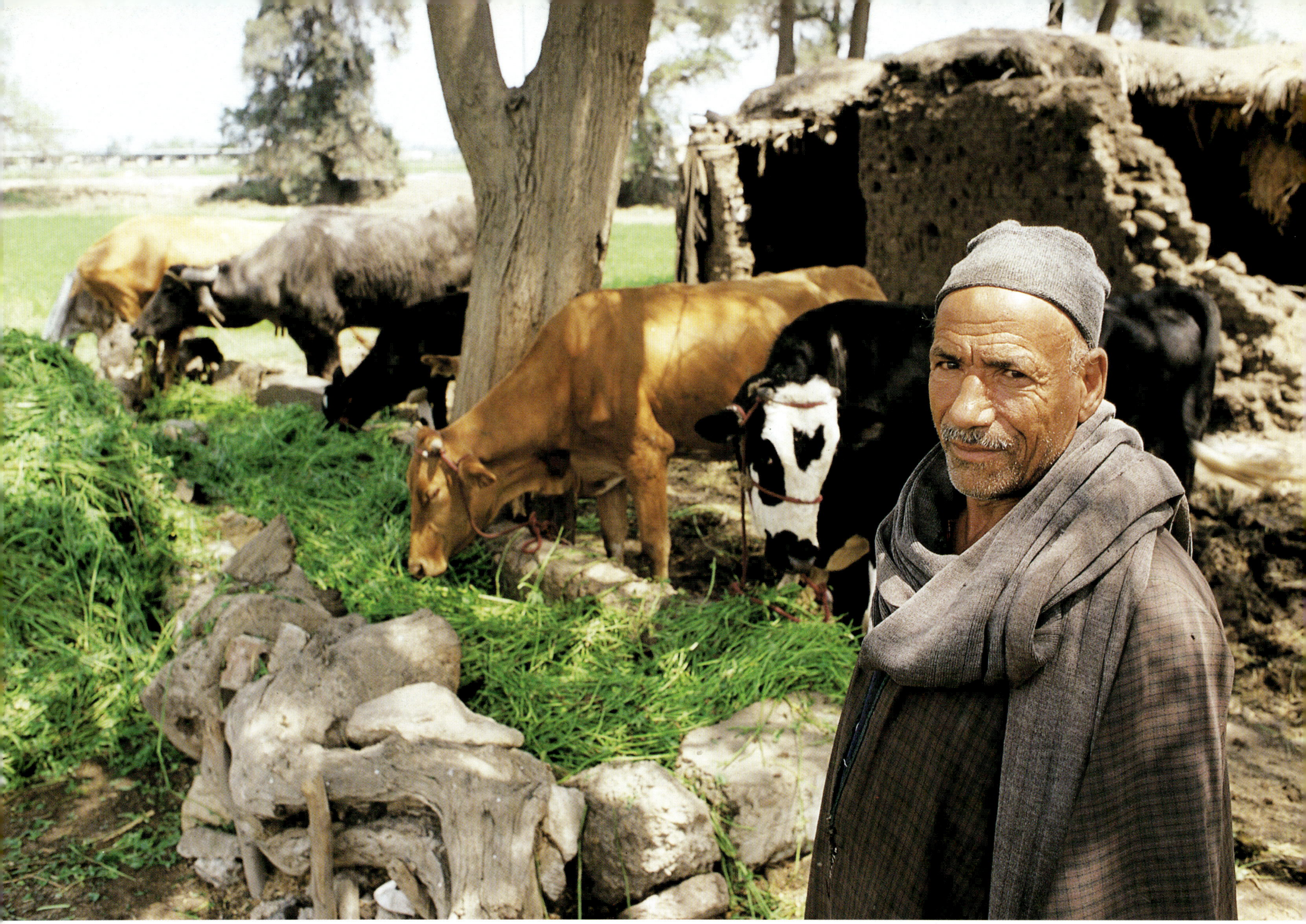

Paysan et son troupeau dans le delta, près de Birma. Il porte le traditionnel châle et le couvre-chef typique, le *taqiya*.

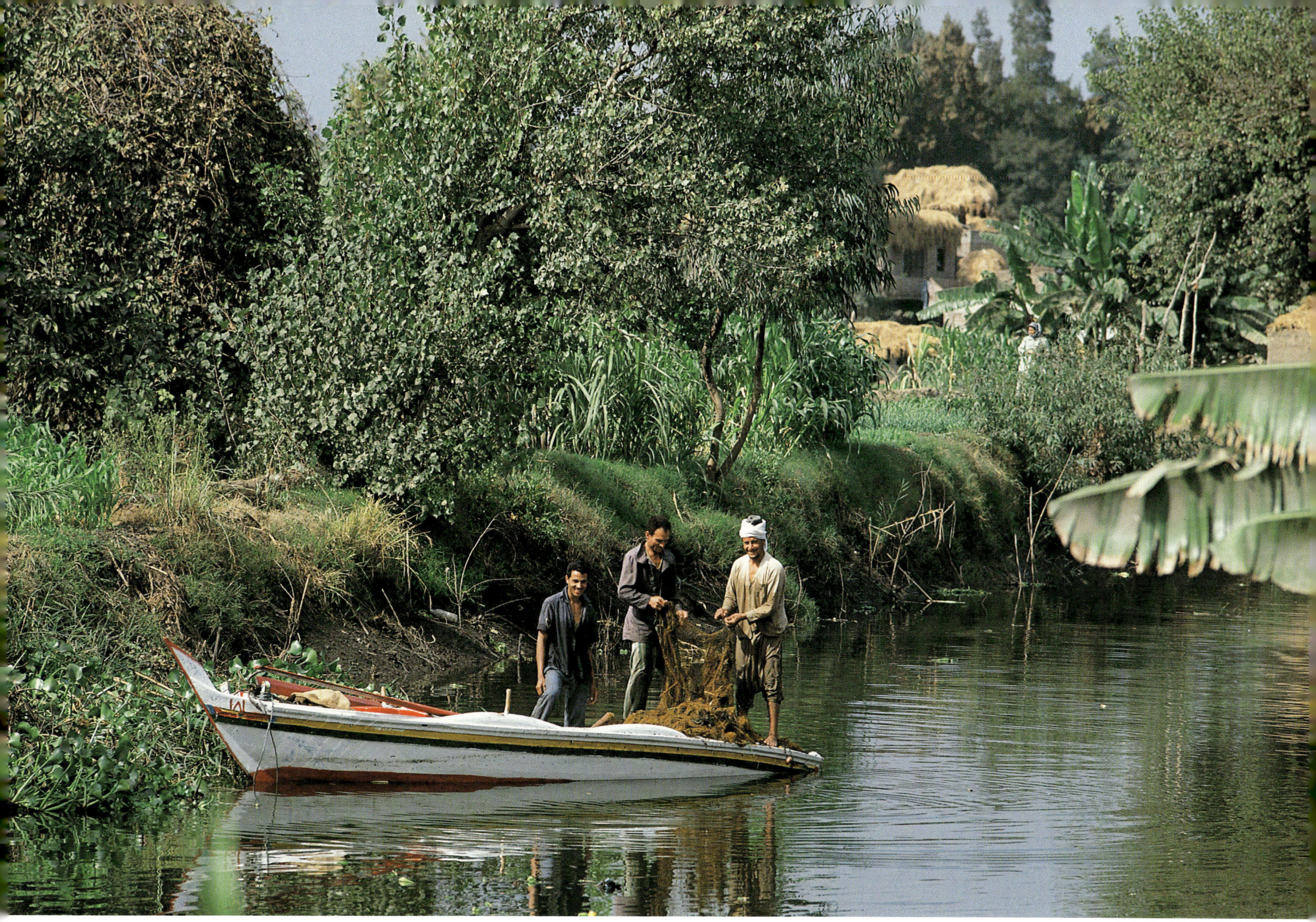

Le delta est l'une des régions les plus fertiles au monde, à la végétation luxuriante, traversée par d'innombrables canaux, comme ici près de Damanhur.

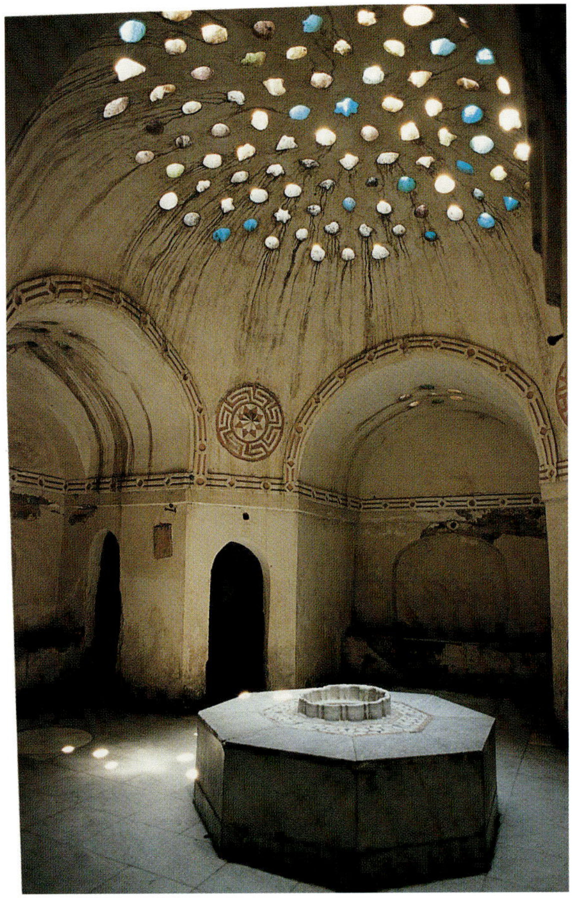

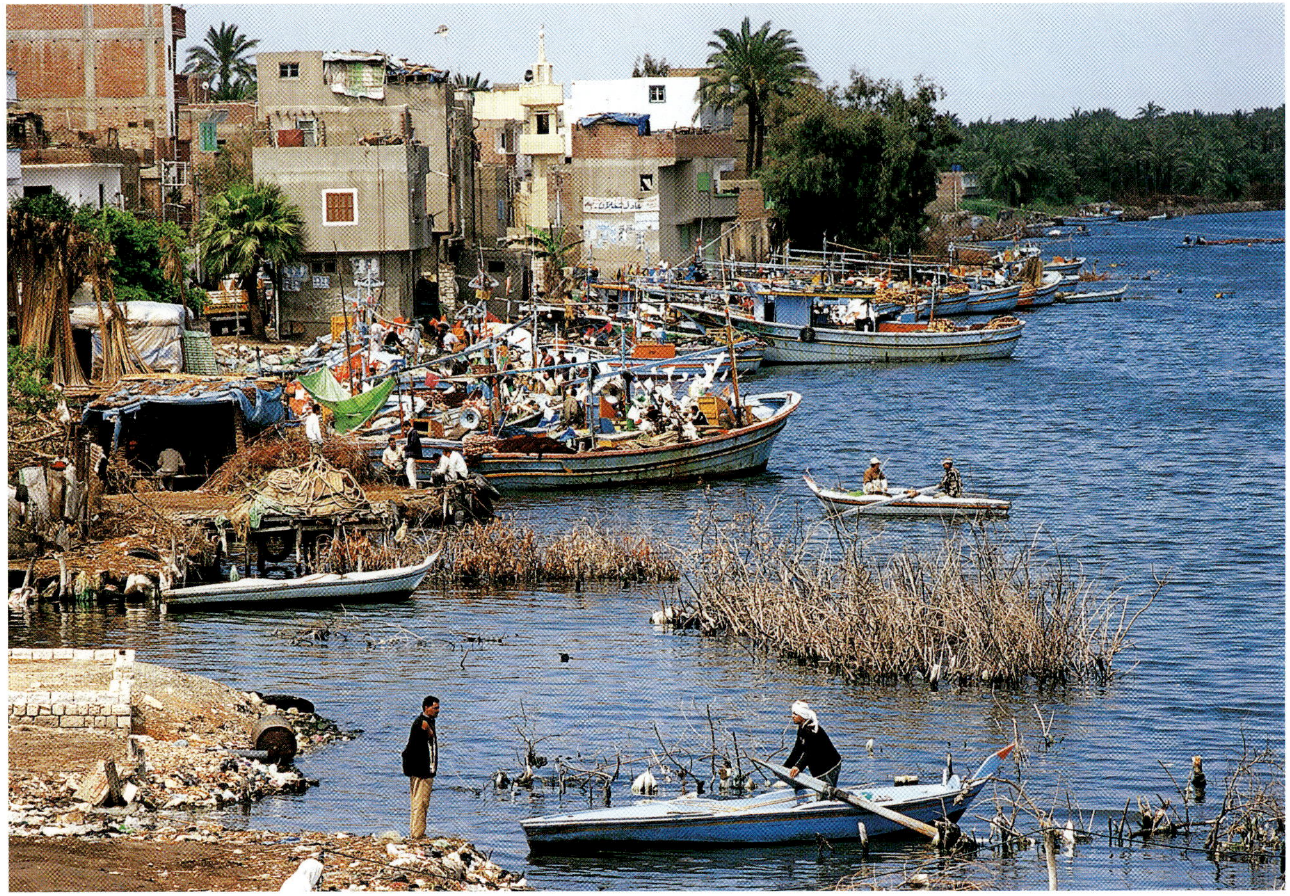

À GAUCHE : **Le hamman Azouz, à Rosette, a fonctionné jusqu'en 1982. Ses citernes, situées sur le toit, étaient alimentées par les eaux du Nil.**

À DROITE : **Au nord de Rosette, la rive occidentale du bras du Nil est occupée par les maisons de pêcheurs, et leurs embarcations colorées.**

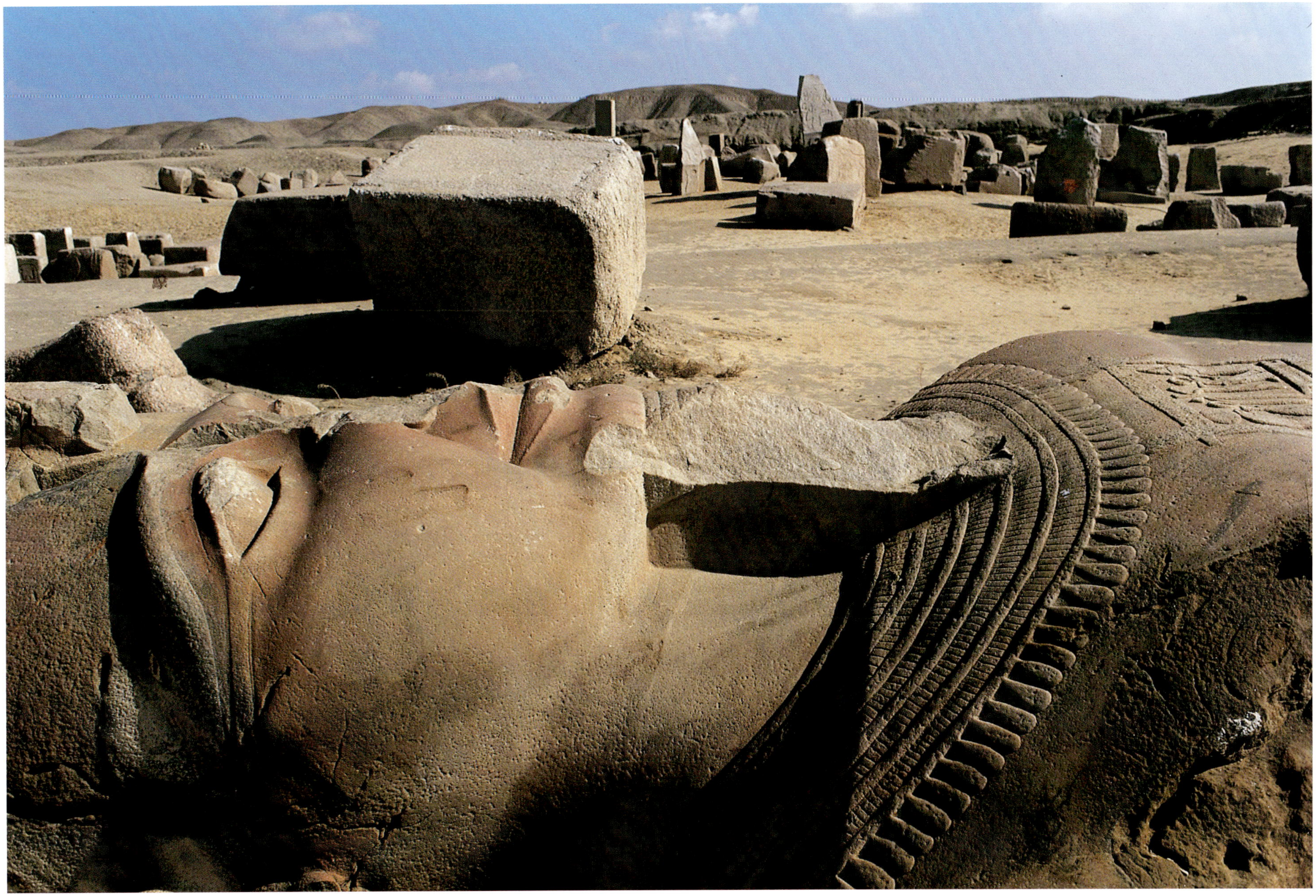

Les vestiges de l'antique Tanis, à l'ouest du delta, qui couvrent une très vaste étendue, révèlent l'importance de cette nécropole royale.

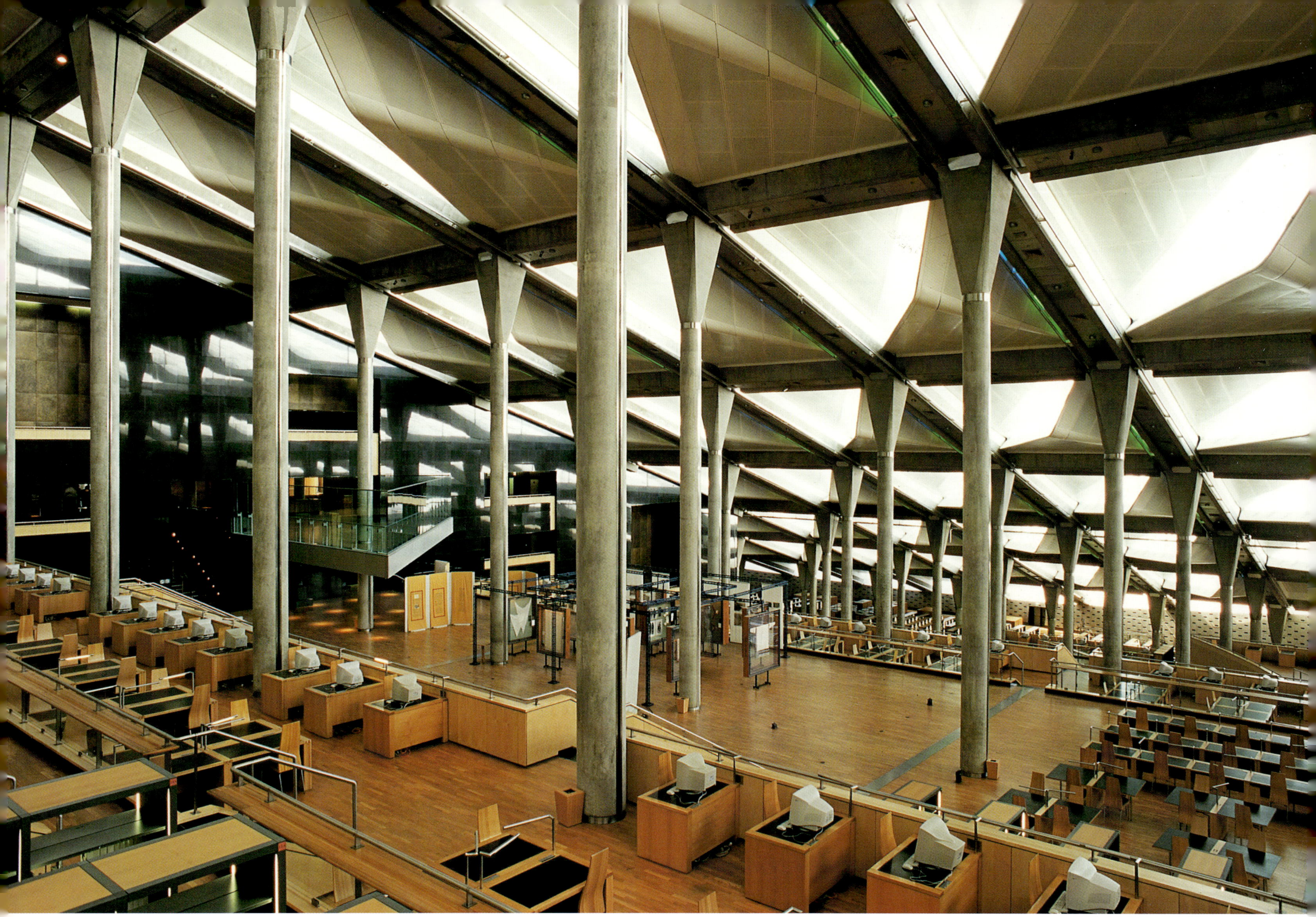

La salle de lecture de la nouvelle bibliothèque d'Alexandrie, dont la capacité est de deux mille lecteurs et qui possède un équipement informatique très performant.

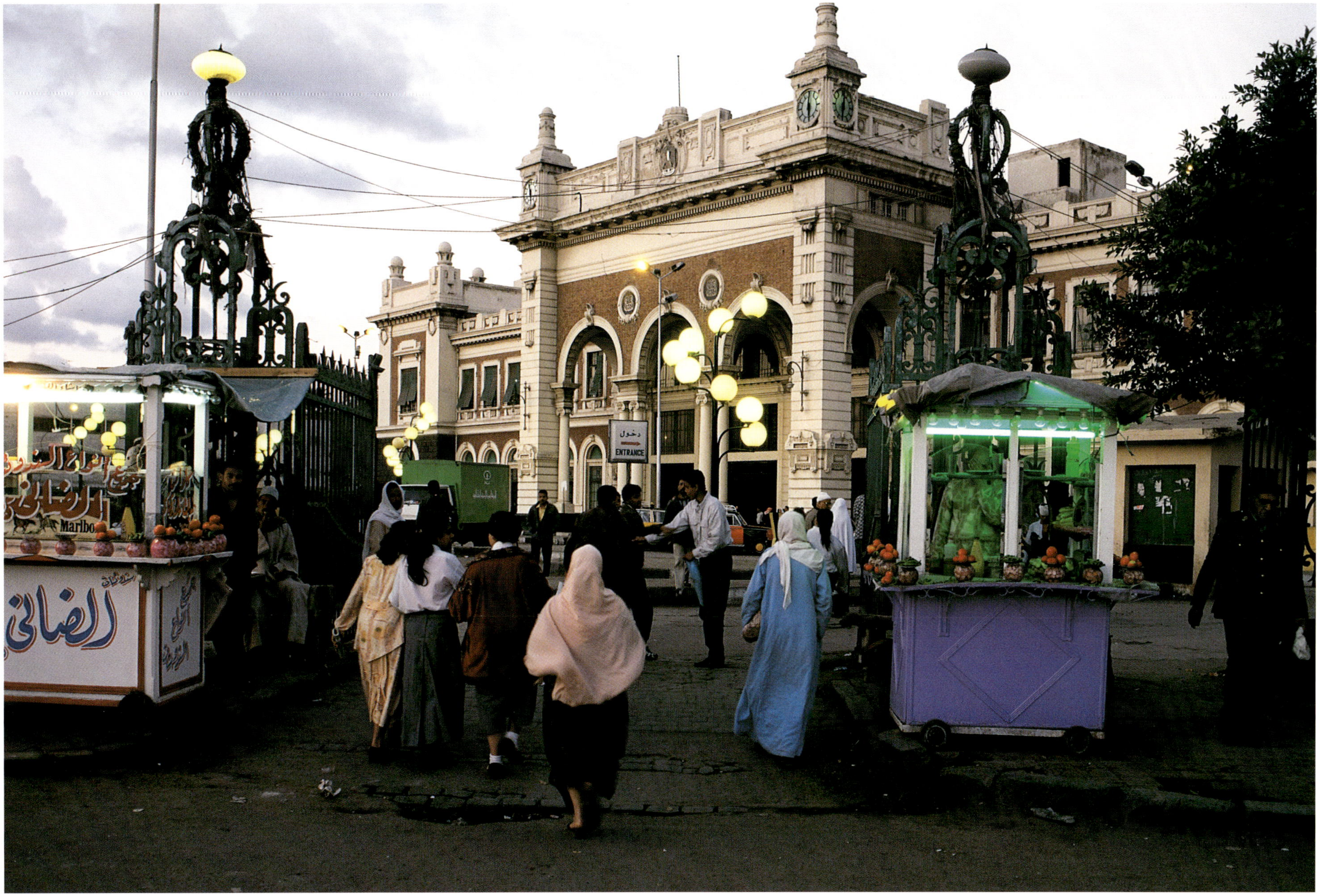

La place El-Gomhoureya et la gare centrale d'Alexandrie aux dernières lueurs du jour.

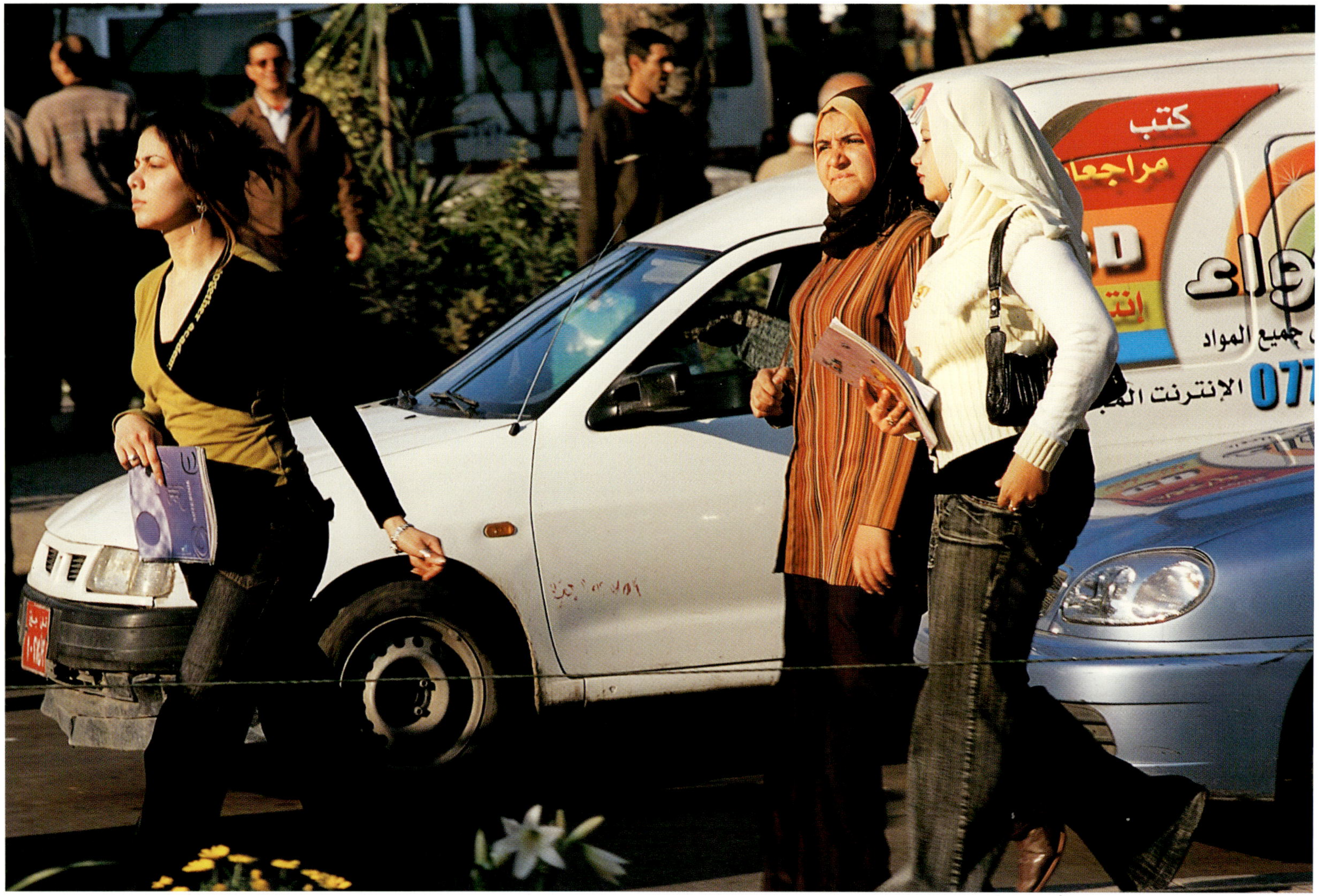

Cœur battant de la ville, la place Tahrir a été aménagée à la croisée des voies de circulation d'Alexandrie, et son animation ne connaît pas de répit.

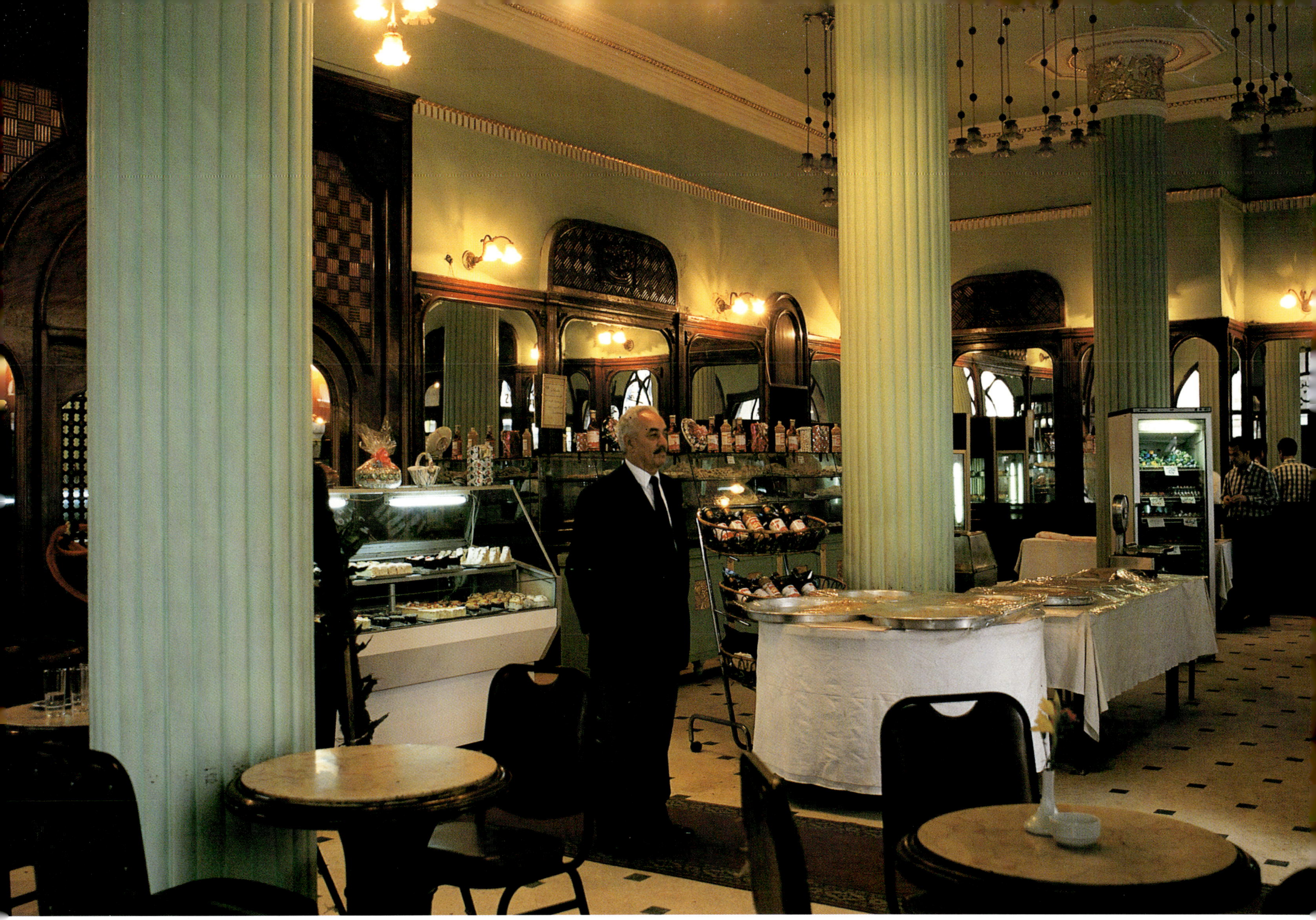

La pâtisserie Athinéos, à Alexandrie, autrefois fréquentée par les jeunes Grecques et les pachas égyptiens.

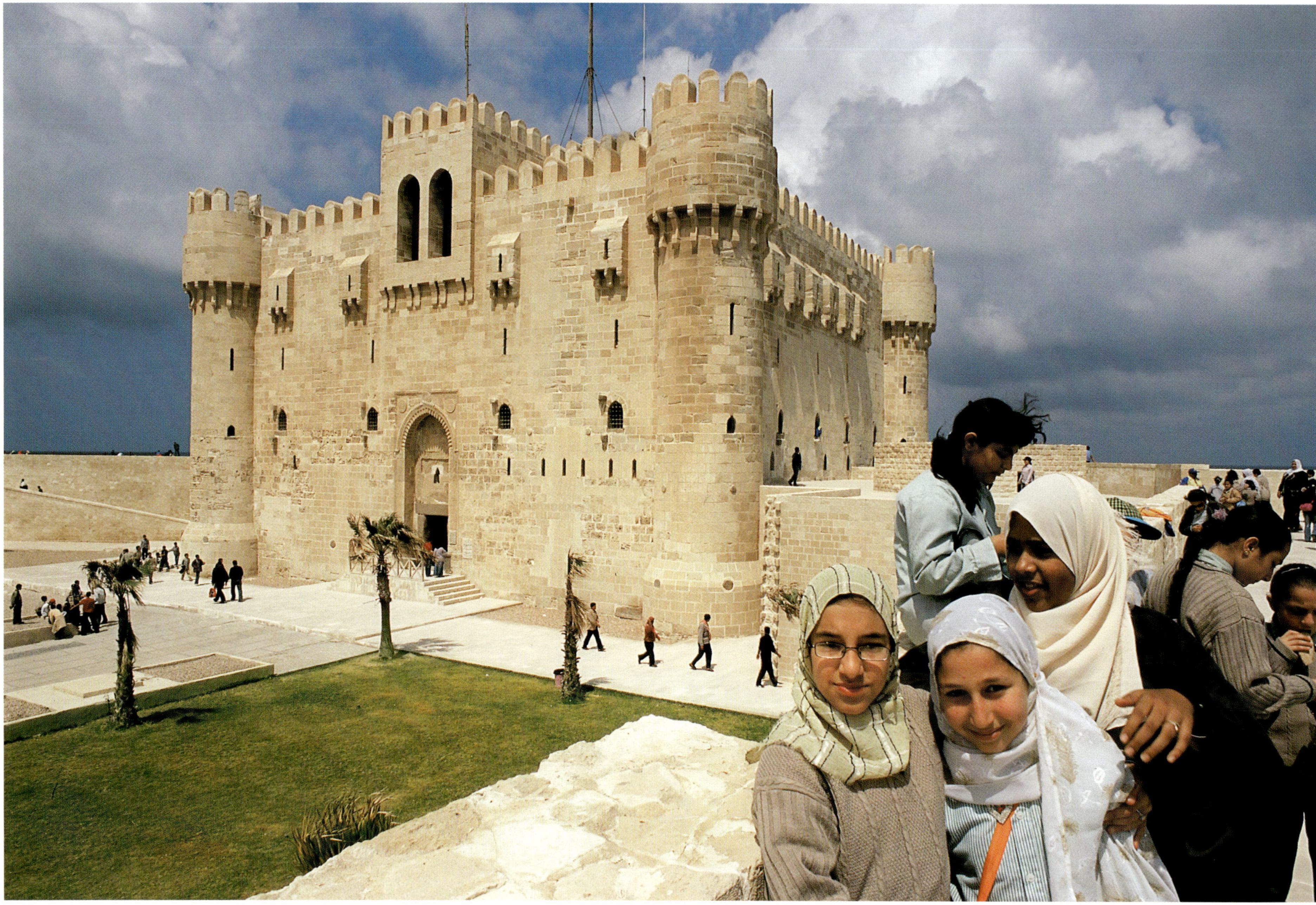

Une classe d'écoliers en visite au fort Qaït Bey, qui occupe le site de l'ancien phare d'Alexandrie.

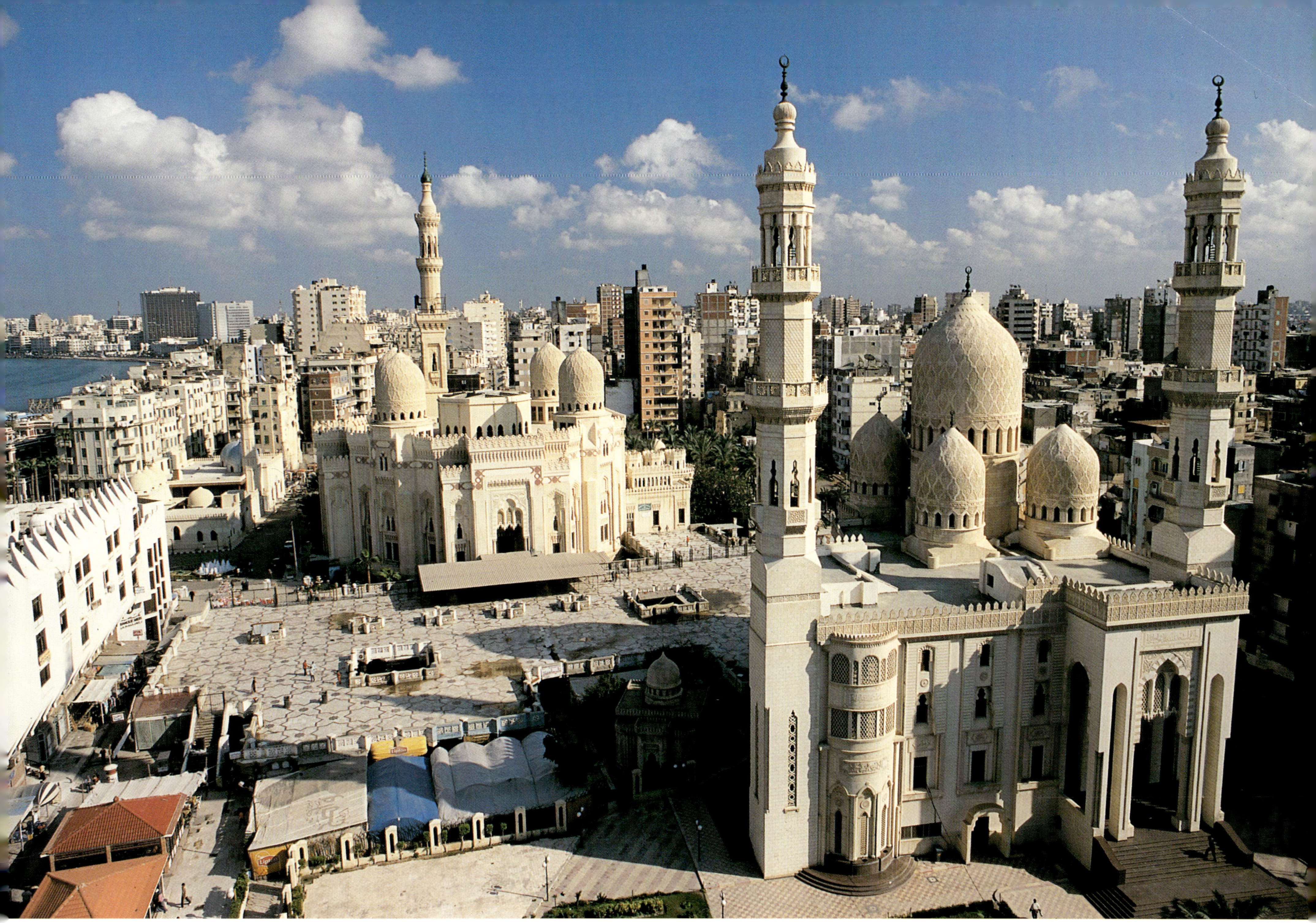

À Alexandrie, la mosquée d'Abbu Abbas al-Mursi dans le quartier d'Anfushi est un exemple moderne (1943) d'architecture islamique.

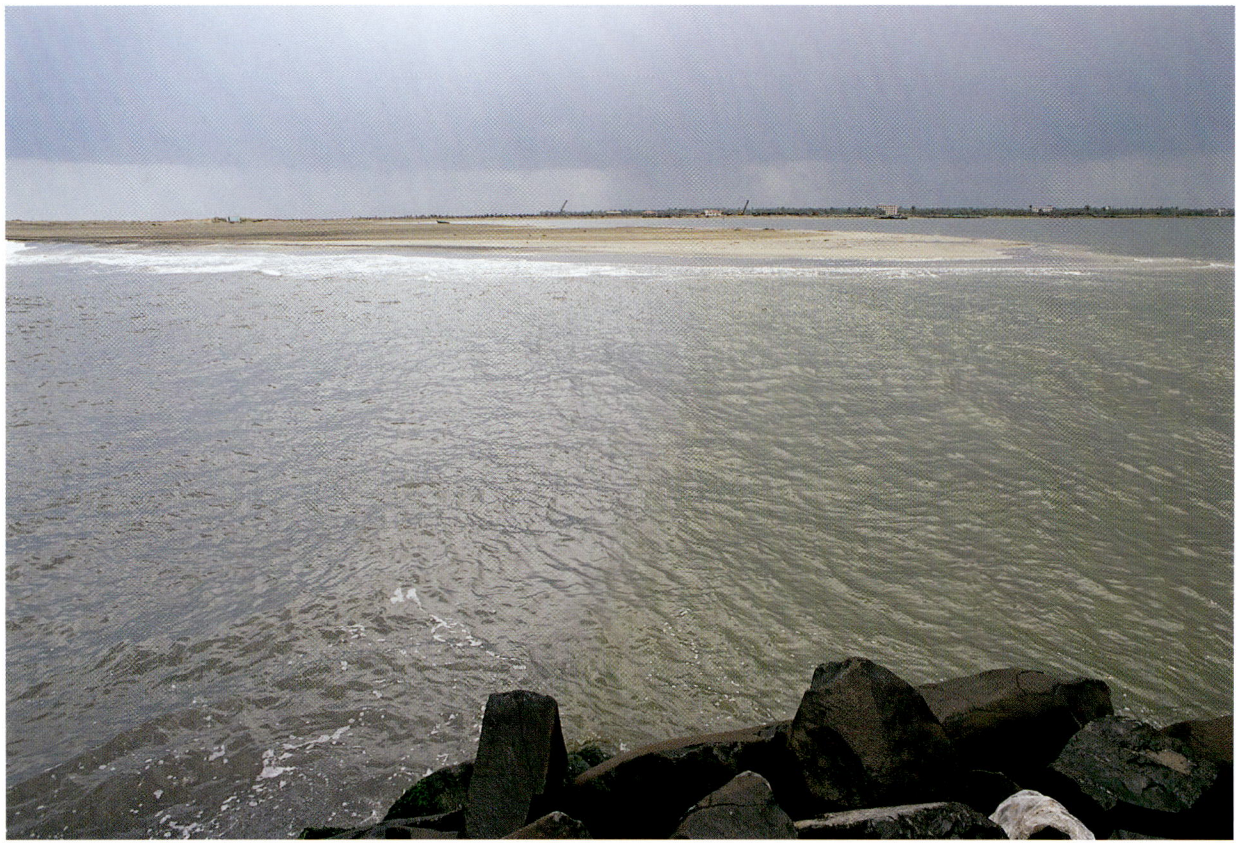

Les eaux du Nil, à droite, se mêlent à celles de la Méditerranée, à gauche, dans l'estuaire du bras de Rosette.

Remerciements

Mes plus vifs remerciements s'adressent à Mme Camélia Sobhi, attachée culturelle près l'Ambassade d'Égypte en France pour ses conseils et ses encouragements.

Je tiens à remercier Mme Hourig Sourouzian, directrice de la Mission des Colosses de Memnon et du temple d'Amenhotep III à Kôm el-Hettan, pour son chaleureux accueil, à M. Mohamed Salem, directeur de l'agence Les Voyages de Pharaon (www.voyages-pharaon.com), ainsi qu'aux responsables des compagnies Belle Époque Travel (*M.S. Eugénie* et *M.S. Kasr Ibrim*) et Naggar Travel, pour leur aide compétente, à M. Ahmed Sarwat qui m'a accompagné en Moyenne-Égypte, ainsi qu'à l'équipe des Éditions Ouest-France pour la qualité de son travail.

Je ne saurais oublier tous les Égyptiens qui, tout au long du Nil, m'ont réservé un accueil bienveillant, ceux qui ont croisé le champ de mon objectif, ainsi que MM. Kamal et Mohamed El-Shimi, éminents photographes cairotes rencontrés à la fin de ce reportage, et qui m'ont dévoilé leurs trésors photographiques avec la discrétion et la modestie qui siéent aux plus talentueux.

Hervé Champollion

Editeur : Servane Biguais · Coordination éditoriale : Caroline Brou
Conception graphique et mise en page : Studio graphique des Editions Ouest-France · Cartographie : Patrick Mérienne
Photogravure : Graph&ti, Rennes (35) · Impression : Kapp Lahure Jombart, Evreux (27)
N° d'éditeur : 5087.01.06.10.08 I.S.B.N. 978-2-7373-3893-9
Dépôt légal : octobre 2008
www.editionsouestfrance.fr